旅游管理/酒店管理专业 理实一体化教材

旅游消费者行为学

Travel Consumer Behavior

主 编 单铭磊
副主编 朱生东 王 聪
梁 曦 刘 焱

配有电子
教学资料包

企业管理出版社
EMPH ENTERPRISE MANAGEMENT PUBLISHING HOUSE

图书在版编目（CIP）数据

旅游消费者行为学 / 单铭磊主编 . -- 北京：企业管理出版社，2021.1

ISBN 978-7-5164-2241-0

Ⅰ . ①旅…　Ⅱ . ①单…　Ⅲ . ①旅游－消费者行为论　Ⅳ . ① F590

中国版本图书馆 CIP 数据核字（2020）第 186741 号

书　　名：旅游消费者行为学
作　　者：单铭磊
责任编辑：寇俊玲　于湘怡
书　　号：ISBN 978-7-5164-2241-0
出版发行：企业管理出版社
地　　址：北京市海淀区紫竹院南路 17 号　　　邮编：100048
网　　址：http://www.emph.cn
电　　话：编辑部（010）68701661　发行部（010）68701816
电子信箱：qyglcbs@emph.cn
印　　刷：北京虎彩文化传播有限公司
经　　销：新华书店
规　　格：185 毫米 × 260 毫米　16 开本　14 印张　330 千字
版　　次：2021 年 1 月第 1 版　　2021 年 1 月第 1 次印刷
定　　价：54.00 元

前言 PREFACE

笔者多年来讲授《旅游消费者行为学》《旅游心理学》两门课程，感觉旅游心理学更注重理论，但是实用性不足，旅游消费者行为学更注重应用，但是学科的理论基础欠缺。授课期间使用过多个版本的教材，力图通过教材的辅助和引导以弥补内容上的欠缺和不足，终不遂人愿。而且不乏各种学科出处不清、理论混杂、实践案例拼凑，冗长复杂、晦涩难懂者，不仅不能给教学助力，反成累赘。而《旅游消费者行为学》的编写，使我能够与其他老师一起系统梳理旅游消费者行为学的知识脉络，理清它与旅游心理学的天然联系，以及与市场营销、经济学之间的关系。能够让学生在建立比较完整的理论逻辑体系的基础上，通过这本教材的帮扶，在课程引导下具备一定的市场视角的旅游行为分析能力，并运用相对系统的方法解决一般性的实际问题。

本教材的内容分为基础理论、旅游消费者心理与行为、旅游消费者行为与市场三篇，基本涵盖了旅游消费者行为学本专科课程的相关内容，讲述力求做到由浅入深、由理论到实践再到理论与实践相结合。为使教材内容能够与课程相衔接，起到帮扶教学的作用，编写人员全部为各院校长期从事该门课程一线教学的教师：江苏理工学院王聪负责第一、五及十三章的编写，在内容编写上，江苏理工学院的两个课题提供了一定的帮助，即国家社科基金“长江三角洲区域风景道一体化建设社会支持体系和推进机制研究”（19BJL053）和“基于智慧酒店建设的智能化服务体系构建研究”（KYH19591）；山东青年政治学院单铭磊和重庆第二师范学院刘焱负责第二、八章的编写；黄山学院朱生东负责第三、六及十二章的编写，在内容编写上，安徽省重大线上教学改革研究项目“‘互联网＋’背景下旅游管理专业学生线上自主学习能力培育研究（2020zdxsjg330）”提供了一定帮助；齐鲁师范学院程晓双负责第四章的编写；山东青年政治学院陈晓双负责第七章的编写；山东青年政治学院梁曦负责第九、十章的编写；桂林旅游学院赵耀负责第十一章的编写；山东青年政治学院张静参与了资料的收集和案例的整理。全书由张静和单铭磊两位教授最终审定。

本书针对性强，既适合高校本科及高职高专旅游与酒店管理专业及相关专业学生使用，同时也适合于企业员工培训使用，亦可供旅游、酒店、接待服务以及相关行业管理人员学习和参考。由编写水平有限，本书肯定会存在诸多不当之处，还请各方专家、同人给予指教。

本书还配备了电子教学资料包，包括电子教案、教学指南、练习题答案等，能够为老师授课和学生学习提供诸多便利，请通过以下联系方式获取。

电话：（010）68701661 企业管理出版社编辑部

邮箱：qyglcbs@yeah.net

主编

2020 年 7 月

目录 CONTENTS

第一篇　基础理论

第一章 01 旅游消费者行为学导论 …… 001

第一节　旅游消费者行为的概念 …… 001

第二节　旅游消费者行为的特点 …… 006

第二章 02 旅游心理学概论 …… 014

第一节　心理学基本知识 …… 015

第二节　旅游心理学基本知识 …… 020

第三章 03 旅游消费者行为学与心理学的关系 …… 027

第一节　旅游消费者行为学的基础理论 …… 028

第二节　旅游消费者行为学的研究 …… 032

第二篇　旅游消费者心理与行为

第四章 04 旅游消费者感知 …… 041

第一节　旅游消费者感觉 …… 042

第二节　旅游消费者知觉 …… 044

第三节　旅游消费者感知的影响因素 …… 048

第四节　旅游消费者目的地感知 …… 052

第五节　基于旅游消费者感知的营销策略 …… 054

第五章 05 旅游消费者需要与旅游动机 …… 059
第一节 旅游消费者需要 …… 059
第二节 旅游消费者动机 …… 066
第三节 旅游消费者动机的激发 …… 070

第六章 06 旅游态度与旅游消费者行为 …… 074
第一节 态度概述 …… 075
第二节 旅游消费者态度与旅游决策 …… 077
第三节 旅游消费者态度的改变 …… 081

第七章 07 旅游者个性与旅游行为 …… 087
第一节 个性概述 …… 087
第二节 旅游消费者气质与旅游倾向 …… 093
第三节 基于旅游个性的营销与服务策略 …… 098

第八章 08 旅游者的情绪情感与消费行为 …… 103
第一节 情绪情感概述 …… 104
第二节 旅游者的情绪和情感 …… 111
第三节 基于旅游消费者情感体验的营销与服务策略 …… 116

第九章 09 旅游消费行为过程 …… 121
第一节 旅游消费者需求识别 …… 121
第二节 旅游信息搜集 …… 125
第三节 旅游购买方案的选择 …… 129
第四节 旅游体验及评价 …… 135

第三篇 旅游消费者行为与市场

第十章 10 营销刺激对旅游消费行为的影响 …… 143
第一节 新时代旅游产品设计与旅游消费行为 …… 144

第二节　广告刺激对旅游消费行为的影响 …… 148
第三节　价格策略与旅游消费决策 …… 153

第十一章 11　旅游消费者满意度和忠诚度 …… 162
第一节　旅游消费者满意度概述 …… 162
第二节　旅游消费者满意度的影响因素 …… 167
第三节　旅游消费者忠诚度概述 …… 170
第四节　旅游消费者忠诚度的影响因素 …… 173
第五节　基于消费者忠诚度的旅游营销 …… 176

第十二章 12　旅游消费者行为与社会环境 …… 181
第一节　参照群体与旅游消费者行为 …… 182
第二节　社会阶层与旅游消费者行为 …… 184
第三节　家庭与旅游消费者行为 …… 187
第四节　社会交往与旅游消费者行为 …… 192
第五节　基于社会环境因素的旅游营销 …… 198

第十三章 13　旅游消费者行为与文化和经济 …… 203
第一节　文化与旅游消费者行为 …… 204
第二节　亚文化与旅游消费者行为 …… 207
第三节　经济状况与旅游消费者行为 …… 209
第四节　基于文化与经济因素的旅游营销 …… 210

参考文献 …… 215

第一篇　基础理论

第一章　旅游消费者行为学导论

问题导入

大众旅游时代，如何满足公众旅游的品质化消费需求，成为摆在我们面前亟待解决的重要问题。

思考：大众旅游时代，旅游消费者具有哪些旅游消费特征？

学习目标

1. 掌握旅游消费、旅游消费者行为的概念；
2. 了解旅游消费、旅游消费者行为的分类；
3. 能够分析旅游消费、旅游消费者行为的特点。

本章重点、难点

1. 旅游消费、旅游消费者行为的概念；
2. 旅游消费、旅游消费者行为的特点。

旅游消费者因受个人认知、情感和意志过程、个人社交环境、旅游环境等的影响，表现出不同的旅游消费行为。因此，分析旅游消费者行为对研究旅游消费者、旅游企业、旅游工作者和旅游目的地居民都具有十分重要的现实价值与理论意义。

第一节　旅游消费者行为的概念

旅游消费者行为　指旅游者支付货币购买旅游产品和服务，以满足自身旅游需求的过程中表现出的举止行动。

一、旅游消费

旅游不仅是社会发展到一定阶段才出现的一种社会经济现象，更是一种体验，一种审美。

旅游活动过程中必然伴随着旅游消费。旅游消费问题研究的综合性和边缘性特征，使旅游消费的基本概念、研究对象和主要内容等问题至今没有得到很好解决，尤其是“旅游消费的系统研究”问题没有解决，制约了旅游消费研究的发展。因此，关于旅游消费基本概念、研究对象和主要内容等的研究十分必要。

1. 旅游消费的概念

旅游消费是在旅行游览活动过程中，旅游者为满足自身需要而购买的各种产品和服务的总和。旅游消费是人们在基本生活需要满足之后，产生的更高层次的消费形式。

我国理论界对旅游消费概念的研究，可追溯到20世纪80年代中期。关于旅游消费的概念研究主要有：罗明义（1990）认为旅游消费指人们在旅行游览过程中，为了满足其自身发展和享受的需要而消费的各种物质资料和精神资料的总和；林南枝，陶汉军（2000）认为旅游消费是人们在游览过程中，通过购买旅游产品来满足个人享受和发展需要的行为和活动。世界旅游组织将旅游消费定义为“由旅游单位（游客）使用或为他们而生产的产品和服务的价值”（田里、牟红，2007）。罗明义把旅游消费看成是一种消费的总和，侧重于旅游消费行为的结果。林南枝等则把旅游消费看成是一种“行为和活动”，侧重于旅游消费行为的过程。世界旅游组织的定义赋予旅游消费以新的内涵，把旅游消费看成是“一种产品和服务的价值”。旅游消费是社会生产力发展到一定阶段所产生的一种综合性的社会经济现象，是人们为了解自然和社会，寻求新的感受，发展和完善自我，以旅游产品为消费对象的一种特殊的高级的生活消费方式，具有显著的经济学特性。

从以上研究可以看出两点。①旅游消费是以一定的旅游产品为消费对象的。概括地说，旅游产品就是旅游者购买旅游活动过程中所需要的商品和服务的总和。它不仅是旅游者购买的一件具体物品，也不是某一种单项服务，而是对一次旅游活动而言的综合概念。它通常包括旅游资源，旅游设施，旅游服务和购买的旅游商品等。旅游资源又包括自然旅游资源和人文旅游资源，是旅游消费的目标吸引物。旅游设施包括旅游交通、旅游饭店、旅行社等，这是旅游消费的媒介物。旅游服务包括客房服务、导游服务等。购买的旅游商品是旅游消费者在旅游地所购买的特色商品、纪念品等。之所以称其为旅游消费，就是因为它消费的是旅游产品，而不是其他类型的产品。②旅游消费是各种旅游消费现象和消费关系的总和。因为旅游消费是一种服务性消费，服务性消费的实现离不开人的参与。正是因为人的参与，才使旅游消费主体之间及旅游消费主体与旅游消费服务人员之间产生各种微妙、复杂的现象和关系。这种消费现象和消费关系正是旅游消费的最充分的表现形式，它们的总和便是旅游消费的基本内涵。

事实上，旅游消费是伴随旅游活动产生的，是为满足人们食、住、行、游、购、娱活动而购买的旅游产品和旅游服务的总和。这里的旅游产品既包括物质产品，也包括精神产品。这就决定了旅游消费是一种集物质消费、精神消费和服务消费于一体的综合性消费。消费的对象可以是有形的产品，也可是无形的服务；可以是人类劳动的产品，也可是自然的创造物。随着时代的发展，旅游消费的概念逐渐向纵深发展，出现了诸如可持续旅游消费，绿色、低碳旅游消费和生态旅游消费等概念。

2. 旅游消费的分类

根据不同的划分标准，可对旅游消费进行以下分类。

（1）按满足人们旅游需求的不同层次。可分为生存消费、享受消费和发展消费。旅游消费者在旅游过程中的消费具体包括餐饮、住宿、交通、娱乐、游览等方面的消费，其中食、住、行是满足旅游消费者游览中生存需求的消费；观赏、娱乐等消费则是满足旅游者精神享受和智力发展的需要。这两种消费相互交错，在旅游活动中很难划分清楚。在满足旅游消费者生存需要中必须满足其享受和发展的消费，在满足旅游消费者享受与发展的需要中又包含着对其生存需要的满足。

（2）按旅游消费资料的形态。分为物质消费和精神消费两种类型。物质消费指旅游消费者在旅游过程中所消耗的物质产品，如酒店用品、食物、饮料和购买的纪念品、日用品等实物资料。精神消费指供旅游消费者观赏、娱乐和休闲的山水名胜、文物古迹、古今文化、民俗风情等精神产品，还包括其在旅游活动的各环节中享受的一切服务性的精神产品。物质消费在满足旅游消费者需求的同时，也会使旅游消费者在精神上产生愉悦感；精神消费虽主要是满足旅游消费者的精神需要，但也是以物质形态存在的。

（3）按旅游消费对旅游活动的重要程度。可分为基本旅游消费和非基本旅游消费。基本旅游消费指进行一次旅游活动所必需的、基本稳定的消费，如旅游住宿、饮食、交通游览等方面的消费；非基本旅游消费指并非每次旅游活动都需要的并具有较大弹性的消费，如旅游购物、医疗、通信消费等。

在对旅游消费结构的分析中，还通常把上述分类有机结合，并根据不同的旅游目的地、不同国家或地区的旅游消费者、不同的旅游类别以及不同的旅游季节的旅游开支分配进行综合分类，从而为旅游市场研究提供科学依据。

3. 影响旅游消费的因素

旅游消费不是人类生存的必要消费，它属于人类高级享受和发展需要的消费。因此，它的需求弹性较大，旅游消费的数量和质量受很多因素影响。除了政治、经济、环境或气候变化等因素，游客的收入水平、年龄、性别、职业和受教育程度以及风俗习惯、兴趣爱好等都是影响旅游消费的因素。此外，旅游供给国或目的地服务范围、服务项目、服务质量、服务态度和旅游各部门的协作能力以及社会治安等也都是影响旅游消费的因素。总体来看，影响旅游消费的主要因素有以下几个。

（1）人口统计特征。不同年龄、性别、文化、职业的旅游消费者，不同的风俗习惯、兴趣爱好都是影响旅游消费的因素。年龄的差别往往意味着生理状况、心理状况以及旅游购买经验的差别，进而影响旅游购买行为。人从出生到死亡要经历婴儿期、儿童期、青年期、成年期、中年期和老年期 6 个阶段，不同年龄阶段的消费者有着不同的心理需求和旅游行为。通常情况下，青年人对饮食的要求多而不精，而用在游览娱乐上的开支则较大；老年人对住宿、饮食、交通的要求都比较高。基于生理上的差异，男性和女性在消费决策制订、实际旅游消费行为中存在着较大的差异，女性旅游消费者购物消费所占比重较大。个体工商业者、参加会议的游客则要求现代化的旅游设施设备、高质量的饮食和服务。此外，游客的收入和带薪假期的不同，影响着游客的停留天数和消费数量；游客的文化、习俗影响着游客的爱好兴趣，使游客对旅游产品的内容和质量要求各异。总之，游客的人口统计特征不同程度地影响着旅游消费。

（2）个性心理特征。旅游消费者的感知、态度、情绪情感以及消费习惯、购买经验都不同程度地影响着消费结构。消费方式的示范性及从众心理也影响旅游消费者的支出投向，如流行的温泉旅游、海滨旅游及文化旅游等。旅游消费者的个性心理特征不同程度地影响着旅游消费。

（3）旅游产品的结构。生产发展水平决定消费水平，产品结构从宏观上制约着消费结构。向旅游消费者提供的住宿、餐饮、交通、游览、娱乐和购物等各类旅游产品的生产部门是否协调发展，旅游产品的内部结构是否比例恰当，都对旅游消费结构产生影响。在国民经济中，特别是向旅游业提供服务的各相关产业部门的结构如果搭配不合理，没有形成相互协调、平衡发展的产业网，就会导致旅游产品比例失调，各构成要素发展不平衡，这样不仅不能满足旅游消费者的需求，情况严重还会造成供求失衡，破坏旅游产品的整体性。例如，交通工具短缺，航线航班不足，会使游客对旅游目的地进不去，出不来，或者进去了又散不开；旅游设施设备不足，游娱网点过少，又使游客来了无住处，住下了又无处游；旅游项目单调，旅游资源缺乏吸引力也会影响游客。这些情况会使旅游产品在旅游市场上失去竞争能力，丧失客源。旅游产品结构决定着旅游消费结构，决定着游客的消费水平和消费数量。

（4）旅游产品和服务的质量。发展旅游业不但需要一定数量的旅游产品和服务，而且需要高质量的产品和服务。如果旅游产品的数量符合旅游需求的总量，但质量差、生产效率低、使用价值小，则仍然不能满足游客的消费需求，并且必然要影响旅游消费的数量和结构。旅游产品的质量包括 3 个方面：一是向游客提供称心如意、物美价廉的旅游产品，即提供的旅游产品要达到适销、适量、适时和适价的要求；二是旅游服务效率，对每一项旅游服务都要求做到熟练敏捷，为游客节约时间，提供方便；三是旅游服务的态度，即在旅游服务过程中要礼貌、热情、主动、周到。只有提高旅游产品质量，使游客获得物质与精神上的充分满足，提高他们的消费水平，才能使旅游消费结构日趋完善。

（5）旅游产品的价格。价格影响着游客的消费数量和消费结构。由于旅游产品的需求弹性大，所以当旅游产品的价格上涨而其他条件不变时，游客就会把旅游消费转向其他替代商品的消费，客源量会受到很大影响。反之，当旅游产品价格下跌，或者价格不变而增加了旅游产品的内容，游客又会把用于其他商品的消费转向旅游产品。因此，旅游产品价格的变化不仅影响旅游消费构成，而且影响旅游需求量的变化。

总体来看，旅游消费与旅游活动密切相关，受游客人口统计特征、个性心理特征、旅游体验、旅游目的地居民、区域社会经济发展水平以及旅游企业提供的旅游产品及服务等影响。

二、旅游消费者行为

1. 旅游消费者的概念

从经济学角度来定义，旅游消费者指在旅游过程中为生活消费需要，购买、使用商品或者接受服务的个人或组织。旅游消费者结合了游客和消费者的双重属性，既具有消费者的经济属性，也具有游客的基本属性。因此本书所说的旅游消费者是参与旅游信息搜集、决策制订、支付费用、进行实际旅游活动的“最终消费者”。从这个概念可以看出以下几点。

①旅游消费属生活消费。

②旅游消费客体是产品或服务。

③旅游消费方式包括购买、使用产品和接受服务。

④旅游消费的主体包括个人和进行生活消费的组织。

旅游消费者的产生首先要具有支付能力，其次是有闲暇时间，此外还受到科技发展水平、政府鼓励政策等社会因素，身体状况、家庭状况等个人因素的影响和制约。因此，我们可以认为旅游消费者行为指游客在整个旅游活动过程中的全部心理特征和行为表现，包括旅游动机的产生、旅游信息搜集筛选后的购买决策行为、进行旅游消费活动，以及旅游活动结束后评价的全过程的行为表现。

2. 旅游消费者行为的概念

旅游消费者行为指游客支付货币购买旅游产品和服务，以满足自身旅游需求过程中表现出的举止行动。游客消费行为由两部分构成，即购买决策过程和购买决策的实践过程。游客在购买旅游产品或旅游服务的过程中，由于人的不同，旅游决策可能有所不同。旅游商品的特殊性决定了旅游消费行为具有其自身的规律。旅游消费者行为最基本的含义是旅游消费者个体或组织为了达到一定的旅游目的，选择并购买旅游产品和服务的过程（张宏梅，2004）。然而，旅游消费者行为并不是简单的购买行为，而是受多种因素影响，具有综合性、边缘性、超常规性的特殊体验，其萌动、兴起、持续、回落、消失可以从心理、地理、社会、审美、经济、人类文化等抽象层次多角度连续统一地考察（谷明，2000）。吴清津（2006）也指出，虽然旅游消费者行为具有经济属性，但旅游消费者行为往往不是单纯的经济行为，而会受社会文化背景、消费者个性心理特征等因素的影响，获得心理和精神上的满足是旅游消费者普遍追求的目标。从本质上说，旅游消费者行为的基本出发点、整个过程和最终效应都是以获取物质与精神享受，特别是精神享受为指向的。旅游消费者行为也反映了当时人们的文化生活方式，并具有多个维度。

（1）空间维度上。旅游实质上是游客在地理空间上的角色转变过程，空间距离是引发经济距离、文化距离与心理距离的根源。距离衰减理论认为，目的地与客源地空间相互作用一般随距离的增加而降低，然而远距离异质文化又对游客产生强大的吸引力，旅游消费者行为最终取决于二者矛盾运动的结果。

（2）时间维度上。旅游产品生产和消费的同一性特点，决定了游客的空间转移需要余暇时间来保障，余暇时间富裕与否对旅游消费的拉动起着极其重要的作用。旅游活动由于受休假制度和气候等多方面因素的影响，具有显著的季节性特征，如淡旺季现象，一次旅游经历持续时间短暂等。

（3）文化维度上。旅游消费的主体和客体都是特定地区文化的载体，在消费过程中，消费主体不断挖掘消费客体中的文化内涵，客源地文化和东道社会文化因此得以相互渗透和交流。所以，旅游是经济性的文化消费，旅游业是文化性的经济产业。从文化维度探讨旅游消费者行为的模式是发掘其行为规律的必然。有人类学家提出，处在一定空间领域内部的人对他们自己的文化所建构的范式称为“直接范式”，直接范式构成了地方文化特色。

（4）经济支持维度上。消费最终以货币为支付手段实现，经济支持是旅游行为发生的必要条件。以1997年农民家庭为例：年收入在50000元以上的农民国内旅游出游率为79%；30000～49999元的出游率为89%；10000～29999元的出游率为51%；5000～9999元的出游率为34%；2000～4999元的出游率为23%；2000元以下的出游率为22%（谷明，2000）。

（5）心理体验维度上。旅游者消费的心理过程、心理状态、心理特征叠加可以诱发物质追求和精神体验，以及对跨空间、跨文化的审美与愉悦的向往。

（6）社会互动维度上。研究旅游消费者的社会行为可从不同游客间、游客与接待地居民、游客与旅游企业人员之间或以上行为主体与社会间的互动来探讨。

案例分析 1-1

2016年，“百旅会”中老年旅游会员俱乐部在苏州成立。中老年旅游服务品牌“百旅会”倡导“活到一百岁游遍全世界”。成立大会上，中国老龄产业协会老龄旅游产业促进委员会与同程旅游联合发布了《中国中老年人旅游消费行为研究报告2016》。报告指出：①首次以调研数据验证了中老年旅游者“有闲又有钱”这一业界普遍认知；②中老年人旅游消费意愿高；③中老年人的出游决策受某些外在因素的影响明显，更易出现冲动型消费行为；④中老年人出游时间灵活，每年出游2次以上；⑤中老年人出游时，住宿首选经济型酒店，喜欢旅游购物；⑥中老年人购买主渠道仍是传统旅行社。

分析：根据上述案例，分析中老年人旅游消费者行为呈现出哪些新特征？

第二节　旅游消费者行为的特点

一、旅游消费的特点

旅游经济沿着生产、分配、交换和消费的流程循环往复地运行。旅游消费作为旅游经济运行的重要环节，既是一轮循环的结束，又是下一轮循环的开始。旅游消费使旅游消费者的旅游需求得以实现和满足，并产生更高质量的旅游消费需求。旅游消费作为一种消费形式既有与其他消费相同之处，也具有其自身的特点，主要表现在以下几方面。

1. 综合性

旅游活动的综合性特征决定了旅游消费是一种集物质消费与精神消费为一体的综合性消费。旅游消费的综合性表现在不同的方面。第一，旅游消费的综合性表现在其消费对象具有综合性。旅游消费的对象既有有形的产品，又有无形的服务；既有劳动产品，又有自然创造物。旅游消费对象是多种成分、多类项目构成的综合体。第二，从旅游消费活动的构成来看，旅游活动是以游览为中心内容的。为了实现旅游的目的，旅游消费者必须借助某种交通工具，在旅途中需要购买一定生活必需品和旅游纪念品，必须解决吃饭、住宿等问题。可见，旅游活动是集食、住、行、游、购、娱于一体的综合性消费活动。第三，从参与实现旅游消费的部门来看，旅游消费是众多经济部门和非经济部门共同作用的产物。前者包括餐饮业、旅馆业、交通业等；后者包括环保、园林、文物、邮电、海关等。这就从另一个侧面说明了旅游消费的综合性。此外，旅游消费可以满足旅游消费者不同层次的需求，既包括生理需求，又包括社会需求。旅游消费者所获得的体验也是十分丰富的，如享乐性的体验、文化性的体验、康养保健性的体验。

2. 体验性

旅游消费不仅是旅游消费者的一种消费形式，更是旅游消费者的一种体验形式。从旅游消费的主体看，旅游消费者大都是一定国家或地区的、民族或种族的特定文化的载体，是一种复合文化的代表。在消费过程中，消费主体不断挖掘、破译蕴藏在消费客体中的文化内涵，增强其对旅游对象的体验。面对不同的消费客体，不同的消费主体会因自身文化背景不同而产生不同的反应，即使是同一个消费主体也可能会产生由其多层面文化背景所支持的不同的文化反应，体验也就不同。在旅游产品中，人的劳动价值不是物化在物质产品中，而是以人对人的直接服务的形式体现出来，反映的是人与人之间的情感关系，即旅游服务人员和旅游消费者之间的情感关系。在旅游消费过程中，由于旅游服务人员与旅游消费者直接接触这一特点，决定了旅游管理人员、服务人员的个人素质和服务态度将会对旅游消费者的精神、情感产生极其深刻的影响，甚至决定着一次旅游消费活动的成败。因此，高质量的情感服务将给旅游消费者留下终生难忘的美好回忆，并可能增加旅游消费者的出游次数。

3. 异地性

从地域上看，旅游消费是异地性消费。旅游消费的异地性首先从有关旅游的定义中体现出来。虽然有关旅游的定义很多，但它们都有一个共同点，就是都指出旅游是非定居者的一种行为和活动。因此，旅游消费应该是旅游消费者从自己常住地到旅游目的地（异地）的消费，否则，则不能称为旅游消费。其次，异地的风土人情、奇山秀水更有可能激发旅游消费者的消费欲望，并进而在求新、求异、求美、求乐等动机的促使下实现旅游消费的行为。

4. 经济性

从本质上看，旅游消费是经济性消费。消费是经济学中的一个基本概念，同样，旅游消费也是旅游经济学的一个基本概念。因此，旅游消费带有天然的经济性。旅游消费的每个环节，无论是食、住、行，还是游、购、娱都与消费者的经济承受力息息相关。研究表明，当人均 GNP 达到 300 ～ 400 美元时，开始产生近距离的国内旅游消费；当人均 GNP 达到 1000 美元时，开始产生面向周边国家和地区的近程出境旅游消费；当人均 GNP 达到 3000 美元时，开始产生中程距离的国际旅游消费；当人均 GNP 超过 6000 美元时，开始产生远程的洲际旅游消费。

5. 同步性

从过程上看，旅游消费是生产与消费的同步性消费。旅游产品与一般产品相比，显著的特点在于旅游产品的不可转移性，由于有形的旅游景区和无形的旅游服务不能运输，无法在空间上发生转移，因而旅游消费者必须到旅游产品的生产地进行消费，又由于旅游服务在时间上不能储存，旅游服务的提供必须以旅游消费者的实际购买为前提。因此，旅游经营者的旅游产品的生产过程，同时也是对旅游消费者而言的旅游产品的消费过程，两个动作是同时进行的。因此，旅游消费是旅游产品的生产和消费同步进行的消费。

二、旅游消费者行为的具体特点

旅游消费者的行为直接影响旅游的发展方向和发展规模。旅游消费行为的研究主要包括游客的消费水平和游客的消费结构。消费水平反映了游客的消费能力，消费结构反映了游客在各个旅游要素上花费的可能性。大众旅游时代，旅游活动内容和形式都非常丰富，旅游消费者搜集信息的渠道也更加多样，这就决定了旅游者消费行为呈现出复杂性和规律性的具体特点。

1. 复杂性

旅游活动发生的不同阶段，旅游消费者行为的复杂性特征有不同表现。

（1）旅游动机产生阶段。旅游欲望和需求促使旅游动机的产生。旅游消费者内在心理机制存在不平衡，旅游动机的产生能平衡其心理机制，满足其心理需求。从旅游动机上来讲，大众游客出游的目的一般在于放松身心、休闲享受，摆脱平时单调的生活，获得身体上和心理上的放松。

（2）出游决策阶段。可支配收入和闲暇时间是实现旅游活动的两个重要基本条件。旅游消费者在产生旅游动机后，就要针对旅游活动进行准备，进入旅游决策阶段。这时旅游消费者开始搜寻相关的旅游信息，并通过对这些信息的比较评价，做出旅游购买决策，即选定旅游目的地，并对线路、交通、住宿等做出详细的计划，对旅游花费进行预算等。在这一过程中，信息搜集方式对旅游消费决策的制订有重要的影响。朋友亲人的推荐较为真实和可靠；网络和电视广播节目中的信息较新，但是与实际情况可能存在不对称；旅行社的信息则较为齐全。信息搜集方式不同，旅游活动的开展方式不尽相同，获得的体验效果也不同，表现出来的旅游消费行为也不相同。

（3）实际旅游消费阶段。该阶段是开展旅游活动、进行旅游消费的主要实施阶段，是将旅游计划具体实施的阶段，并且在旅游过程中会不断修正计划以获得更好的旅游体验。这一阶段包括游客从离开居住地到返回居住地进行一系列旅游活动，游客的消费过程涵盖了食、住、行、游、购、娱等所有活动，是旅游活动的核心部分，与旅游准备阶段和游后评价阶段相比，这一阶段更为复杂。

（4）游后评价阶段。旅游者从旅游目的地返回到出发地，就意味着此次旅游实际活动结束，但是所产生的影响却没有结束。游客的游后评价对旅游目的地的旅游发展以及营销策略都有重要的影响。

总体来看，旅游消费者外出旅游是为了满足某种需要，其购买阶段和消费阶段往往并没有明显的界限。购买行为受旅游消费者态度、动机、认知、情感、经历及其社会、经济、文化背景的影响，与有形产品相比，大多数旅游消费过程中不存在处置阶段。旅游消费者对旅游产品的认知与评估伴随整个旅游过程。来自不同社会群体的旅游消费者，同一群体内部表现出类似的消费行为特征的消费者，其行为差异均较大；不仅如此，通过不同渠道获取旅游信息的旅游消费者的行为特征也各不相同。因而，旅游者消费行为具有复杂性特征。

2. 规律性

在旅游经济活动中，由于游客受自身因素和社会环境的影响，不同的游客在旅游过程中会表现出不同的消费行为。但是，这些千差万别的消费行为中，存在着某种规律性，表现出一些共性。国内外不少学者在借鉴和吸收相关消费者行为模型的基础上，以模式、模型的方式加以总结，将影响旅游消费者行为的因素及行为特征表现进行简化，建立了旅游消费者的相关研究模型。

（1）斯莫尔（Schmoll）旅游决策过程模型。斯莫尔（1979）在霍华德·舍斯（Howard Sheth）和尼科西亚（Nicosia）的消费者行为模型基础上建立了旅游决策过程模型（见图 1-1）。

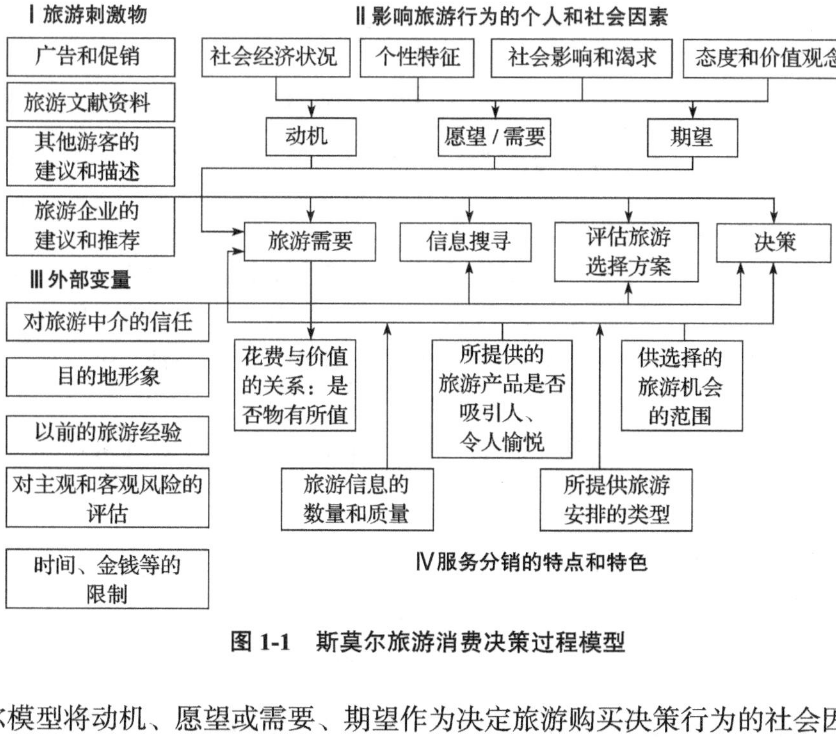

图 1-1 斯莫尔旅游消费决策过程模型

斯莫尔模型将动机、愿望或需要、期望作为决定旅游购买决策行为的社会因素和个人因素。这些因素受到旅游刺激物、旅游者信任度、目的地形象、以往的经历、费用和时间限制等的影响。模型分为 4 个板块，每个板块都会对最终决策施加影响：板块Ⅰ是旅游刺激物，由促销媒体、个人和企业的推荐等外界刺激因素构成；板块Ⅱ是影响旅游行为的个人和社会因素，它们支配消费者的目的，其表现形式为旅游需要和愿望、期望等；板块Ⅲ是外部变量，即游客对提供服务者、目的地形象的预期信任程度、以往的经历、金钱和时间限制等因素；板块Ⅳ是服务分销的特点和特色，同样对购买决策和结果施加一定的影响。斯莫尔特别强调了旅游决策阶段的各种影响因素对旅游需求产生重要的影响。但是，斯莫尔模型没有反馈环节，不能说明整个消费者行为过程，也没有加入态度和价值观，因此不能将其看成是动态的模型。

（2）米尔顿（Middleton）购买者行为的刺激—反应模型。美国旅游营销学家维克多·米尔顿将传统的消费者行为模型进行了适当的改进，提出了旅游购买者行为的刺激—反应模型（见图 1-2）。

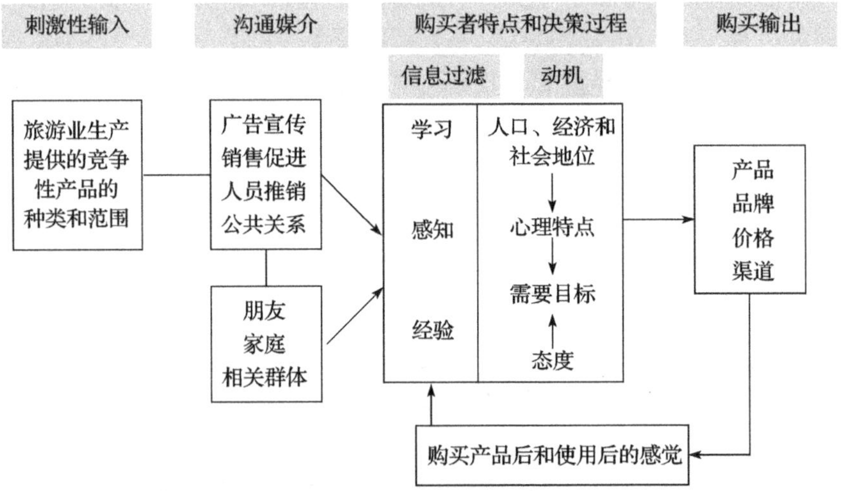

图 1-2　米尔顿旅游购买者行为的刺激—反应模型

该模型将旅游产品作为刺激性输入因素，通过广告、朋友等沟通媒介影响游客的心理、态度，进而影响旅游决策的制订，最后是购买输出及购买旅游产品后的反应。米尔顿将沟通媒介单独作为一个环节，强调了沟通媒介的中介作用，同时还详细分析了旅游动机的形成过程。这个模型描述了旅游者进行一次旅游决策的完整过程，即旅游企业可以通过一定的沟通渠道对消费者的购买过程产生刺激，进而使游客产生购买行为。

（3）Mathieson 和 Wall 的五阶段模型。Mathieson 和 Wall 在 1982 年提出了一个线性的五阶段旅游购买行为模型（见图 1-3）。

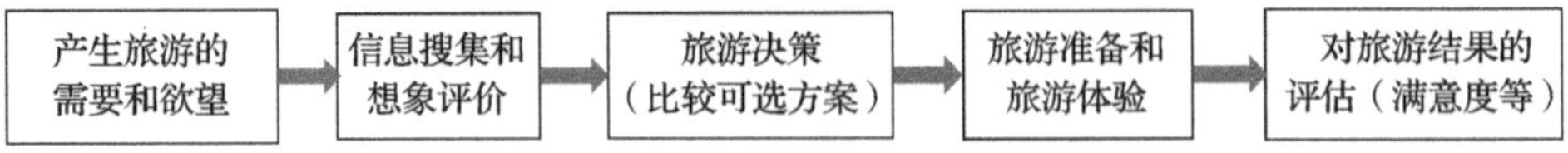

图 1-3　Mathieson 和 Wall 的五阶段模型

该模型认为旅游活动的开始是由于人们具有强烈的旅游需要和欲望；然后经过信息的搜集和想象评价；在各种可供选择的方案中进行比较，做出旅游决策；接下来就要为外出旅游做准备，进入旅游活动中进行旅游体验；旅游结束后对这次旅游活动进行满意度评估。该模型描述和解释了一次完整的旅游活动的过程，较为简洁清晰。

但是该模型更基于地理学的研究角度，而不是站在旅游消费者行为研究的角度上。该模型将决策过程看作一个直线过程，而不是动态反馈的过程，因而存在一定的局限性。

（4）旅游消费者个体行为的主要影响因素模型（见图 1-4）。

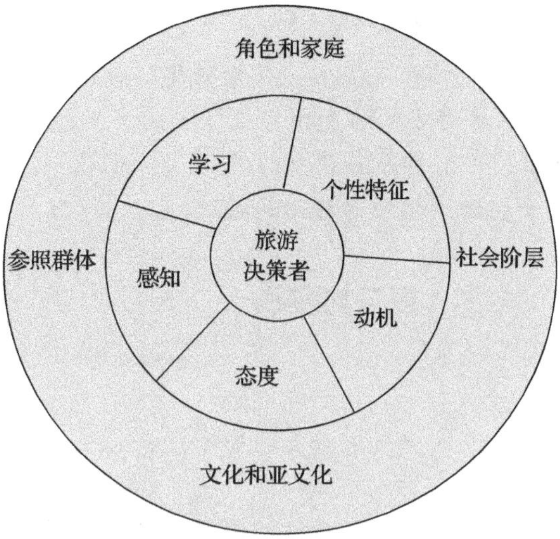

图 1-4　旅游消费者个体行为的主要影响因素模型

这个模型又称梅奥（Mayo）和贾维斯（Javis）模型，模型中处于中心的旅游决策者受内部因素和社会因素的双重影响。内部因素包括感知、学习、个性特征、动机和态度。旅游消费者总是通过感知的过程对各种旅游信息做出选择、组织和解释，从而形成意识；学习是建立在经历基础之上的个体行为的改变；个性特征则与心理结构和行为模式相关联，心理结构将行为和经历有序联系在一起。外部的社会因素主要包括参照群体、角色和家庭、社会阶层、文化和亚文化 4 个方面。

案例分析 1-2

德国女性旅游网细化旅游消费群

德国出现了专为女性提供旅游服务产品的网站 www. frauenblicke. de。据介绍，专门面向女性游客的旅游服务产品开发成果十分喜人，已有大量不同种类且符合市场需求的旅游产品上网供应。这当中除了酒店业所提供的住宿和其他特别活动外，由旅游主办者和研究班主办者所筹备的各种方案预计也能引起特别关注。划船旅行、野外生存训练、周末写生、文学旅行，以及城市游览等都是符合女性兴趣与需求的旅游活动。除了独立旅行或结伴、组团出游的女性游客外，带着孩子外出游玩的母亲也是某些旅游产品供应商的宣传对象。不愿独自旅行的女性还可以在网络的虚拟图钉墙上寻找自己理想的旅游伙伴。此外，该网站还向女性朋友们提供了有关出色女性人物的有趣故事。

分析：从旅游消费角度分析德国出现专为女性提供旅游服务产品的网站的原因。

课后讨论与设计

关于德国女性旅游网细化旅游消费群的分析

女性早已成为现代社会中最为重要的消费群体之一。德国前波莫瑞旅游协会主席西尔维娅·布莱驰奈德女士说："说到底，女性作为旅游行业的从业者充当着核心角色，作为该行业的消费群体她们身上也存在着巨大的开发潜力。在全联邦范围内，独自旅行的女性所占比例已达到了5%。而且她们在度假旅游方面的支出超过了平均水平的30%。所以，无论从哪方面来说，为这个消费群体多做一些，都是可获利的。"

问题：结合本案例，阐述女性旅游消费者行为的特征。

复习与实践

一、判断题

1. 旅游零售商对旅游消费者购买决策具有重要的影响，尤其是在帮助旅游消费者制订旅游计划和选择旅游产品两个方面。（　　）

2. 旅游消费者所属社会阶层的特征包括地位性、同质性、真实性、多维性、层级性和变动性。（　　）

3. 旅游消费者的价格心理包括习惯性心理、敏感性心理、感受性心理及倾向性心理。（　　）

4. 旅游消费具有综合性、体验性、异地性、同步性和经济性特征。（　　）

5. 旅游消费者行为指游客为满足自身的旅游需要而选择旅游产品，并通过与旅游产品互动体验完成购买和消费活动的决策和实践过程。（　　）

二、选择题

1. 不同性格类型的游客具有不同的旅游行为特点，以下属于安乐小康型游客的旅游行为特点的是（　　）。

A. 喜欢坐飞机前往旅游地　　B. 活动量大

C. 喜欢获得新鲜经历　　D. 喜欢乘车前往旅游地

2. 文化差异带来的文化冲击现象对旅游消费行为产生影响，一般要经历三个比较典型的阶段（　　）。

A. 接触与崩溃、恢复与自立、适应与不适应

B. 接触与崩溃、平静与紧张、适应与不适应

C. 接触与崩溃、恢复与自立、体验与融入

D. 新鲜与奇特、恢复与自立、适应与不适应

3. 旅游消费具有（　　）特征。

A. 兴奋性　　B. 综合性　　C. 易变性　　D. 感染性

4. 旅游消费者行为不包括（　　）。

A. 肯定与否定　　B. 积极与消极　　C. 紧张与轻松　　D. 快乐与悲哀

5. 对于旅游行业来说，基本服务来自（ ）。

A. 标准　　B. 感情　　C. 创新　　D. 程序

三、简答题

1. 什么是旅游消费？
2. 旅游消费如何分类？
3. 什么是旅游消费者行为？
4. 旅游消费和旅游消费者行为分别具备哪些特点？
5. 简述老年群体的消费特征。

四、案例分析题

弗洛伊德的精神分析论认为，意识分为三部分，即本我、自我、超我，个性是在这三种力量中产生的，个性的形成取决于个体在不同的心理阶段如何应付和处理相应的各种危机。本我，是与生俱来的心理动力，是人心理活动生物性的一面；自我，是在本我的基础上发展和分化的，是在幼儿时期通过父母的训练和与外界交往中形成的，是本我与外界环境的中介；超我，是道德化的自我，由社会规范、伦理道德、价值观念内化而来。

弗洛伊德的精神分析论对分析旅游者的行为具有哪些重要的意义？

第二章　旅游心理学概论

》问题导入

1. 小林发现他每次上团两天后，总会有几位游客表示对他的不满。这一天，他请赵先生跟他的团，帮他找一找究竟是在什么地方出了问题。到了晚上，赵先生把小林带团时说话的录音放给他听。要他一边听录音，一边回忆当时的情景。早上出发之前，有几位客人要上厕所，走错了方向，小林很热情地对他们说："先生，不是在那边，是在这边。"

中午就餐的时候，有几位客人因为在附近的商店购物来迟了一点，差点走错了就餐的包间，小林又是很热情地说："先生，不是那边，是在这边。"

在茶室品茶的时候，有一位先生把手伸向了另一位客人的茶杯，小林笑着对他说："先生，不是这一杯，是那一杯。"

傍晚自由活动的时候，有几位客人要去小吃一条街。但是他们走反方向了，小林用手做成喇叭的样子朝他们喊："喂，先生，不是那边，小吃一条街在这边。"

"哦。我知道了，原来我总是一开口就说'不是'！"小林恍然大悟，一再向赵先生表示感谢，并表示一定要把这个问题改掉！

2. 某五星级酒店销售员小王最近心情很烦躁，因为他工作的酒店要裁员，并且女朋友对他的态度忽然变冷淡了，让他不知所措。所以，他总想随处坐躺，感到无所事事，每一件事物都显得晦暗，时间变得难熬。他的脾气变得暴躁，而且常用睡眠来驱走忧郁或烦闷，但后来这个方法也失效了。他患上了慢性疲劳症候群，失眠或经常睡觉且睡眠时间过长、失去食欲或狼吞虎咽，头痛、背痛，而且会感到人生空虚、毫无意义。低落的情绪状态严重影响了他的工作，他的客户也开始投诉他。

小王很想改变这样的状况，但是似乎找不到很好的办法……

3. 导游员小张在带团的三四天前开始患口腔炎，口腔黏膜溃疡，非常疼痛，临近带团日，病痛达到顶点，给工作带来了极大的不便。小张看上去活泼开朗，轻松自得，她本人也称自己拿得起，放得下，生性逍遥自在。但是，近两年来，随着出团日期的逼近，她的口腔会反复出现同样的症状，说明她的口腔炎与心理紧张有很大关系。通常情况是，时间控制非常严格的人常患此类疾病。

思考：

1. 旅游心理学的研究对象是什么；
2. 旅游心理学的研究方法有哪些；
3. 讨论旅游心理学的产生。

》学习目标

1. 了解心理学的发展和主要流派；

2. 了解旅游心理学的产生背景；
3. 识记旅游心理学概念；
4. 掌握旅游心理学的研究方法；
5. 理解旅游心理学的研究对象及研究意义。

本章重点、难点

1. 旅游心理学的研究对象及研究意义；
2. 旅游心理学的研究方法。

旅游学以研究旅游现象的基本矛盾为核心，而旅游心理学以影响游客旅游活动的产生、影响旅游选择和旅游心理效果的主客观因素为研究对象。游客是旅游活动的主体，是旅游服务的主要对象，是旅游决策者。只有了解游客心理活动的规律、特点，掌握研究旅游者心理的方法，才能更好地为旅游者服务。旅游服务是旅游业的灵魂，服务质量关系到旅游业的兴衰成败。在导游服务、旅游饭店服务和旅游商品服务等方面，要想提高服务质量，除了研究旅游者心理外，还要研究旅游服务人员心理及二者的关系心理，以为旅游者提供情感化、个性化、针对性的服务。另外，研究旅游从业人员心理，利用其心理活动规律和心理学等行为科学原理对旅游从业人员进行管理、培训，也可以很好地开发利用人力资源，使现有的人力、物力、资源有机结合，发挥出整体效益。

鉴于旅游心理学领域的各项研究是建立在以往心理学理论研究基础之上的缘故，我们在开展旅游心理学研究之始，先来了解和认识心理学的基本知识。

第一节　心理学基本知识

心理学（psychology）是一门研究人类心理现象及其影响下的精神功能和行为活动的科学，它兼顾理论性和应用（实践）性。

一、心理学的发展历程与主要流派

心理学是一门从哲学中分离出来形成的独立学科，是对人类自我思维、行为方式的认知和剖析，心理学关注人类怎样感知外界信息和怎样进行信息内化处理，以及相应的心理和行为规律。

1. 心理学的发展历程

随着自然科学的迅速发展，尤其是生物学、生理学对人体知识的大量积累，启发了人们的思维，也促动了人们对人类本身心理研究的冲动。1879 年，德国生理学家、哲学家威廉·冯特在吸收前人成果的基础上，在德国莱比锡大学建立了世界上第一个心理学实验室，并开始了对人的感觉、知觉、情感等系统的研究。从此，心理学脱离哲学而成为一门独立的研究学科。

作为一门独立的研究学科，心理学的产生只有 100 多年的历史，但独特的研究对象和广阔的应用范围，赋予其强大的生命力和无限的发展前景，心理学在越来越多的领域得到广泛应用。可以说，任何领域都离不开对心理学的应用。目前，心理学已被广泛地应用于国防、教育、体育、医疗卫生、司法机构、工商企业、社会服务等各个领域和部门，形成了以普通心理学为主干的、具有多个分支的学科体系。

2. 现当代心理学流派

（1）内容心理学派。19 世纪 60 年代，内容心理学在德国产生。内容心理学派的代表人物主要有费希纳（1801—1887 年）和冯特（1832—1920 年）。

费希纳的心理物理学是关于身心之间或外界刺激和心理现象之间的函数关系或依存关系的严密科学。这是一门介于心理学和物理学之间的独立学科。在哲学上，费希纳是一个唯心主义泛灵论者，认为凡物都有灵魂，心和物是不可分的，心是主要的，物只是心的外观。他对心与物做了精确的数学测量并试图确定它们的关系。1860 年费希纳《心理物理学纲要》的出版奠定了他在心理物理学上创始人的地位。

费希纳受赫尔巴特的启发，认为心理是可测量的。经过许多实验和推导，他把感觉强度和刺激强度之间的关系概括为公式：$S=C\times\log(R/R0)$，其中 S 代表感觉强度；C 代表适用于不同感觉中的每个感官的常数；R 代表刺激强度；R0 代表在阈限的刺激强度。

这个公式表明刺激的效果不是绝对的，而是相对于已有的感觉强度而言的。费希纳在心理物理学的研究中曾创造了三种心理测量的方法：最小可觉差法、正误法和均差法。费希纳把物理学的数量化测量方法带到心理学中，为后来心理学的实验研究提供了工具。从现代心理学发展的历史上看，费希纳应被认为是现代西方心理学的主要缔造者之一，他的心理物理学对冯特心理学的建立起到了奠基作用。

冯特是近代心理学的创始人之一，被公认为是实验心理学之父。他于 1879 年在莱比锡大学创立了世界上第一个专门研究心理学的实验室，这被认为是心理学成为一门独立学科的标志。

（2）精神分析心理学派。奥地利心理学家弗洛伊德（1856—1939 年）是从心理治疗起家的，他是心理治疗中精神分析学派的创始人。他认为心理上的病态是人的本能冲动被压抑的结果。当一个人觉得自己的冲动严重违背了自己的“做人原则”时，他就会压抑这些冲动。压抑的结果是，虽然再也意识不到这些冲动，并且已经可以心安理得地相信自己“没有”这些冲动，但这些冲动依然存在于意识不到的内心深处。弗洛伊德认为，这种“冲动”与“对冲动的压抑”之间的冲突，就是导致心理失衡的原因。他还发现，病人的那些被压抑的冲动，往往会有所改变地表现在他们的梦境中，他认为治疗者应该通过深入的分析去破译梦的含义。1900 年，弗洛伊德正式出版了自己的第一本，也是最有影响力的著作《梦的解析》（也译为《释梦》），同年他又着手编写《日常生活的心理分析》，把对病人的研究扩大到对正常人的研究。

弗洛伊德认为推动人们去做各种事情的“原动力”是那些人与动物共有的本能欲望的冲动，其中主要是“性冲动”和“攻击的冲动”。按本性来说，人总是想为所欲为，但社会不允许人这样做。弗洛伊德并不主张放纵，相反，他认为对人的本能加以控制是完全必要的。如果人类放纵自己，必将自取灭亡。但弗洛伊德所从事的心理治疗又使他认为，一味压抑人的本能冲动不仅会使人生活得不痛快，而且会使人生病，所以也是不行的。总之，弗洛伊德认为可取的办法既不是放纵，也不是压抑，而是“升华”，即把原本用于做坏事的心理能量用来做好事，人类的命运就取决于人类的文化能在何种程度上使人的本能得到升华。

（3）行为主义心理学派。行为主义心理学在20世纪初产生于美国，其创始人是华生（1879—1958年）。他反对研究意识，而把人和动物的行为作为研究对象。他从人和动物的行为中找到的基本因素是刺激和反应，并断言“我们能将我们的一切心理学问题及其解决，都纳之于刺激和反应的规范中”。“刺激—反应”公式就成为行为心理学的基本公式。

在新行为主义中另有一个激进的行为主义分支，它以斯金纳（1904—1990年）为代表，斯金纳在巴甫洛夫经典条件反射基础上提出了操作性条件反射。他自制了一个“斯金纳箱”，在箱内装一特殊装置，压一次杠杆就会出现食物，他将一只饿鼠放入箱内，它会在里面乱跑乱碰，自由探索，偶然一次压杠杆就得到食物，此后老鼠压杠杆的频率越来越高，即学会了通过压杠杆来得到食物的方法。斯金纳将其命名为操作性条件反射或工具性条件作用，食物即是强化物，运用强化物来增加某种反应（即行为）频率的过程叫作强化。斯金纳认为强化训练是解释机体学习过程的主要机制。

（4）格式塔心理学派。格式塔心理学派强调整体并不等于部分的总和，整体先于部分而存在并制约着部分的性质和意义。这一观点在一定范围内来说是符合客观事实的。格式塔心理学派的专家从这一观点出发，坚决反对对任何心理现象进行元素分析，这对于揭发心理学内的机械主义和元素主义观点的错误具有一定的作用。

同时，他们在知觉领域里进行了大量的实验研究工作，并取得了很多具有科学价值的成果。目前，一般心理学教科书内所讲述的一些有关知觉的规律知识，例如似动现象的发生、知觉过程中图形和背景的关系的意义等，基本上都来源于格式塔学派的研究成果。

格式塔心理学派作为一个独立的学派，是人们对意识经验发生兴趣，至少把意识经验看作心理学的一个合法的研究领域，并继续促使人们对意识经验的研究和兴趣。同时格式塔学派对同时期的学派中肯而坚定的批评，对心理学的发展也具有重要影响。其学派代表人物有：韦特海默、苛勒、考夫卡。

（5）人本主义心理学派。美国的马斯洛（1908—1970年）等人本主义心理学家认为，对于人来说，最本质也是最可贵的东西不是人与动物共有的那些本能，而是那些动物所没有的，只有人才有的潜能。1954年马斯洛所著《动机与人格》一书问世，提出了需要层次理论。

马斯洛所说的人所特有的潜能，如爱的潜能、创造的潜能，都是善的，而不像弗洛伊德所说，人的本能是恶的。但人的潜能与人的动物本能相比要软弱得多，它们只有在良好的环境条件下，才能由潜在的可能性变为现实，在恶劣的环境中，是很容易被摧残的。理想的社会就是能使人的潜能得到充分实现的社会。

马斯洛与弗洛姆、罗杰斯等人于20世纪50年代末共同发起，并于1962年成立了“人本主义心理学会”，他们所确定的人本主义心理学的基本原则之一是“心理学应该关心人的尊严和人的提高”。

（6）认知心理学派。起始于20世纪50年代中期，20世纪60年代后迅速发展。1967年美国心理学家奈瑟的《认知心理学》一书的出版，标志着这一学派理论的成熟。广义的认知心理学还应该包括皮亚杰（1896—1980年）的发生认识论，他把人的认识发展看成是一种建构的过程，并仔细研究这一过程的发展阶段。狭义的认知心理学指用信息加工的观点和术语解释人的认知过程的科学，因此，也叫信息加工心理学。这一学派反对行为主义理论，认为不一定必须在搞清心理的生理基础后，才能研究心理现象。认知心理学派把人看成计算机式的信息加工系统，认为人脑的工作原理与计算机的工作原理相同，因而可以在计算机和人脑之间进行类比。他们强调人的已有知识结构对行为和当前认知活动的决定作用，并力求通过计算机模拟等方式发现人们获取和利用知识的规律，达到探究人类认知活动规律的目的。他们还承认人的主观能动性、意识的能动作用，强调对人的认知过程进行整体综合分析。

认知心理学派的理论含有辩证法的因素，对反对行为主义的机械论、弗洛伊德主义的非理性主义有积极的意义，对扩大心理学的研究方法、促进心理学的现代化、发展人工智能和计算机科学等均有贡献，而且成为当前心理学研究的主要方向。但他们把人的心理看成计算机的信息加工系统加以研究，在心理学界依然存在争论。

以上六个流派除了内容心理学派以外，精神分析学派、行为心理学派、格式塔学派、人本主义学派，以及认知心理学派并称为五大心理学流派。

二、心理学的基本概念和研究对象

1. 心理的实质

虽然心理活动和心理现象人人都有，与生俱来，但是要科学地理解和掌握心理现象的实质，却并不是一件容易的事情。围绕着心理学的两个最根本的问题，即心理与身体的关系（心身关系），心理与客观现实的关系（心物关系），心理学家形成了不同的观点。

主观唯心主义者认为，心理是一种主观存在的人的心理或精神现象，是世界的本源。世界上的万事万物都是由人的感觉或精神现象决定的。离开了人的精神现象，世界上任何东西都不会存在。而客观唯心主义者则认为，心理是一种“绝对精神”世界，是由某种神秘的精神决定的。

唯物主义者认为，心理是物质派生的。例如，19世纪德国的庸俗唯物主义者毕希纳和福格特都认为，脑髓分泌思想正如肝脏分泌胆汁、胃分泌胃液一样；后来法国机械唯物主义者拉美特列和狄德罗认为人的心理活动是脑对客观现实的机械反映；而德国的费尔巴哈认为人的心理是自然的本能活动。虽然这些观点都对心理与物质的关系问题提出了比较进步的看法，但都忽视了人的心理的社会本质，其对心理实质的理解也是错误的。

辩证唯物主义者认为，心理是人脑的机能，客观现实是人心理的源泉，人的心理具有主观能动性。

（1）心理是人脑的机能。心理现象离不开人的大脑，它依附于人的大脑器官，并通过人的大脑器官的活动得以实现和反映，这是人们随着科学的发展和实践经验的积累逐渐认识到的。正是在这样一种意义上，我们说心理是人脑的机能，没有人脑这个按特殊方式组成的物质的高级产物，就不可能产生人的心理。

（2）客观世界是人的心理的源泉。如果没有外部客观世界的作用，人脑本身是无法独立产生人的心理的。同样道理，即使有了人的头脑，但如果没有社会生活这一外部世界客观环境的熏陶，还是不能产生人的心理。“狼孩”故事有力地说明了这一点。所以，我们说，人所生活的外部客观世界是心理的源泉和内容，心理是对客观现实的一种反映。

（3）人的心理具有主观能动性。人的心理是客观世界在人脑中形成反映的过程，这种反映并不像人照镜子那样机械，而是受个人知识经验、实践领域和全部的个性特征制约的，并通过完整的心理活动表现出来，这样心理活动就会带有个体色彩，从而表现出人的心理的主观性。并且，这种主观性是能动的，表现为对现实的反映并不是消极的、被动的，而是对客观现实进行积极的、能动的反映，并通过实践反作用于客观世界，进而创造出客观世界中不存在的事物和形象，以此推动客观世界不断向新的方向发展。在人和周围世界相互作用的过程中，人无疑是最积极、最活跃的因素，充满着智慧和谋略，并且还运用这些智慧和谋略自觉地创造性地认识周围的世界。这是人的心理具有主观能动性的最重要的表现。

2. 心理学的基本概念

心理学的英文是 Psychology，这个词来自古希腊，由古希腊文中的 Psyche 演变而成的，在希腊文和拉丁文中，Psyche 都表示灵魂或者精神的意思。

在古代，很长一段时间，人们一直认为心理活动是由心脏产生的。譬如孔子就曾认为思维的器官是心脏；古希腊哲学家亚里士多德也认为思想和感觉的器官是心脏，而脑的工作只不过使流出心脏的血液冷静一点而已。后来，由于很多事实都解释不通，人们才逐渐意识到心理活动不是与心脏有关，而是与大脑有关。人们观察到，在睡眠和麻醉时，内脏的活动没有大的变化，这与精神状态大不相同；大脑受到损伤的人，如植物人，心理活动就会受到严重破坏。

综上所述，心理学是研究人心理和行为现象发生、发展及变化规律的科学。心理现象，指感觉、知觉、记忆、思维、联想、想象、注意、情感、意志、能力、气质和性格等，它们是在复杂的社会实践和社会交往中产生并发展起来的，是人脑对千变万化的客观世界的反映，也是每个处于清醒状态的人所熟悉并时刻产生着的，人的任何活动都离不开心理现象。

3. 心理学的研究对象

心理学主要研究人的心理现象，也研究动物的心理现象；研究个体的心理现象，也研究群体的社会心理现象。与物理、化学等现象不同，心理现象不具形体性，是人的内部世界的精神生活，他人无法直接进行观察。但是通过对行为的观察和分析，却可以客观地研究人的心理。因此，心理学还研究行为及其与心理的关系。

普通心理学主要研究正常成人个体心理的产生、发展及规律。但是，个体心理和社会心理又是紧密联系的，因此普通心理学也涉及社会心理。

三、旅游心理学的产生

旅游活动也是一种心理活动，自旅游活动产生之日，人们就注意到旅游领域中存在的心理现象，两千多年前，我国就有“仁者乐山，智者乐水”的说法，折射出人们出游的心理动机。旅游业形成之后，尤其是现代旅游业的发展，促使人们加强对旅游心理活动理论的研究，总结旅游心理的规律。从实践角度看，旅游业的经营者、服务者如何为游客提供吃、住、行、游、购、娱等优质服务，满足游客的生理和心理上的需求才能获利；旅游消费者如何选择经营者的优质服务而获得生理上和心理上的满足，都是需要研究的问题。于是，旅游心理学便应运而生。

旅游心理学是应用心理学的分支，产生于20世纪80年代。1981年，美国CBI公司出版了由佛罗里达中心大学老迪克·梅奥和商业管理学院副院长贾维斯编著的《旅游心理学》。该书第一次从心理学角度分析研究旅游者的旅游行为，揭开了旅游心理学研究的序幕。我国旅游心理学研究开始于20世纪80年代，有不少旅游心理学专著和教材问世，但我国的旅游心理学研究还很薄弱。

第二节　旅游心理学基本知识

旅游心理学是研究旅游活动中人们（游客、旅游从业人员）的心理活动和行为规律的科学。

一、旅游心理学的概念

对旅游心理学的定义，目前我国学者的研究有不同的表述：第一种，旅游心理学是研究旅游者的心理与行为的科学；第二种，旅游心理学是研究旅游者心理、旅游企业管理心理和旅游服务心理的科学；第三种，旅游心理学是研究旅游者心理、旅游服务心理和旅游从业者心理的科学；第四种，旅游心理学是研究旅游者和旅游从业者的互动心理的科学；第五种，旅游心理学是研究旅游者心理和旅游业的开发、经营和管理的心理依据的科学。

旅游心理学的定义通常认为，旅游心理学既研究旅游主体的心理活动的规律，又研究旅游活动中人的行为规律。因此，旅游心理学是研究旅游活动中人们（旅游者、旅游从业人员）的心理活动和行为规律的科学。

二、旅游心理学的研究对象

从旅游心理学的概念来讲，旅游心理学研究范围涉及旅游者心理、旅游服务心理和旅游企业管理心理，研究内容是旅游活动中人们的心理活动和行为规律。

研究旅游者心理，主要是研究旅游者的心理活动和旅游者的个体心理特征。心理活动包括心理过程和人格两大部分。心理过程分为认识过程、情绪情感过程和意志过程。认识过程包括感觉、知觉、记忆、学习、思维、想象等过程。人格又称个性，由人格特征和人格倾向性构成。人格特征包括气质、性格和能力；人格倾向性包括需要、动机、兴趣、理想、信念、人生观、世界观、价值观等。但是旅游心理学并不研究上述全部心理现象，只关注诸如旅游知觉、旅游需要和动机、态度与旅游行为、个性与旅游行为、旅游者的情绪情感等心理现象。研究旅游行为规律，包括旅游服务心理和旅游企业管理心理，具体包括酒店服务心理、旅行社服务心理和其他服务心理。

三、旅游心理学的研究方法

旅游心理学作为心理学的应用学科，其研究方法主要来自心理学比较成熟的研究方法，只是在应用这些方法时，从旅游心理学特定的学科领域出发，有选择、有变化地应用。

1. 观察法

一种是自然观察法，是研究者在未经控制的日常生活条件下，直接察看、了解和分析他人言谈举止等外部表现以探求其心理活动及其规律的一种方法。观察法在心理学上分为两种。一种是在自然情景中对人或动物的行为直接观察和记录，然后进行分析，称为自然观察法；另一种是在预先设置好的情景中进行观察，称为控制观察法。观察法简便易行，可收集一手材料，结果比较真实可信，有利于收集被观察者生动翔实的材料。但是，观察法不能人为引发，只能被动等待，由于时间、文化等因素，有些方面不能全面观察或不能观察。

2. 自然实验法

自然实验法是在日常生活条件下，研究者有目的地对一些条件加以控制和改变，从而进行研究的一种方法。自然实验法兼有观察法和实验室实验法的优点。由于自然实验法是在实际情况下进行的，因此所得到的结果比较接近实际。另外，自然实验法是由研究者有目的地改变或控制某些条件，因此具有主动性和严密性，所得到的结果也比较准确。但由于条件的控制不够严格，因而难以得到精密的实验结果。社会心理学对从众现象、群体效应等的研究，都经常采用此法。自然实验法较适合于对旅游者的心理研究。例如，为了了解旅游者不同的旅游服务需要，可以通过变动不同的服务态度和不同性别、不同年龄的服务人员进行旅游服务，从中观察旅游者的情绪反映、满意程度。自然实验法切近实际，简便易行，被广泛应用。

3. 心理测量法

心理测量法是用量表测量人在某一方面的心理特征的方法。采用此方法要求测验所用量表标准化，即量表的编制、实施的过程、算分标准和对测验分数的解释，都有明确一致的要求。能力测验、性格测验、人才测评等，都是旅游心理学中常用的心理测量法。可用于研究旅游者的态度、旅游业工作人员的心理。

4. 调查法

调查法是通过收集被调查者的有关材料，间接了解其心理活动的研究方法。包括谈话调查法、问卷调查法、访问调查法等，其中问卷调查法的应用最为广泛。问卷调查法是通过研究被调查者根据个人情况填写事先拟定好的表格、回答设定好的问题等形式来分析其心理的一种方法。这种方法的优点是能同时进行大规模的群体调查，快速收集大量资料，并且因为采取匿名方式，结果较真实。问卷调查法效率较高，是一种常用的调查方法。问卷调查法的核心是问卷的设计。问卷分为封闭性问卷和开放性问卷。在封闭性问卷中会向被调查者提供可选择的答案。

例：您愿意乘什么交通工具去旅游？

A. 豪华大巴　　B. 旅游列车　　C. 飞机　　D. 轮船

开放性问卷则只有问题而没有供选择的答案，要求被调查者根据自己的情况回答。封闭性问卷容易对答案进行量化处理，便于统计分析，但由于受答案固定化的限制，不能充分地反映被调查者对问题的思考深度。开放性问卷能更多反映被调查者的思考深度和多种观点，但也可能收到一些与研究无关的信息。使用开放性问卷，对资料的量化统计分析也有一定困难。在研究中要根据研究专题所需材料的范围、研究人员的水平和能力等各种因素，选用不同问卷。

5. 案例分析法

案例分析法是研究者深入相关单位，对研究对象进行全面的较长时间的观察、调查和了解，研究其心理发展的全过程，分析整理、抽象概括有价值的理论的研究方法。这种方法有深入、全面的优点，在旅游心理学的发展中发挥着重要的作用。

总之，旅游心理学的研究方法是多种多样的。在进行研究时，不应孤立地采用一种方法，而应根据研究的需要综合采取各种方法，或者以某种方法为主，辅之以其他方法，这样才能获得全面、准确而客观的数据资料，以利对旅游心理做出完整的评定。

案例分析 2-1

旅游广告要“对症下药”

美国为了开拓英国的旅游市场，曾对英国人进行调查。在被问及决定去美国旅游时，最重要的考虑因素是什么时，英国人毫不犹豫地回答“费用”。根据这一调查，美国人在英国展开了广告宣传：“去美国旅游的费用，要比你们想象的便宜，一天只要花费 15 美元，就能游览美国。”看到这样的推广，理应有成千上万的英国人争着去美国旅游，然而事与愿违，只去了数百名游客。问题何在？美国旅游部门决定对英国人心理状态进行深层次地调查。结果发现，从表面上看，英国人认为费用是一个障碍，实际上他们真正害怕的是在美国可能看到的那些东西——高耸入云的摩天大楼、复杂的高速公路网、令人毛骨悚然和没有感情的消费经济。更令英国人担忧的是，英国正在步美国的后尘，宁静的休闲正遭到破坏，几年或几十年后，英国也许会变得和美国一样。在深入了解英国人的旅游心理后，美国改变了宣传内容，大力宣传科罗拉多大峡谷、黄石公园、尼亚加拉大瀑布、夏威夷热带海洋等优美、独特的自然景观，这种宣传一下子就吸引了许多英国游客。

本章主要阐述了旅游心理学的研究对象和研究方法。旅游心理学的研究范围涉及旅游者心理、旅游服务心理和旅游企业管理心理，研究内容是旅游活动中人们的心理活动和行为规律。旅游心理学的主要研究方法包括观察法、自然实验法、心理测量法、调查法和案例分析法。

课后讨论与设计

心理测试

出国旅行，购物是一项很重要的内容。尤其是跳蚤市场，不但价格极有弹性，还可以挖到不少宝贝，回国后可能价位会翻好几倍。你会买什么东西收藏，也反映着你的理财观念和盲点。

你对下列哪一项物品最感兴趣呢？

A. 古董相机　　B. 手工织毯　　C. 古银首饰　　D. 书画艺术品

测试结论：

A：你对于钱财的运用没有什么观念，开源和节流，你宁可只做前者。你认为花钱就是要让自己开心，不愿意委屈自己。吃好的，住好的，用好的，每一件物品你都觉得买得很值得。所以你可以试着去投资，因为你的品位很不错，能够选到可以增值的物品，那么你的收藏爱好，就不再只是让你花大钱，还能有产生一些价值。钱是挣来的而不是省来的，在现实中多多学习，你可能会做得很好。

B：你的情感丰富，耳根子软，对人毫无防备之心。你对于推销员的话会照单全收，所以每次出门总是令家人担心，怕你乱花钱。因为你是感性消费，所以最好先列出预算，控制自己的花费。

C：你对于每一分钱都很重视，认为财富就是靠这样一点一滴积累起来的。虽然你从各方面都可以省下一些钱，数目也很可观，可是这样趋于保守，没办法有效管理资金。如果有一笔暂时不需动用的存款，就试着去做一些投资，结果会让你满意的。

D：你有一点不切实际，对于理财，你也觉得十分头痛，不知该如何做起。所以你就一直拖延，虽然知道要留意相关消息，还是很被动。最好能够找个可信赖的人，帮你打点这一切，那是最理想的状况。

问题：你觉得这套心理测试题的结论符合你的情况吗？你觉得类似的心理测试是根据什么规律编制的？这样的心理测试题可不可信？

复习与实践

一、判断题

1. 旅游心理的研究要通过旅游行为实现，所以，旅游行为也是旅游心理学的主要研究对象。（　　）

2. 心理测量法是在实验室里控制条件进行研究的一种方法。（　　）

3. 旅游心理学是普通心理学的分支，产生于20世纪80年代。（　　）

4. 自然实验法是在日常生活条件下，研究者有目的地对一些条件加以控制和改变，从而

进行研究的一种方法。（ ）

5. 旅游心理学主要研究旅游者的心理活动和旅游者的个体心理特征。心理活动包括心理过程和人格两大部分。心理过程分为认识过程、情绪情感过程和意志过程。认识过程有感觉、知觉、记忆、学习、思维、想象等过程。人格又称个性，由人格特征和人格倾向性构成。人格特征包括气质、性格和能力；人格倾向性包括需要、动机、兴趣、理想、信念、人生观、世界观、价值观等。个性心理特征主要包括能力、气质、性格。（ ）

二、多项选择题

1. 我国有“仁者乐山，智者乐水”的说法，折射出人们出游的（ ）。

A. 心理规律　B. 变化性　C. 两重性　D. 心理动机

2. 旅游者的不同的心理特征有（ ）。

A. 需要　B. 动机　C. 态度　D. 兴趣

3. 旅游心理学的研究方法主要有（ ）。

A. 自然实验法　B. 心理测量法　C. 调查法　D. 观察法

4. 旅游心理学的研究对象是（ ）。

A. 旅游者　B. 旅游企业管理者

C. 旅游从业人员　D. 旅游业服务人员

5. 人本主义心理学派的重要代表人物是（ ）。

A. 弗洛伊德　B. 斯金纳　C. 华生　D. 马斯洛

三、简答题

1. 现代心理学的五大流派是什么？
2. 什么是心理学，它的研究对象是什么？
3. 什么是旅游心理学，它的研究对象是什么？
4. 旅游心理学的研究方法是什么？
5. 什么是心理现象？

四、论述题

试用旅游心理学的相关知识，分析如何更好地促进旅游业的整体发展？

五、案例分析题

令人费解的门票

在美国，发生过这样一个故事，某年的8月初，一对夫妇约了3位朋友，一行5人去亚特兰大旅游。当他们到达石头山公园时，发现门票标价6美元，乘坐园内的缆车、火车等其他游乐设施还要另外买票。

大家都认为缆车通到山顶，视野绝佳，胜过其他游乐设施，于是决定只坐缆车。当他们去售票窗口想买5张缆车票时，售票女士亲切地告诉他们，缆车票每张16美元，但只能用于坐缆车一项，如果花7.5美元买一张Pass，可以玩遍园内所有的景点和设施。16美元只能玩一项，7.5 美元却可以玩所有？一定是售票女士说错了或者是把两项的价格说反了？他们这样猜测着。

当其中一位朋友正要请售票女士重新说一遍时，反应较快的另一位朋友向他挤了一下眼睛，示意他不要再问，同时告诉售票女士要 5 张 Pass。买好票后大家窃喜，挤眼的那位朋友说："如果再问，售票女士发现说错了，我们就买不成了。"虽然大家觉得明知售票女士卖错了票而不指明的做法不对，但过了一会儿他们就忘掉了内疚。

大家玩遍了所有的项目，花的时间比预计的多出了很多。原定到市内的中餐馆吃晚餐，结果也改在了公园内的餐饮部吃饭。亚特兰大天气闷热潮湿，他们不停买饮料喝，而且公园内又有很多工艺品店，大家几乎在每家店都流连许久，每个人都塞满了大包小包。

他们一直沉浸在占了很大便宜的喜悦之中，但因天色已晚，必须返回市区住宿。离开公园前，为了求证票价，他们又特意来到售票处仔细查看窗口旁的价目表，令大家费解的是，票价表上的确写着：缆车票价 16 美元，Pass 7.5 美元。售票女士并没有卖错票。

去停车场的路上，一行 5 人一直为这事儿纳闷，谁都说不出所以然来，直到大家把大包小包放到车里，感觉空间有点紧张时才恍然大悟。本来他们打算在公园里坐完缆车回亚特兰大城吃晚饭，并在市区逛街购物，这样，公园只能从他们身上赚到 16 美元的缆车费。但有了这张 Pass，他们便改在公园吃饭、喝饮料、购物，平均每人消费 70 ~ 80 美元。Pass 和缆车票之间虽然有 8.5 美元的差额，但园区却在餐馆和礼品店里获得了 10 倍于此的营业额，用多得的利润去弥补两种票的差额绝对绰绰有余。

Pass 的价格本就是 7.5 美元，公园经营者故意设置一个缆车 16 美元的价格，使游客自以为购买 Pass 占了便宜。真正聪明的不是买方，而是卖方。

你从案例中得到了什么启示？

六、实践题

【情景设计】

1. 小张清晨醒来，看到光亮照进屋子，听到窗外树上的鸟儿正在"喳喳喳"地叫个不停。打开窗户，一阵微风吹来，她感到凉爽极了。她尽情地吸了几口清新的空气，似乎嗅到了一股花香，便猜想这花香大概是从不远处的花园里吹来的。她还记得，花园里有许多花，现在也许已开花儿了。今天休息，她很高兴，便在脑子里盘算着今天如果去花园玩儿，该多么惬意！她很喜欢花，已有好多天没有去花园了，应该去一下。忽然她又想起，报社的约稿还没有写完，今天应该交稿了，必须忍耐一下，坚持写完。想到这里，她很快收拾了一下，吃过早饭就开始写稿……在这个小小的生活片段里，就有一系列的心理活动。这里的"看到、听到、感到、嗅到"就是心理学中讲的"感觉"和"知觉"；这里的"记得、想起"就是心理学中讲的"记忆"；"猜想、盘算"就"思维"问题；"高兴、惬意、喜欢"属于"情感"；"忍耐、坚持"属于"意志"。这些心理活动或心理现象，都是人们所熟悉的。

2. 从前，有一个人根本不知道有骆驼这种动物。有一天，他偶然看见一头背上长着两个很大肉疙瘩的牲口，觉得非常奇怪，不禁大声叫道："啊，大家都来看！瞧这匹马，它的背肿得多高呀！"其实，那就是骆驼。骆驼本身并没有什么好奇怪的，只不过这人没见过。这个故事出自东汉牟融所著的《牟子》一书，因为少见，所以多怪。成语"少见多怪"便由此而来。

3.《鲁滨孙漂流记》中的主人公鲁滨孙，原型名叫亚历山大·塞尔柯克。他青年时当过海员，一天他与船长发生争执，便愤然离船，登上了距太平洋南美洲海岸20千米处的马萨捷尔岛。5年后，他终于被救出荒岛。他的救命恩人英国宝贝号军舰舰长沃斯·罗杰斯在日记中写道："塞尔柯克的英语忘得这样厉害，以至在我们将他扶上船后，他已不能正常表达自己的意思了。他说话时，几乎把所有英语单词的词尾都吞掉了。他看到人时怕得要命，老是想方设法找个僻静无人的地方躲起来。"

4. 1920年，印度牧师辛格在加尔各答西南一个小城附近，从狼窝里救出了两个小女孩。大的约8岁，小的约2岁。她们用四肢行走，用两手和膝盖着地歇息，只舔食流质的东西，吃扔在地板上的生肉，从不吃人手里拿着的肉。她们怕光，夜间视觉敏锐。每到深夜就嚎叫，并竭力寻找出路，以便逃回丛林。总之，一切都是狼的习性。辛格对他们悉心照料并施以教育，想恢复她们的人性，可是效果甚微。小女孩因很难适应不久死去。大女孩两年后才学会站立，一年后学会了6个单词，8年后学会直立行走。虽然大女孩具备产生人的心理的物质条件——人脑，但由于她从小生活在动物的世界，没有参与人的社会实践活动，因此，她没有人的心理。经过辛格多年的教育和训练，17岁的大女孩才只有相当于2岁正常儿童的心理发展水平。

请根据以上信息，完成以下任务：

1. 讨论心理的重要来源是什么？

2. 影响心理产生和发挥作用的条件是什么？

3. 分析造成"少见多怪"现象的原因是什么？

第三章　旅游消费者行为学与心理学的关系

》问题导入

《中国旅游者点评与幸福指数报告2017》由我国在线旅行社携程旅游对外发布，是国内以跟团游、自由行等用户的网上真实点评和打分为依据得出的旅游者评价报告。相比其他的调查数据，携程这一报告最大的优势在于庞大的实际旅游订单和消费者基础。所有的点评和评分都来自预订和体验过旅游产品的真实用户。

报告认为，旅游者的幸福程度不一定与花费的金钱多少有必然关系；也不一定是经济发达地区的旅游者幸福指数就高。决定旅游幸福指数的是3大因素：一是旅游者直接获得的旅游产品和服务的质量，不仅包括住宿、交通等硬件质量，还包括导游、司机、服务人员等人的服务质量；二是旅游环境，包括目的地安全性、天气气候、公共服务、当地友好程度等；三是旅游者自身的成熟度和期望值，旅游者对自身的需求、目的地情况、旅游期望有合理的认知，往往幸福指数就高。

思考：旅游已经成为国人获得幸福最重要的方式之一，旅游企业应该怎样提升旅游者的幸福指数？

》学习目标

1. 了解旅游消费者行为研究的历史，理解旅游消费者行为的基础理论；
2. 掌握旅游消费者行为的研究方法，学会运用这些方法来分析和预测旅游消费者的行为；
3. 理解研究旅游消费者行为的意义，用来指导自己的学习和工作。

》本章重点、难点

1. 旅游消费者行为学的基础理论；
2. 旅游消费者行为研究的历史；
3. 旅游消费者行为的研究方法；
4. 研究旅游消费者行为的意义。

旅游学的研究一般说来包含三种关系：人地关系、主客关系和供求关系。由于和直接的经济利益相关，供求关系是被研究得最多的一个关系。旅游者作为一类特殊的消费者，其消费行为具有一般消费行为的基本特征，又有其特殊性，因而，旅游消费行为需要进行专门的研究。旅游消费行为学就是研究旅游者在旅游活动过程中的消费心理和行为产生、发展和变化的科学，它以心理学、社会学、经济学、人类学、行为科学等多种学科为基础，针对旅游者在旅游消费活动中的消费行为特点和规律展开研究，包括购买决策、购买行为、消费过程、满意程度和后期影响等，从而为旅游业的经营实践提供有价值的参考。

第一节　旅游消费者行为学的基础理论

旅游消费者行为学　是在心理学、社会学、人类学、经济学和消费者行为学等学科基础上，对旅游者在旅游消费活动中的心理活动、消费行为特点和规律展开研究的学科，是新建立起来的交叉边缘学科。

一、心理学

心理学是研究人的心理现象及规律的学科，其经过一百多年的发展，已经形成了很多分支，研究内容主要包括人的动机、知觉、态度、个性、情绪、学习过程等。

普通心理学是心理学的主干分支学科，它的研究对象是一般正常人的心理现象及规律。心理学的理论和研究方法可以为我们更好地了解消费者行为提供一定的帮助，有助于我们理解旅游消费者的感知、旅游消费者的需要与动机、旅游者的态度、旅游者个性、旅游者的情绪情感等因素对旅游消费者做出各种选择以及各种决策的影响。

社会心理学是心理学的一个分支，主要研究个体和群体在与社会交互作用中的社会心理现象及其从属的社会行为。具体而言，包括个体的心理及行为（人的社会化、自我与统一性、社会动机、社会感知和认知、态度改变）、社会交往和互动的心理及行为（人际关系、社会影响、社会结构和活动）、群体心理与行为、社会心理学的应用研究。社会心理学家在参与旅游消费者行为学的研究中关注的是影响旅游消费者决策的社会文化因素：家庭、社会阶层、文化、亚文化；影响旅游者个体和群体行为相互作用、相互影响的社会心理因素：从众心理、提示心理、暗示心理、循环刺激心理等。

二、社会学

社会学是研究社会结构及其内在关系与社会发展规律的学科，它侧重于对社会组织、社会结构、社会功能、社会群体等的研究。社会学在研究社会结构、社会发展的过程时，必然涉及人类的社会需要、社会心态、社会意向等现象，而上述社会现象又反过来影响参与其中的个体或人的行为。所以，社会学的一些理论，对于考察、分析消费者行为是极有价值的。

旅游社会学是以旅游和社会的相互关系为研究对象，探讨旅游的社会结构、社会关系、社会功能和社会影响等（见表 3-1）。例如，运用社会学的观点分析文化和亚文化如何影响旅游消费者；不同社会阶层的旅游消费者差异；社会阶层如何影响旅游消费者的购买偏好；旅游者与目的地居民的关系。对社会角色的研究也是社会学研究的一项重要内容。在旅游研究领域中，也需要从分析角色人手，分析旅游者在旅游活动中扮演的不同角色以及社会角色对旅游消费者行为的影响。社会学将旅游消费者行为的研究置于更为广阔的社会文化背景中，更贴近现实空间，有助于更好地开展研究。

表 3-1　旅游社会学的研究内容

研究领域	研究内容
社会变迁与旅游	研究社会经济的发展、科学技术的进步、政治制度的变革以及国际环境的变化对旅游的影响，以协调旅游业和社会各行业的相互关系，确立旅游业在社会发展中的战略地位
社会文化与旅游	研究旅游的文化功能和旅游对文化的需求、旅游地区的文化资源和旅游者的文化动机，以便正确处理旅游者异质文化和本土文化的关系，提高旅游服务质量
社会交际与旅游	研究旅游交往中的情境定义、人际吸引和心理动机，以建立和谐融洽的人际关系
闲暇时间与旅游	研究旅游在闲暇时间中的地位和作用，旅游客源图中（客源地）闲暇时间的总量以及与旅游有关的闲暇时间的周期，以深入分析国际旅游市场，科学预测旅游的淡季、旺季及其发展规律，搞好旅游业的经营管理
社会人口与旅游	研究人口数量、质量以及人口老龄化、人口城市化等人口现象与旅游的关系，分析旅游人口的分布和旅游人口的年龄、性别、职业、种族、文化等结构，以便从宏观上把握旅游市场，合理安排旅游活动
社会群体与旅游	研究旅游群体的特征和互助，旅游群体内外的人际关系和交往方式，旅游群体中的冲突和顺应，以及冲突的调适方式，以提高旅游群体的整合力
旅游的社会功能	研究旅游对促进社会经济发展、科学技术交流、各国和各地区人民友好往来、文艺的繁荣等方面的积极作用，研究旅游者和旅游从业人员的各种违规行为及旅游的消极行为所造成的环境污染、生态破坏、宗教渗透、腐朽文化侵蚀等社会问题，研究对旅游违规行为的社会工作和对旅游社会问题的社会控制
旅游社区建设和旅游体制改革	研究构成旅游社区的自然因素、社会因素和人文因素，旅游社区的规划、管理、吸收力、辐射力、指标系统、旅游点分布等，以便为旅游社区建设提供咨询，探索有利于旅游业发展的旅游体制和加强旅游业的科学管理

三、人类学

人类学是用历史的眼光研究人类及其文化的学科，包括对人类起源、种族的区分，以及物质生活、社会构造、心灵反应等的原始状况的研究。人类学的学科体系，可分为如下的研究方向：体质人类学、考古学、语言人类学和文化人类学。可见，人类学就是从人类社会的不同方面和角度来研究人类的社会、经济、文化活动的科学。

从国内外现有的各种研究成果来看，旅游人类学的研究主要是从旅游地的居民和游客之间人际关系的角度来研究旅游地的文化现象和演变，以及这种文化现象对旅游地社会的影响。因此，我们可以认为，旅游人类学就是从文化和美学的角度，研究旅游地居民、社会团体、旅游开发者与旅游者之间关系的科学（见表 3-2）。

表 3-2　西方旅游人类学主要观点

角度	内容	主要观点
目的地社会	旅游对目的地社会、人民的影响	旅游使目的地的社会文化发生变化。

续表

角度	内容	主要观点
游客	旅游动机、旅游体验，旅游对游客的影响	与人生经历仪式相比，旅游也是一种通过仪式，因为两者在结构（脱离原有状态—进入仪式过程—回到原来社会）、功能（对当事人产生一定影响，使当事人进入一种新的生活状态）等方面很类似，游客的旅行过程被看作是从一种经验状态转向另一种经验状态
客源地	旅游的根本原因——形成游客和旅游的条件	旅游的成因，也就是生成旅游、游客的条件。为了更便于操作，学者们致力回答的不是“人们为什么要旅游”而是“为什么存在不同形式、不同层次的旅游”

资料来源：宗晓莲．西方旅游人类学研究述评［J］．民族研究，2001（03）：85-94+110.

人类学对旅游消费者行为研究的价值主要体现在以下两个方面。

第一，研究方法，人类学的跨文化比较研究为探究旅游活动这类跨文化现象如何影响旅游者消费行为提供了很好的借鉴。人类学经常通过田野调查法来了解人类真实、自然的事件和活动，这种方法对旅游者的真实体验和民俗、宗教感受等相关研究来说，也是值得借鉴的。

第二，人类学关于神话、宗教、民间传说、民俗等方面的研究，对于分析旅游消费者行为有直接的运用价值，特别是不同民族的信仰禁忌在旅游者的消费行为中会直接表现出来，例如，对饮食、旅游纪念品图案、房间号码、出行日期的选择等，这些因素对旅游决策有直接影响。因此，要了解真正影响旅游决策的因素，必须有针对性地了解不同群体的核心信仰、价值观念、风俗习惯，乃至其产生的背景和传承的状况。人类在发展过程中不断形成的新的信仰、价值观、理念也是人类学观察的重要内容。例如，环保、绿色理念、可持续发展观等都会对旅游消费行为和购买决策带来直接的影响。

四、经济学

经济学是一门研究稀缺资源如何配置和利用的社会学科。经济学家们认为，消费者的心理趋同是影响社会资源最终配置的重要因素，而资源的合理配置与否又直接制约着消费者的消费行为。经济学是以数量分析为基本分析方法的，它着眼于经济产物的表面联系，把各种经济关系看成是若干变量之间的数量关系，由此建立的边际效率递减规律、理性预期理论、无差异理论、消费者剩余理论等都是经济学关于消费者行为研究的成果。这些经济学原理常被用来分析影响旅游消费者行为的经济性因素，如可支配收入、旅游产品价格、利息率、汇率等。

戴斌在《旅游行为的经济学分析》提出了以下 4 个命题。

第一，无论人们的动机如何，旅游只是为了满足某些特定的需求的行为方式之一。也即，只有当人们产生某种欲望，其满足必须在异地才能实现时，这种欲望才能转化为发动和维持人们旅游行为的动机。这些特定的需要 / 欲望处于消费结构变迁中的较高阶段。如同李天元教授所论述的那样：有些事实说明，人们决定外出旅游同马斯洛的需要层次理论中的两个较高层次的需要有联系。作为消费对象的旅游，同样也会受到边际效用递减规律的制约。

这也就是为什么现实中的旅游活动总是趋于多样化，并在形式上不断推陈出新的深层原因。

第二，人们选择旅游来满足其某种（些）特定的需要，无论是事前的预期，还是事后的评价，都受制于集体行为。这一命题也可以表述为旅游进入个人的偏好函数受到的社会中集体行为不同程度的正向激励。

第三，尽管“作为交往和沟通体系，旅游承载着多项价值”，但是可以指出的一点是，个人可以通过旅游行为来改善集体对自己现有的评价。这种行为与效果之间的关系可以被纳入“成本—收益”的框架进行分析。这里个人付出的成本主要是由花费在旅游的时间——包括搜寻、选择、旅游的时间，金钱以及道德评价等构成。收益则由其内在的试图与自然、社会发生联系的实现程度来衡量。

第四，旅游需求转化为旅游动机，在现实中往往要受到可供选择的目的地、旅游方式、身体状况、可自由支配的时间、资金预算、对旅游的道德评价、对旅游的预期收益估计等多种因素的制约。

五、消费者行为学

消费者行为学是研究消费者在获取、使用、消费和处置产品和服务过程中所发生的心理活动特征和行为规律的科学。从营销学的角度，这门学科是为了提升对消费者行为的理解，因为“营销学是一门试图影响消费者行为的学科”。

对消费者行为的定义有不同的立论观点。“决策过程论”把消费者行为定义为消费者购买、消费和处置的决策过程。“体验论”认为消费者行为是消费者的体验过程，往往是一种感性的行为——消费者是在体验中购买、在体验中消费、在体验中处置。“刺激—反应论”认为消费者行为是消费者对刺激的反应，从消费者与刺激的关系中去研究消费者行为。“平衡协调论”认为消费者行为是消费者与营销者之间的交换互动行为，是双方均衡的结果。

自20世纪70年代、80年代以来，有关消费者行为的研究不断发展，主要形成信息处理、经验主义、行为主义三种研究范式。

1. 信息处理范式

目前，信息处理范式是消费者行为研究领域的主流。该研究范式将消费者看作合理解决问题的人或合理的购买决策者。研究的前提是，消费者是为了评价产品的特性或技能性的利益而搜寻或利用信息的。它将消费者的购买过程划分为认知问题、搜寻信息、评价方案、购买行为、购后行为五个阶段。这种研究范式以认知心理学、实验心理学和部分经济学原理为理论基础，主要采取实证主义研究方法。

2. 经验主义范式

这一研究范式的焦点在于消费者行为的主观性和象征性，把研究的重点放在产品提供的情感性利益上，认为消费者有时不一定经过合理的购买决策过程而购买产品，而是为了获得情绪或情感上的快乐感、兴奋感而购买产品，包括寻求多样性的购买。消费者为了消除厌恶或者得到新鲜感而改变品牌的时候就会寻求多样性的购买决策。该研究范式认为以休闲产品为代表的购买行为具有浓厚的体验色彩，其购买目的在于获得情感性的快乐。这一研究范式的理论基础来源于动机心理学、社会学以及文化人类学，主要采用阐释主义方法论。

3. 行为主义范式

行为主义范式是一种崭新的研究范式。它的研究前提是，消费者购买产品的时候不仅受到情感或信念方面因素的影响，而且还受到环境方面的影响。消费者在环境影响下购买产品的时候就不一定经过合理的决策过程或者仅凭情感来购买产品。这时消费者的购买行为直接受文化、社会群体、经济等环境因素的影响。这种研究范式主要采用实证主义研究方法。

案例分析 3-1

“优惠购机”的风波

于先生在某营业厅通过“优惠购机”方式购得手机一部，结果没多久就出现使用过程中手机发烫、电池续航能力严重不足的问题。

于先生非常生气，但是因为手机是免费得来的，只是承诺话费而已，所以，他没有期待能够获得多少赔偿，但是他必须向营业厅投诉以便发泄一下心中的不满。没想到一个电话打过去之后他更加生气了。他打过去电话，刚说了句“手机有问题”，对方就把他的话题打住，先与他核对一遍详细信息，这倒也没有什么，于先生介意的是讲话时被生硬打断。于先生继续描述手机出现的问题，结果他还没有说完，接线工作人员就似乎全部都明白了，她开始滔滔不绝地解释，于先生的怒气一下子被激发了，他本来只是想发泄一下，这个手机他就打算凑合用，可是接线工作人员完全不容他说话，把手机的功能讲解了一遍，似乎手机发热、电池续航能力差都是理所当然的。

于先生再也不想听接线工作人员的说教，在她仍旧解释时，他生气地把电话挂断了，随即在该公司的网站上进行投诉。

分析：原本客户只是想发泄一下心中的不满，给郁闷的心情寻找一个释放的渠道，但是却意外地被接线工作人员阻塞了，客户没有表达的机会，在电话交流中，接线工作人员占据了绝大部分时间加以解释，客户甚至想插句话都没有机会，只能愤怒挂断电话。在服务中尤其要注意容易造成客户投诉的行为，要摸透客户投诉背后的原因，才能将事态控制在一定范围内，使得事情得到圆满的解决。

第二节　旅游消费者行为学的研究

旅游消费者行为学是研究旅游消费者在旅游活动前、活动过程中及活动后的心理活动规律和行为规律，包括购买决策、购买行为、消费过程、满意程度和后期影响的学科。这门学科主要针对旅游者在旅游消费活动中的消费行为特点和规律展开研究。旅游消费行为是消费行为的一种，故具有一般消费行为的基本特征，但旅游活动又有其特殊性，因此旅游消费行为有其独特的规律。

一、旅游消费者行为研究的历史

旅游消费者行为是旅游营销管理的重要根基和基本出发点。消费社会发展所带来的种种颠覆，尤其是20世纪互联网和21世纪移动终端技术的迅猛发展，使旅游目的地和旅游企业越来越关注旅游消费者行为的变化。因此，了解和剖析旅游消费者行为非常重要。

一般把旅游消费者行为研究分为三个阶段。

1. 20世纪70年代以前

学术界对旅游消费者的观察和分析发端较早，Bodio在1899年发表《外国人在意大利的移动和金钱花费》一文最早对旅游消费现象进行了分析。但真正意义上的旅游消费行为学术研究则始于20世纪20年代，Niceforo以意大利外国游客为研究对象，从游客人数、停留时间、消费能力角度，阐释了旅游消费活动的经济含义。20世纪60年代末，《旅行研究杂志》（*Journal of Travel Research*）创刊，Brown《旅游者支出的发展模式》一文，激发了学者对旅游消费更大的研究热情。

总体来说，在20世纪70年代以前，许多学者对旅游学持怀疑和保留的态度，他们认为旅游学的研究内容过于肤浅，学术研究机构没有必要以严谨的学术作风专门研究旅游消费者行为。在过去很长一段时间里，营销学家主要研究有形产品消费者的购买行为，他们假定，在消费者眼中，旅游产品与其他产品相比没有多少差别。因此在购买前、购买过程中和购买后三个阶段，旅游消费者和其他消费者评估、选择产品的方法也基本相同。

2. 20世纪70年代—20世纪末

20世纪70年代开始，旅游活动在全世界范围内的强劲发展使大量研究人员对旅游消费者行为产生了兴趣，人们到底如何消费旅游产品成为旅游研究的热门话题。越来越多的学者开始质疑传统的消费者购买决策过程模式在旅游消费者购买决策过程中的适应性。他们指出，由于旅游产品有一系列不同于其他产品的特点，旅游消费者的购买决策过程也必然会有一些不同于其他产品消费者购买决策过程的特点。例如，一般产品的消费过程可划分为购买、消费、处置等三个可明显分离、依序发生的阶段，但是，这三个阶段在旅游消费过程中并非泾渭分明。旅游消费者在参加旅游团、购买交通和住宿服务、观赏旅游吸引物时，并未获得有形物质的所有权，因此在购买阶段和消费阶段并没有明显的分界线。

旅游消费过程是旅游者、旅游企业服务者、旅游目的地居民以及其他旅游者相互接触、相互交往、相互影响的过程。因此，对于旅游消费者来说，旅游产品的销售、服务和消费通常表现为一个完整的过程。旅游消费者往往在购买旅游产品的同时就开始评估旅游经历，并在整个消费过程中以及消费之后继续评估自己的旅游经历，而不是像有形产品消费者那样，在使用产品之后才开始评估产品。而且不同人口统计特征，不同文化习惯的细分市场对旅游产品的购买倾向也有很大区别，这些和其他产品的倾向也有不同。很明显的一点就是，旅游消费者对旅游消费的评估往往夹杂着主观性较强的感情因素。此外，与有形产品相比，在大多数旅游消费过程中都不存在处置阶段。

从20世纪70年代开始，目的地选择模型、动机的推拉力模型和旅游购买行为5阶段模型等相继问世，强化了对旅游消费者行为的解释力度。20 世纪 80 年代后，社会学和人类学对旅游消费属性的探讨不断涌现，旅游消费社会行为研究成果不断增多。20 世纪 90 年代始，动机测量等实证研究使旅游消费者行为研究向定量化倾斜。进入 21 世纪，学术界顺承消费者行为研究的思路和框架，借鉴不同学科的概念和模型对旅游消费者行为展开进一步研究，取得了丰硕成果。

3. 21 世纪以来

20 世纪末，旅游消费者行为研究逐渐成为一个相对年轻而活跃的学术领域。研究人员采用心理学、社会学、计量经济学相结合的研究方法探讨旅游者消费的全过程，通过剖析旅游消费者的感知、期望、满意程度等心理特征，为旅游产品开发、旅游服务提升和旅游市场营销提供指导。

（1）主要呈现三个方面的研究态势。

①研究范围的扩大。旅游消费行为的生态问题、旅游消费者的信息处理问题、旅游消费心理问题、旅游消费与目的地文化问题、消费信用问题、外部环境对消费行为的影响、旅游消费者权益保护的政策与法律问题等，都纳入旅游消费行为分析的视野。

②跨学科研究。现在，研究旅游消费者行为的不仅有旅游学、心理学、市场营销学和经济学的学者，也有管理学、社会学、人类文化学、法学等其他学科的理论工作者。研究方法的多样化和各学科成果的交融对促进旅游消费者行为研究起了积极的作用。

③跨国界研究。旅游消费者行为在很大程度上受文化、社会等外部要素的制约。不同文化背景下的消费者在消费心理和行为上会有很大的差异。迄今为止，绝大多数的旅游消费行为研究都是在美国和欧洲进行的，并以欧美国家旅游消费者作为分析的样本。这些欧美国家取得的研究成果是否具有跨文化的普遍适用性，尚需通过对其他文化背景下的旅游消费者的消费行为研究进行检验。随着经济和文化的全球化，国际旅游也得到了长足的发展。与此同时，旅游消费者行为研究不再局限于传统意义上产生国际旅游需求的发达国家，各种旅游消费者行为跨文化的比较研究正在逐步增加。

（2）主要从四个研究角度进行分析。

①心理学的视角。旅游心理学的研究将重点放在对旅游者的动机、旅游决策行为、旅游选择偏好、旅游认知及旅游感受等方面。最早对旅游动机做出分类的是德国学者 R. Gluckmann。早在 1935 年，他在《一般旅游论》中对旅游原因的论述是对旅游动机最早的分类。Yiannakis Weinberg（1996）提出了"旅游者角色"，David Foster（1997）对旅游者满意度进行了测量。我国学者梁春香（1994）运用心理学测量方法，认为旅游动机与旅游地形象成正比，与游客的心理距离成反比，从而提出了旅游动机模型。张卫红（1999）运用问卷抽样调查的方式对旅游者动机进行了定量分析，对不同动机的旅游者进行了分析和总结。苗学玲（2003）在《浅谈中国女性旅游》中关于妻子在旅游决策中的影响作用做出了分析研究。

②社会学的视角。早在 1930 年，德国学者 Von Wiese 就已经开启了从社会学的角度研究旅游的时代，但此时的研究还处于将重点放在游客与旅游目的地的居民之间的关系的时期。从 1970 年开始，出现了社会学和其他学科交叉结合的趋势，随后，旅游社会学作为社会学的分支应运而生。Doxey 在 1975 年提出了"刺激指数"理论，并将此理论运用于研究

旅游目的地居民与游客之间的关系上；美国人类学家史密斯（1978）对旅游者做了分类，并研究了旅游者类型与旅游需求及市场趋势之间的关系。目前国内从社会学和人类学的角度的研究，尚处于理论构架阶段，虽然起步较晚，但还是有不少学者做了很多有益的工作。如肖洪根（1997），李中泽（1998），李建欣（1999），戴斌（1997），申葆嘉（1999）等学者做了有益的探索。

③经济学的视角。主要采用计量经济学的研究方法，将旅游者的行为认为是一种理性行为，游客在一种理想化一般均衡消费模型下，遵循“经济人”效用最大化原则。Morley（1994）提出了一种刺激选择实验方法来分析旅游者对不同目的地的选择行为。Sirakaya（1996）等人提出了多指标目的地决策模型。谷明（2000）结合旅游者心理、经济支持、社会体验等多角度对消费者行为进行了分析。吴江华（2000）运用人脑神经网络分析旅游需求模型，研究了日本人对中国香港的旅游需求。刘焰（2003）通过计量经济学模型对旅游者心理承受能力进行了研究。

④地理学的视角。早期旅游地理学的研究对象主要是环境质量问题，并没有将旅游者视为重点。直到20世纪60年代以后，旅游地理学才进入深入发展的时期，开始重视旅游者行为及旅游客流的研究，通过对旅游者的空间分析进而了解其复杂的行为规律。1982年，Lundgren对旅游目的地与客源地的相互关系做了分析，并提出了大城市向内地旅游目的地垂直流动的模式。我国的保继刚（1992）以北京市的游客行为为研究对象，从旅游动机、旅游决策、旅游等级序列等方面对游客的影响进行了实证分析。吴必虎（1997）提出了从旅游者个体特征角度探讨性别、年龄、职业、受教育程度等因素与游客对旅游目的地的决策之间的关系。马耀峰（2000，2001）对我国入境旅游流在国内的空间分布与动态过程进行了详细地分析，建立了入境旅游流地理模型。

二、旅游消费者行为的研究方法

1. 观察法

观察法是观察者深入现场或进入一定环境，在自然条件下，有目的、有计划地观察旅游者的语言、行为、表情等，分析其内在的原因，进而发现其心理活动规律的一种方法。在现代科学技术发展的情况下，调查者可以通过自己的视听器官与先进的技术和仪器设备（包括摄像机、监测器、照相机等）的结合，对旅游者的心理行为表现进行观察，以增强观察效果。观察法可获取第一手资料。观察法是科学研究中最一般、最方便使用的研究方法，也是一种最基本的研究方法。

观察法具有以下特点。

（1）观察法的运用是在自然条件下进行的。观察者不改变被观察者日常生活的条件，对其行为活动也不进行干涉，使被观察者在正常自然的生活状态下被观察。也正因为观察法是在日常生活条件下使用的，没有受到外界干扰，被观察者行为是其心理活动的自然流露，因而所得材料就比较真实、切合实际。

（2）观察法的运用是有准备、有目的、有计划进行的。有效的观察在事先要制订计划，明确观察的目的和对象，观察时要细心、耐心。每次观察都要及时加以记录，并做出分析。观察所能获得的往往是被观察者的外部形态和表现，给人以感性的认识。如何将观察所得的表面现象和印象通过分析上升到理性认识，需要有一定的知识和经验。对旅游者心理状态的观察就需要以心理学知识和熟悉旅游工作的特点为基础，才获得应有的成果。

（3）观察法也有缺点。第一，观察者在进行观察时只能被动地等待被观察的事情发生。第二，观察者所观察到的往往只是表面现象，很难揭示现象背后的本质或规律。第三，为了使观察得来的资料真实、可靠，要求被观察的对象数量大，涉及面广，因此为了取得大量的资料所需投入的人力和时间必然较多。所以，观察法最好与其他研究方法结合使用。

2. 实验研究法

实验研究法可分为实验室实验法和自然实验法。实验室实验法是在实验室内借助各种仪器设备进行的，鉴于旅游活动本身的特点，一般很难采取实验室研究法，因而应采用自然实验法。

自然实验法指在日常生活中不影响研究对象的正常活动的前提下，适当控制条件，在比较自然的情况下进行研究的一种方法。实验者有目的创造某些条件或变更某些条件，给研究对象的心理以一定的刺激或诱导，从而观察其行为活动。这种方法具有主动性和严密性的特点，所得到的结果也比较准确。

由于自然实验一般要将对情景条件的适当控制与正常的市场活动有机地结合起来进行，因而具有较强的现实意义，但是由于市场活动现场的各种条件比较复杂，很多控制变量很难予以排除或在一定时间内保持恒定，往往需要周密的实验计划和坚持长时间的观察研究才能成功，因此，进行自然实验需要投入大量的人力和物力。

例如，我们在两个楼面采取不同的客房服务方式，如当面服务为主或背后服务为主，然后进行观察记录，一定时期后进行分析比较，做出实验总结。我们当然无法将旅游者编成人数相等的实验组，但应尽量做到两种方式的研究对象在人数和基本情况方面大致相同。

3. 调查法

调查法是通过收集被调查者的有关材料，间接了解其心理活动的研究方法，包括谈话调查法和问卷调查法。

（1）谈话调查法。通过谈话的方式了解对方的心理特点和需求情况，这在旅游业中也是经常运用的一种方法。旅游工作者往往是在和对方的谈话过程中熟悉和了解旅游者的兴趣、爱好和个性特点的。谈话一般是在无拘束的友好气氛中进行。为了使谈话能起到更好的效果，应该有明确的谈话目的，预先拟定一些问题。谈话时要善于引导，察言观色、随机应变。谈话后应记录整理、做出分析。有时为了比较深入地了解旅游者的心理活动，可以组织座谈，事先可将座谈主题预告对方。也可以重点访问一些人，如旅游团的领队、旅游经验比较丰富的游客等。

（2）问卷调查法。通过被调查者根据个人情况填写事先拟定好的表格和设计好的问题等形式来进行研究的一种方法。

采用问卷法要注意：①要注意研究范围，有针对性提出一些问题；②提问的形式、语言、用语要适当，不可给被调查者暗示，也不能过于直接、过于理论化；③要注意某些技术性问题，如设问的策略、要求的一致性、问题的量和质的关系、所获答案便于处理和统计等。

调查法在旅游业是一种常用的方法。旅游业的特点是旅游者的流动性大、逗留时间短，一般不可能做深入了解。在运用调查法时必须明确调查目的和调查对象，如了解旅游者对活动的要求或对住房、食品的要求等。调查的对象也可按民族、国籍、性别和年龄等分类。调查法一般可采取填写调查表或意见表、资料收集和向有经验的同志请教等。

调查的方法不仅适用于对旅游者心理的研究，对工作人员的心理研究也可经常运用这种方式。调查的方法一般也只能用抽样的办法，当然越广泛越有代表性，同时也可适当召开调查会和谈话法结合运用。

4. 案例研究法

案例研究法又称个案法，指研究者结合旅游业实际，对旅游者或旅游企业工作人员的心理发展过程进行全面的、较长时间的、连续的观察、调查、了解，在掌握各方面情况的基础上进行具体分析、整理，使之成为典型案例，用于教学、科研以及指导实际旅游工作。案例研究法可以使人们通过典型案例了解旅游活动中人的心理、行为及其发展规律。

个案研究是研究个性心理的一种最直接、最简单的研究方法。它可以对一个人的心理发展过程进行较系统较全面的研究，也可对一个人某一心理侧面的发展进行研究，或者对几个人同一心理侧面进行研究。个案研究的优点是便于对被研究者进行比较全面深入的考察，缺点是代表性较小，有时缺乏典型性。个案研究的对象可以是个人，也可以是个别团体或机构。

5. 资料调研法

资料调研法是调研人员依据第二手资料对相关问题进行分析和研究的方法。这种方法收集资料花费时间不多，费用较小。虽然所得资料可能存在内容与调研目标不一致，准确性、时效性相对较差等不足，但是这种方法具有较高的可操作性，并能为收集第一手资料提供背景依据。因此，大多数市场调研都开始于档案资料调研。只有当第二手资料无法满足需要时，才着手进行第一手资料的获取。第二手资料主要由调研人员通过向有关方面索取或剪报、摘录等方式获得。另外，现代信息网络的发达，为调研人员的工作提供了极大的便利。

总之，旅游消费者行为的研究方法是多种多样的，在进行研究时不应孤立地采用一种方法，而应根据研究的需要综合采取各种方法或者以某种方法为主、辅之以其他方法，这样才能获得全面而客观的数据资料，以利于做出完整的评定。不论采用何种方法，必须从辩证唯物主义的观点出发，切忌过于主观，要符合客观性和发展性。

三、研究旅游消费者行为的意义

研究旅游消费者行为对于旅游学科的建设和发展，对于旅游业的发展都有十分重要的意义。出于旅游学科建设与完善的需要，旅游消费者行为学必须解答旅游理论构建过程中必须解答的问题，如人们为什么外出旅游？人们为什么要见识这个世界？为什么要了解异国他乡的人们？

1. 有助于旅游业的发展和旅游服务质量的提高

旅游业在国际上被称作“无烟工业”，或被称作“出售服务和风景的行业”，它的工作对象不同于工农业生产，旅游业是直接为旅游者提供各种服务的。旅游业这一特点决定了人们在从事这一行业时，必须对所服务的对象有充分的了解，了解旅游者对旅游景观的偏好，了解其内在的需要、了解其行为特点，这是旅游管理者和旅游从业者的首要任务，是旅游业赖以生存和发展的生命线。

旅游业是我国最早与国际接轨的领域之一，但我国的旅游服务质量与发达国家还有一些差距。我国的情况是总体社会环境、文化和思想观念方面还有待提高，旅游业从业人员总体素质不高，旅游服务对象复杂，因此，旅游发展任务艰巨。因此研究旅游消费者行为，对于发展我国旅游业，提高服务质量有着极其重要的价值。

2. 为旅游目的地提高管理水平与合理开发旅游资源提供依据

旅游业以旅游者的存在和旅游消费为主要前提，没有旅游者和旅游消费，旅游业就无法存在。对旅游目的地的经营管理而言，了解旅游消费者行为非常重要，旅游者受到什么因素吸引而进入，在目的地以何种方式进行旅游活动，离开之后对目的地有何评价，是否愿意向别人推荐或重游，这一系列问题是至关重要的，也决定了目的地是否能实现可持续发展。随着目的地营销举措的推陈出新，旅游者的喜好和行为也呈现出日新月异的变化，“网红打卡地”“必尝美食榜单”等吸引物层出不穷，又迅速被消费者遗忘。因此非常有必要了解和把握旅游消费者的需求动向，开发出适销对路的旅游产品，以满足旅游消费者的需求。旅游消费者行为学正是研究旅游消费者心理和行为规律的学科，它能为旅游企业和目的地的运营管理提供重要的决策依据，提高旅游目的地管理水平，合理开发旅游资源。

3. 为旅游企业产品开发与市场开发提供科学依据

众所周知，旅游资源的开发程度和旅游市场的开发规模决定了旅游业的持续稳步发展，而旅游资源和市场的开发设计又必须以市场需求分析作为科学依据，这就要求旅游研究者不但要从旅游资源、旅游产品的供给方面，而且要从市场需求方面进行研究。只有研究清楚旅游者的需求特征及需求规律，找到影响旅游需求的各种因素，旅游产品的设计才能有的放矢，旅游产品的开发才能与旅游者的行为规律相吻合，这样有针对性的旅游产品才能对最终的旅游消费者产生吸引力。

4. 为旅游企业营销决策和制订有针对性的营销策略提供依据

近年来我国旅游业发展迅猛，水平在提高、规模日渐扩大，旅游企业之间的竞争也日趋激烈，每个企业都面临着生存和发展的问题。作为旅游经营者必须采取相应的营销策略以刺激旅游消费者的消费欲望，进而满足其旅游需求和欲望。旅游消费者有着许多与传统消费市场群体截然不同的特征，因此，只有以旅游消费者的旅游需求为中心，深入了解其旅游动机、旅游偏好和消费行为规律，旅游企业才能有针对性地开展有效的营销活动，才能赢得旅游消费者市场，才能够正确制订相关经营策略，以实现企业的经营目标，促进旅游企业的持续发展。

课后讨论与设计

服务员向顾客浇开水致毁容

2015年8月24日晚上5点多，林女士一家进入温州市区“火锅先生”火锅店吃火锅，大概吃了一个半小时后，林女士要求加汤，男服务员朱某应了一声，并未加汤。第二次再要求时，服务员认为他们锅里的汤还够，不需要加。林女士要求经理过来，朱某回了厨房，经理也没过来。

随后，林女士发微博，向店老板投诉了朱某。没过多久，火锅店经理找到朱某询问微博投诉的事情，朱某得知后找到林女士，两人再次起了争执。接着，朱某回到厨房，用塑料方盒盛了半盒滚烫的开水，将开水直接浇到林女士头上，并将林女士摁倒在地上殴打。林女士母亲及其他顾客赶紧将朱某拉开，随后，朱某离开了现场。民警到场后，联系了朱某的父亲，朱某接到父亲电话后，主动回到案发现场。

据医生诊断，林女士42%热液烧伤，整个治疗大概需要一两个月，初步费用大概一二十万元。此外，林女士育有7个月大的儿子，正处于哺乳期，事故发生后，医生表示由于林女士乳房烫伤，以及烫伤毒素的吸收，目前不利于母乳喂养。

案件中涉事的服务员17岁，在该火锅店工作半年，事发后涉嫌故意伤害罪被依法刑事拘留。

问题：从企业经营者、管理人员、员工、顾客等当事人的角度分析事件发生的原因，你认为怎样才能避免类似事件再次发生？

复习与实践

一、判断题

1. 心理是社会的产物，离开了人类社会，即使有人的大脑也不能自发产生人的心理。（　　）

2. 调查法是由研究者有目的地创造一些条件在比较自然的条件下进行的。（　　）

3. 在服务中，若遇到一位服饰漂亮或衣着奇特的旅客，服务员最好是表示羡慕或把他（她）引到引人注目的地方就座。（　　）

4. 旅游服务中的“以人为本”，就是要为旅游者提供标准化服务。（　　）

5. 无法预料和抗拒的水灾、地震、人体的衰老、疾病、死亡等，属于客观环境因素中的社会环境。（　　）

二、选择题

1. 德国心理学家勒温认为影响人的行为的因素有（　　）。

A. 情感　　B. 个体内部特征　　C. 态度　　D. 环境

2. 影响旅游者行为的社会因素包括（　　）。

A. 参照群体　　B. 家庭　　C. 社会阶层　　D. 社会文化

3. 旅游消费活动的基础和购买行为形成的前提是旅游者的（　　）。

A. 情感过程　　B. 认识过程　　C. 学习过程　　D. 意志过程

4. 旅游消费行为的“侦察兵”是旅游者的（　　）。

A. 思维　　B. 认识　　C. 知觉　　D. 想象

5. 促成人们旅游行为最基本最核心的动力因素是（　　）。

A. 旅游需要　　B. 旅游动机　　C. 旅游目标　　D. 旅游兴趣

三、思考题

1. 旅游消费者行为学研究的主要理论来源是哪些学科?
2. 消费者行为有哪三种研究范式?
3. 旅游消费者行为的研究方法有哪些?
4. 采用问卷法要注意哪些问题?
5. 简述研究旅游消费者行为的意义。

四、案例分析题

一位很有身份的欧洲女士下榻一家豪华酒店。酒店以 VIP（重要客人）的规格隆重接待。这位女士很满意。陪同入房的总经理见女士兴致很高，为了表达酒店对她的心意，主动提出送她一件中国旗袍，她欣然同意，并随即让酒店裁缝量了尺寸。总经理很高兴能送给她这样一份有意义的礼品。

几天后，总经理将做好的漂亮丝绸旗袍送来，不料这位女士却面露愠色，勉强收下。几天后女士离店了，她把这件珍贵的旗袍当作垃圾扔在酒店客房的角落里。总经理大惑不解，多方打听，才了解到客人在酒店餐厅里看见女服务员多穿旗袍，而在市区大街小巷，时髦女士却无一人穿旗袍，因此她误认为那是服务人员的服装款式，故生气将旗袍丢弃。总经理啼笑皆非，为自己当初想出这么一个“高明”点子懊悔不已。

请你评析是那位欧洲来的女士不讲情理，还是酒店有工作失误?

五、实践题

熟悉问卷调查方法，并设计一份调查问卷，对家乡某个景点的旅游服务质量进行调查。

第二篇　旅游消费者心理与行为

第四章　旅游消费者感知

问题导入

在嘈杂的大城市住久了，就向往小城市安静悠闲，充满生活情趣，物价也相对较低，在青山绿水的环绕下，小城市似乎更适合居住。年龄越大，大城市就离你越远，小城市就离你越近，这个规律不分人种、国籍，普遍存在。

在我心目中，江苏的常熟就是这样一个标准的小城，一个很适合度假的小城。不要一提度假，就必须是海滨城市的阳光、沙滩，其实烈日下暴晒，躺在沙滩上读书，并不适合国人的皮肤和阅读习惯。湖边漫步，茶楼品茗，湖边垂钓，果园采摘，听有古乐，食有时鲜，这些才是中国色彩的假期内容，而小城常熟，恰恰拥有这一切。

在老房子里喝茶的感觉，通常是大都市里没有的，一边喝茶一边欣赏古琴演奏，更是常熟茶楼的特色，那家叫"七溪流水"的茶楼（咖啡馆）就是一个很好的选择，那个"倚晴园"闹中取静也很雅致。还有一些深藏在小巷中的茶馆，大多会有个古色古香的院子，小桥流水，花草茂盛，还总会有一两个"喵星人"等着与你玩耍。这样的茶馆是最受年轻人喜爱的。那家叫"南苏院文创空间"的地方，就属于这一类"新派茶馆"，不仅提供茶，还经常举办讲座、集市之类的活动，他家还有只会送客的小猫，每次客人告别时，都会依依不舍地送你到大门外。

思考：作者的游记中描写了哪些感觉刺激？为什么这种描绘能让我们感受小城悠闲的生活气息？

学习目标

1. 了解感觉、知觉的概念、分类，掌握感觉、知觉的特性。
2. 掌握影响旅游消费者感知的主观因素和客观因素。
3. 掌握旅游消费者对旅游目的地形象、旅游条件、旅游风险的感知。
4. 了解体验营销策略、广告营销策略、品牌营销策略的概念。

本章重点、难点

1. 旅游消费者感觉的概念和特征；
2. 旅游消费者知觉的概念和特性；
3. 影响旅游消费者感知的因素；

4. 旅游消费者对旅游目的地形象感知的三个阶段；
5. 旅游消费者对各种旅游条件的感知；
6. 旅游消费者对旅游风险感知的种类。

行为科学研究表明，人的行为始于心理活动，认知活动是心理活动的基础。而感知是认知活动的开始，也是我们了解旅游消费行为的重要线索和起点之一。人们的行为决策在很大程度上并不依据客观的事实，而是依据自己的感知进行。旅游消费者所感知的事实才会真正影响他们的旅游消费行为。因此，学习和研究旅游消费者感知对于旅游工作者具有十分重要的指导意义和现实作用。

第一节　旅游消费者感觉

感觉　是人脑对直接作用于感觉器官的客观事物的个别属性的反映。它是知觉、记忆、思维等复杂的认识活动的基础。旅游消费者的感觉指旅游者在整个旅游过程中对外界的各类客观刺激所产生感官反应的综合。

一、旅游消费者感觉的概念与分类

1. 旅游消费者感觉的概念

心理学家认为，感觉是人脑对直接作用于感觉器官的客观事物的个别属性的反映。人对各种事物的认识活动是从感觉开始的，感觉是人出生后所获得的第一个对外部环境所造成的刺激的获取方法。感觉是最初级的认识活动，同时，感觉是知觉、记忆、思维等复杂的认识活动的基础，也是最简单、最基本的心理活动。

旅游消费者的感觉指旅游者在整个旅游过程中对外界的各类客观刺激所产生感官反应的综合。例如：我们在游览张家界景区时，通过眼睛看到了雄险秀野的山石；通过鼻子呼吸了清新爽朗的空气；通过耳朵听到了潺潺流淌的溪水。雄险秀野是由山体的外部轮廓作用于我们的眼睛引起的，清新爽朗是空气中的某些化学物质作用于我们的鼻子引起的，潺潺是溪水流淌产生的声音作用于我们的耳朵引起的。旅游者所获取到的雄险秀野、清新爽朗、潺潺流淌都是张家界景区这一客观事物的个别属性，我们的头脑对于这些属性进行接受和加工，进而认识和感受它们。

2. 旅游消费者感觉的分类

不同属性的客观事物作用于人的器官，就会产生不同的感觉。一般根据刺激物的来源，可以把感觉分为两大类：内部感觉和外部感觉。

（1）内部感觉。指机体本身接受的刺激，反应机体的位置、运动和内部器官不同状态的感觉，包括位置感觉、运动感觉和机体感觉。

（2）外部感觉。指机体接受外界的刺激，反应外界事物个别属性的感觉，包括视觉、听觉、味觉、嗅觉和触觉。在这五种感觉中，人们主要是通过视觉获取外界的信息。有研究表明，人们从外界所接收的各种信息中有80%以上是通过视觉获得的。但是，旅游消费者的感觉是旅游过程中对外界各类刺激的综合，单纯的视觉并不能帮助旅游者构造系统且完整的旅游体验。唐代诗人李白《秋浦歌·其十一》中有诗句“水急客舟疾，山花拂面香”，利用听觉“水急”、视觉“客舟疾”以及嗅觉“山花拂面香”的描写帮助我们全面地重构了秋浦的山川风貌之美。

二、旅游消费者感觉的特性

根据多种刺激物的影响以及个体器官的相互作用，人的感觉存在多种特性，常见的特性有以下几种。

1. 感觉的感受性

感受性指感觉器官对刺激物的主观感受能力。但并不是所有的外在刺激都能引起主体的反应，只有在一定的刺激范围和强度内，才能引起某种感觉。所以说感受性的高低是由引起某种感觉，并持续了一定时间的刺激量来度量的，这个刺激量称作感觉阈限。旅游消费者感受性的大小主要是由刺激物感觉阈限值的高低决定的。一般情况下，感觉阈限值越高，感受性就越小；感觉阈限值越低，感受性就越高，两者成反比关系。

旅游消费者的每一种感觉都有两种感受性和感觉阈限：一种是绝对感受性和绝对感觉阈限；另一种是差别感受性和差别感觉阈限。心理学上把那种刚刚能引起感觉的最小刺激量称为绝对感觉阈限，对绝对感觉阈限或最小刺激量的察觉能力称为绝对感受性。凡是没有达到绝对感觉阈限值的刺激物，都不能引起旅游消费者的感觉。例如，人眼所能看到光线的最短波长约为400nm，波长低于400nm的光，都不能引起人眼的反应。能够刚刚察觉到刺激物的最小差别量称为差别感觉阈限，人们感觉最小差别量的能力称为差别感受性。差别感受阈限是一种相对值，例如，人们在嘈杂的环境中交谈，声音必须很大才能听到对方说的话；但如果在很安静的环境中，人们甚至可以听到喃喃细语。

2. 感觉的适应性

刺激物对感觉器官的持续作用使得感受性发生变化的现象称为感觉的适应性。适应既可以引起感受性的提高，也可以造成感受性的降低。在日常生活中，感觉适应的现象很普遍，视觉适应尤其明显。例如，白天从阳光灿烂的大街，走进黑暗的电影厅，开始时会什么也看不见，慢慢才能辨认出过道和椅子的轮廓，这是对弱光的适应，称“暗适应”，是弱光的持续作用引起感觉能力的提高；反之，从黑暗的电影院走出来，强烈的阳光几乎使人睁不开眼睛，要过一会儿才能适应，这是对强光的适应，称“明适应”，是强光的持续作用引起视觉感受性的降低。“入芝兰之室，久而不闻其香；入鲍鱼之肆，久而不闻其臭”，这是嗅觉适应现象。“戴着眼镜找眼镜”是触觉适应现象。一些厨师由于连续品尝，到后来做菜会越来越咸，这是味觉适应现象。

旅游活动中也存在感觉的适应性。我国著名诗人汪国真曾写过一篇《熟悉的地方没有风景》："一天，友人陪我游西湖。那天细雨潇潇，水天一色，风景怡人的西湖尽在蒙蒙细雨之中。放眼望去，烟波浩渺，如诗如画，不由感叹，西湖风光，名不虚传。不料，友人淡淡一笑'西湖虽秀，见得多了，不足为奇。'友人的话，使我缄默良久。不由想起，前些年在广东上学，暑假回家陪外地的同学游京都，瞧他们到了故宫、长城、颐和园，一个个欣欣然、奋奋然的样子，不由觉得好笑。"

3. 感觉的对比性

感觉的对比性指同一感受器官接受不同刺激而使感受性发生变化的现象，感觉对比分同时对比和继时对比两种。

同时对比是几个刺激物同时作用于同一感受器官，从而使感受性发生变化的现象。例如，同样一个灰色长方形，放在白色背景中就显得暗些，而放在黑色背景中则显得亮些；完全相同的家具，放在宽敞的展厅里显得小，但是摆放在面积有限的房间里就会显得大。继时对比是几个刺激物先后作用于同一感受器官时，使感受性发生变化的现象。例如，吃糖之后再吃葡萄，会觉得葡萄很酸，反之吃了葡萄之后再吃糖，会觉得糖更甜。

4. 感觉的联觉性

感觉的联觉性指由一种感觉引起另一种感觉的现象。旅游消费者在同时接受多种消费刺激时，经常会出现联觉现象。例如，中式风格的酒店，房间装饰多采用红、黑、棕等颜色，营造出古朴自然的空间感觉；自然景区中的垃圾桶经常被做成"树墩"或者"蘑菇"的形状，并且有时候景区内还会播放缓和优雅的音乐，在这样的环境中游客自然会有山清水秀的整体感觉。

第二节　旅游消费者知觉

知觉　是人脑对直接作用于感觉器官的客观事物的整体反映。旅游消费者知觉是其对直接作用于旅游消费者感觉器官的旅游刺激环境的整体属性的反映。

一、旅游消费者知觉的概念与分类

1. 旅游消费者知觉的概念

知觉是人脑对直接作用于感觉器官的客观事物的整体反映。旅游消费者知觉是其对直接作用于旅游消费者感觉器官的旅游刺激环境的整体属性的反映，也就是旅游者通过感官获得旅游对象、旅游产品整体全面信息的心理过程。

与感觉相比，知觉强调把反应个别属性的刺激所整合起来的整体性，反映了知觉主体的大脑把外界环境片面的刺激组合、加工后所形成的整体印象。由此可见，感觉是知觉的基础，感觉通过对客体个别属性所产生的刺激为知觉提供素材，知觉的产生要以感觉为前提，并借助人本身的知识和生活经验的帮助，把感觉所提供的素材加工整理成为整体的印象。知觉是经验参与的心理活动，另外，人的兴趣爱好、个性特征和生理需要也使知觉具有一定的倾向性。也就是说，知觉是感觉融合了个人经历、经验的整体呈现，与感觉相比，知觉的形成受到旅游者个体差异的影响更大。

例如，唐代诗人张继的《枫桥夜泊》“月落乌啼霜满天，江枫渔火对愁眠。姑苏城外寒山寺，夜半钟声到客船”描写了眼睛所看到的“月落”“江枫”“渔火”以及耳朵所听到的“乌啼”“钟声”，这本是苏州城外枫桥边很平常的夜景，但是由于作者赴京赶考刚刚落第，在归乡途中面对此场景产生出绵绵不绝的惆怅情绪而留下了千古名篇。

旅游消费者不仅要借助感觉器官对商品的个别属性进行感受，同时还需要旅游消费者通过知觉，把感受到的个别属性综合联系起来进行整体的反映。当我们去海边游玩时，看到蔚蓝深邃的大海，听到波涛滚滚的海浪，脚踩细腻绵软的沙滩，我们脑海中自然就会对海滨风光留下心旷神怡、神清气爽的整体印象；当我们去沙漠旅游时，眺望着延绵不绝的沙丘，感受着扑面而来的滚滚热浪，耳边听着叮当作响的驼铃声，不觉也会对沙漠产生广阔深远的感受。也就是说，旅游者心目中悠闲的海滩、广阔的沙漠是对海浪和椰林、沙丘和大漠日落等独特的个别属性的旅游感觉的综合知觉。

2. 旅游消费者知觉的分类

（1）根据知觉反映的事物特征划分。

①空间知觉。空间知觉指人们对占有一定的空间位置的形状、大小、深度、方位、远近等特征的知觉。例如，虽然远处的山看起来比眼前的高楼大厦小得多，但由于人们已经形成了山的空间知觉，也不会觉得山比高楼矮。

②时间知觉。时间知觉指人们对客观事物的延续性、顺序性的反映。这种反映一般要借助某种媒介才可以产生。例如，依靠大自然春夏秋冬周期性的季节更替、花鸟鱼虫的生长规律、人体内部生理节律的变化，以及时钟和日历来判断时间，更重要的是依靠人们自身的活动、经验等来估计时间。

③运动知觉。运动知觉指人们对物体的空间移位和移动速度的知觉。通过运动知觉，人们可以分辨物体的静止或运动状态及运动速度的快慢。例如，人在通过没有红绿灯和斑马线的路口时能够通过判断来往车辆的速度躲避。

（2）根据起主导作用的分析器进行划分。从这个角度可将知觉划分为视知觉、听知觉、味知觉、嗅知觉、触知觉等。例如，我们在听景区讲解的时候，主要靠听知觉获取导游员传递的信息；欣赏旅游景区的景观时，主要通过视知觉来了解其形状、结构、颜色等特征。

二、旅游消费者知觉的特征

知觉是旅游消费者对旅游对象的主观反应过程，在此过程中旅游消费者的知觉会受到自身主观因素和旅游对象客观特点的影响，进而表现出一些独有的活动特征。

1. 知觉的选择性

我们每天都置身于大量信息的包围之中，在同一时间内，各种信息刺激也是非常丰富和复杂的。由于人的感觉通道经常要受到感受能力、需求、兴趣等因素的影响，人只能选择性地把其中一部分刺激作为主要信息，对其接受、加工、理解和储存，这就是知觉的选择性。心理学上有个非常有名的双歧图形（见图 4-1），有的人会把这张图看成两张人脸，有的人会看成一个花瓶，这就取决于人对知觉对象的选择。

图 4-1　双歧图形

这里要特殊强调的是，一方面旅游消费者自身的需要、欲望、态度、偏好、价值观、情绪、个性特征等都会对知觉的选择性有影响，当然也会影响旅游者对旅游景区的选择以及对旅游过程的感知评价。例如，小李喜欢历史，在选择旅游目的地的时候就会倾向于西安、南京等历史文化名城；小刘喜欢大自然，对山体、水体旅游景观特别感兴趣，游览自然风景名胜会较容易获得满足。另一方面知觉对象的客观特点也会对知觉的选择性有影响，只有达到足够强度的刺激才能被旅游消费者所感知。例如，对于较少出门旅游的人而言，任何一个新的地方都会使其感到新鲜，但是那些踏遍万水千山的旅游者就如同品尝过各种珍馐美味的老饕，可能只有绝美的自然风光、极度震撼的特殊景色才能给他们留下深刻的印象。

2. 知觉的整体性

与感觉不一样，在知觉过程中，人不是孤立地感受外界的刺激，而是根据自己的知识经验把直接作用于感官的不完整的刺激整合成完备统一的整体，以此全面地把握该事物，这就是知觉的整体性。旅游消费者经常根据刺激对象各个部分的组合方式进行整体知觉。整体知觉的形成不是随随便便的，而是遵循一定的原则。

（1）接近原则。指人们往往会倾向于把在空间和时间上接近的物体知觉成一个整体（见图 4-2），A、B 两幅图均由 20 个黑色圆点组成，如果单纯去看每个圆点，那么两幅图并无任何差别。但是如果把两幅图分别作为整体观察，我们会自然而然地认为 A 图由四个纵列组成，而 B 图由四个横行组成。造成这种结果的原因是，A 图中圆点之间的纵向间距比横向间距小；而 B 图中圆点之间的横向间距比纵向间距小。因此在分别观察两幅图时，人的大脑会自动将距离较近的元素视作一个整体。

在设计旅游线路的过程中，旅行社常把地理位置相近的旅游目的地组合成一条旅游线路，比如华东五日游、“昆大丽”六日游、“新马泰”七日游等。

（2）相似原则。指人们往往会把形状、颜色、大小、亮度等物理特征上相似的物体知觉成一个整体（见图 4-3），虽然此图是由 49 个分离的元素组成的方阵，但是由于人脑会自动把相似或者同类的元素视为一个整体，因此我们会很自然地把它看作由叉号组成的方阵，包裹着由圆点组成的菱形。

在旅游过程中，旅游者通常会把一些景观特征相似的旅游目的地规划为一类。例如，夏威夷、地中海沿岸、加勒比海岛这三个地区尽管相互之间距离较远，地理位置、历史文化等多方面也不尽相同，但是旅游者会很自然地把它们组合在一起，看作世界知名海滨旅游景区。一般来说，相同类型的旅游景区对旅游者来说具有同样的吸引力，旅游者通常会在其中选择距离更近、名气更大，或者更有特点的景区作为旅游目的地。因此，同类型的景区之间存在着竞争关系，需要找到并发挥各自景区的特色以提高吸引力。

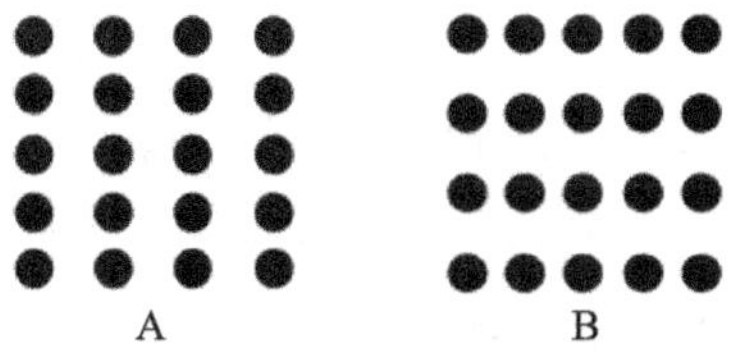

图 4-2　接近原则

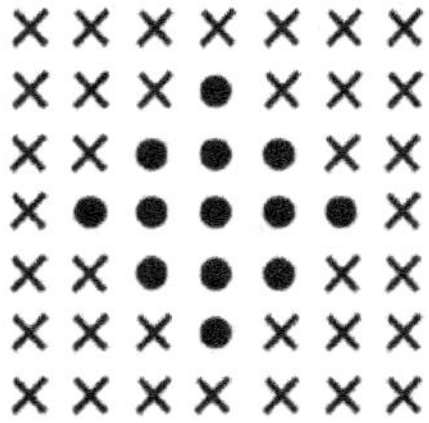

图 4-3　相似原则

（3）连续原则。指人们往往会把具有连续性特点的刺激物作为一个整体加以知觉（见图 4-4），我们总是会把它看成是由一条曲线和一条直线多次相交所组成的，而不会看作是离散的多个曲线和多条直线。

在景观设计时要强调景观的连续性。尤其是城市景观，我们称为街景，很多旅游城市，为了保持街景的连续性，街区内建筑物的风格、高度、屋顶，甚至窗帘都尽可能统一，这样是为了让旅游者把整个街区或者城市作为一个整体进行知觉，从而形成风格鲜明的旅游目的地形象。

（4）闭合原则。指人们面对不完整的刺激，会运用自己以往的主观经验对其进行理解，以便获得有意义的整体知觉（见图 4-5），该图是由一些有缺口的黑色圆点和一些扇形的黑色块组成的。初看这些黑色元素在空间分布上是分离的，但是仔细观察，会觉得这些缺口恰好可组合成一个白色的五角星。

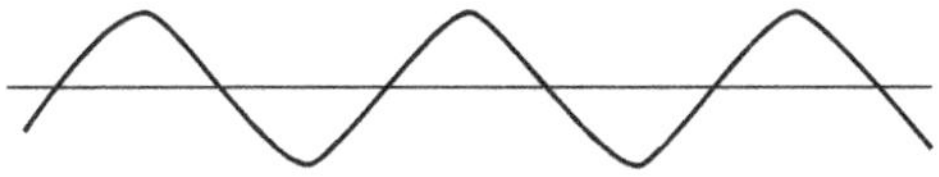

图 4-4　连续原则

图 4-5　闭合原则

通常情况下，旅游者分配给旅游目的地的游览时间有限，所获取到的只是目的地景区某个季节的景色、某个时刻的服务等片面的信息。但是，旅游者会根据自己的主观经验与理解对其加工，并构造旅游目的地的整体形象。这就要求景区规划要因地制宜、因时制宜，通过灵活的设计保证每个旅游消费者都能获得更为真实的旅游体验。

3. 知觉的理解性

知觉的理解性指的是，人们在知觉事物的过程中，不仅会知觉到客观刺激的外部特征，而且还会利用自己以往的知识经验对刺激进行理解，并赋予一定的意义。知识经验在知觉理解性中的作用主要是通过语言来实现的。语言能够引起过去的经验，帮助理解。所以在旅游活动中，越来越注重导游讲解词的补充和完善。比如参观兵马俑时，旅游者可能觉得只是土坑里排列整齐的一些土俑，但通过导游对兵马俑发掘过程以及秦朝历史的介绍，旅游者就能体会到兵马俑凝聚了我国劳动人民的智慧，展现了我国古代极高的塑造工艺，具有丰富的文化内涵及艺术价值。

4. 知觉的恒常性

世界万物都在不断地变化着，它向我们的知觉系统所传达的信息也在不断变化，但是我们对这些变化的理解仍然保持了一定的稳定性，这就是知觉的恒常性。知觉的恒常性可以反映在旅游消费者的购买行为上，正是因为人们不太愿意改变自己的生活行为习惯，所以旅游者会连续购买同一种商品。例如，北京老字号稻香村、浙江杭州的张小泉剪刀，都受到旅游者的钟爱，经常会出现排长队购买的现象，这些老字号的热销就是基于人们对老字号品质的认可和信任。

第三节　旅游消费者感知的影响因素

感知　是旅游消费者感觉和知觉的合称。旅游消费者的感知是其做出旅游相关决策、决定旅游过程整体感受、对旅游目的地评价好坏的决定性因素。

旅游消费者的感觉和知觉统称为旅游消费者的感知。同一个旅游团队的不同旅游消费者，欣赏同一处旅游景观，但是会得到不同的感知印象，这是由影响旅游消费者感知的因素不一样造成的。要想了解旅游消费者的感知结果，就要先了解影响旅游消费者感知的因素。

影响旅游消费者感知的因素主要包括客观因素和主观因素，除了这两种因素，错觉和社会知觉偏差也会影响旅游者感知的形成。

一、客观因素

1. 感知对象的特点

（1）感知对象的新颖性。旅游者离开熟悉的地方到达目的地以后，由于生活环境和节奏的变化，一直都会存在求新求奇的心理。所以感知对象的新颖性是引起旅游者兴趣的直接诱因，特别是闻所未闻、见所未见的对象。例如，万里长城和兵马俑，都是世界上独一无二的文化遗产，也正吸引着来自世界各国越来越多的旅游者。

（2）感知对象的刺激强度。感知对象的刺激程度越大，旅游者的感知程度就越强。例如，现代城市的都市景观基本都是千篇一律的高楼大厦，只有像北京鸟巢、悉尼歌剧院这样独具匠心和设计美感的建筑才能带给旅游者独特的艺术享受。

（3）感知对象的运动变化。在相对静止的背景中，运动变化的事物更能引起旅游者的知觉。例如，大型歌舞《宋城千古情》是杭州宋城景区的灵魂，用先进的声、光、电科技手段和不断变化的舞台设计，以出其不意的呈现方式，带给观众深刻的感知印象。

（4）感知对象的出现频率。反复出现的刺激物会提高旅游者的感知程度。例如，重复出现的广告宣传能够加深人们对旅游景区的印象，在旅游过程中不断出现的正面刺激能够在旅游消费者脑海中构造出旅游目的地美好的形象。但需要注意的是，有时过于单调的广告重复容易激发厌恶情绪。因此，如何把握宣传的手法与频率，怎样在旅游过程中不断给旅游消费者带来正面刺激，是景区宣传与建设的重点之一。

2. 感知对象与背景的关系

有时候，旅游者的感觉器官可能无法很清晰地感知外在对象。感知对象与背景在强度、颜色和形状上差异越大，对比越鲜明，越容易引起人们的感知，提高旅游者游览的兴趣。“万绿丛中一点红”的例子就很好地体现了感知对象与背景之间的关系，“一点红”很容易在“万绿丛”中被感知。但是背景具有普遍性，作为一种衬托，既要达到一定的表现目的，又不能喧宾夺主，绿色合理地衬托了红色，不会使红色的出现显得突兀，又为红色起到锦上添花的作用。所以导游员最好穿颜色比较鲜艳的衣服，以便在游览过程中容易被团友辨认出来。

3. 感知对象的组合

感知具有整体性。旅游者感知刺激物时并不是杂乱无章的，而是把事物内相关联的各种属性和各个部分看成一个整体。目前，主要有四种感知对象的组合原则，即相似原则、接近原则、连续原则和闭合原则。

4. 旅游感知的情境

旅游情境是旅游者主体与客体互动的产物，它所追求的是物质性与精神性的融合。一个好的旅游情境，可以提高旅游者的感知印象，使其产生共鸣。例如，山西大同云冈石窟博物馆的入口被设计成了时空隧道，游客步入博物馆的大门仿佛进入了一场奇妙的时空旅行，让人不禁感觉自己已经穿越回了北魏时代。这种旅游情景的设计能够带给旅游者更多融入感，提升旅游者的整体感知。

5. 他人的言语指导

他人的言语指导能够帮助旅游者快速熟悉陌生的旅游对象，产生情感共鸣，从而提升旅游者的感知程度。一般情况下，相比没有导游员带领的旅游过程，有导游员陪伴介绍的旅游者能更快地融入旅游情景，获得更深刻的旅游体会。

二、主观因素

1. 兴趣

兴趣在人的心理行为中具有重要作用。一个人对某事物感兴趣时，便对它产生特别的注意，而且对其的感知程度和印象都很强。例如，喜欢大自然的旅游者，会更倾向于游览风景如画的张家界、九寨沟；对历史文化感兴趣的旅游者，会在故宫、长城流连忘返。

2. 需求和动机

需求指个人在某一特定的时期对某些外部条件的需要，动机是个体做出某种行为的原因。需求可以成为动机，驱使个体为满足这种需求而做出特定的行为。旅游本质上也是旅游者为满足自身的需求，从而受到动机的驱使做出的与外界环境交互的行为。例如，去海边度假是为了满足放松身心的需求；去历史名城是为了满足获取知识、开阔眼界的需求。因此，凡是能够满足旅游者需求的外界事物都能成为旅游者的感知对象。

3. 知识和经验

在旅游活动中，知识和经验会提高一定的感知印象。旅游者凭借以往的知识和经验，可以把接触的旅游信息进行归类，加速感知过程，增强旅游者的审美情绪和判断。

4. 个性

不同个性的人对相同的旅游景观在感知的深度和广度上有很大的差别。例如，胆汁质的人精力旺盛，喜欢和朋友一起出游，但在旅游过程中感知的情绪变化无常；抑郁质的人沉静，易相处，但是旅游过程中感知的积极性不高。

5. 情绪

情绪分为积极情绪与消极情绪，当旅游者处于积极情绪状态时，即使环境恶劣仍会主动去感知每一个细微之处；处于消极情绪状态时，即便面对美好地事物仍然无法提起兴趣。

6. 宗教信仰

宗教信仰对旅游者的感知也有很大影响。不同信仰的旅游者对不同宗教旅游目的地的感知全然不同。

7. 年龄和职业

年轻人和老年人对同一景点的感知程度也有很大的差别；一个历史专业的旅游者与一个 IT 行业的旅游者对名胜古迹的感知也是完全不同的。

三、错觉与社会知觉偏差

旅游消费者的感知有一种特殊状态，就是错觉。在认知过程中，人们的感知认知结果与实际情况不相符时，就会产生错觉，错觉是一种普遍存在的心理现象。

1. 错觉

俗话说：“眼见为实，耳听为虚。”但是，由于受到各种因素的干扰，“眼见”也有可能会变成“虚”，这是一种最常见的视错觉。错觉现象说明，在人的感知中，主观感知与客观现实会产生不一致，但这并不是个体观察的疏忽，而是每一个个体在一定条件下都有可能发生的一种反应。

错觉的产生不一定带来不好的结果，相反，巧妙运用错觉原理能收到意想不到的效果。例如，在对旅游产品进行定价时，经常会采用尾数定价法，也就是让旅游产品的价格以数字“9”来结尾。虽然这种定价策略对单个产品影响不大，但是能使游客产生“廉价”的错觉，从而保证了旅游产品销售额的整体提升。还有一种尾数定价法是以所谓的“吉利数字”作为结尾，例如“6”或“8”，以此来达到吸引游客购买的目的。

2. 社会知觉偏差

社会知觉是人们在感知事物时的一种特殊社会意识。这种意识会受到客观条件的限制，导致感知主体无法全面地看待问题，产生认知的偏差。然而在很多时候，旅游企业恰恰可以根据旅游者对营销环境的认知错觉来刺激其消费，有效的影响旅游者的人际关系和旅游活动的效果。

（1）首因效应。指第一印象会对人们接下来的感知过程产生重要的影响。在旅游过程中，当旅游者初次到达旅游目的地入住酒店时，看到酒店的环境卫生，服务者彬彬有礼，尽管旅游者对这个城市的其他方面了解甚少，但是旅游者对这个城市产生了良好的第一印象。所以在旅游活动中，相关的旅游服务人员要懂得依据首因效应，提升旅游者对旅游目的地感知中的积极情绪。

（2）近因效应。指最后的印象对人们整体的感知过程产生重要的影响。旅游者离开酒店时所得到的信息，在旅游过程最后阶段的感受，都可以产生近因效应。近因效应有正向、负向之分，对下次游览会产生积极或消极的影响。所以，酒店的服务人员在办理游客退房的时候，会面带微笑地对游客说“谢谢您选择我们酒店，欢迎下次光临”，会给游客以温馨亲切的感觉，使其产生愿意再来的心理效应。

（3）光环效应。也叫晕轮效应，指通过事物的某一方面做出对事物的整体判断。这种判断容易产生“一好百好，一差百差”、以偏概全的认知偏差。例如，在旅游活动中，如果游客遇到餐饮安排不妥当、住宿安排不顺心，虽然可能是个别现象，但旅游者再也不会选择该旅行社，并且连带对旅游目的地也产生负面印象。所以，对于旅游从业者来说，要给游客提供优质的服务，做好口碑，以保证游客在游览过程中获得良好的整体感知。

（4）刻板效应。指人们对某一类人或者事物有一种比较固定、笼统的看法。刻板效应普遍存在于人们的意识中，例如，一般认为，法国人浪漫热情；英国人有绅士风度；德国人严谨认真；美国人开朗直率等。

（5）投射效应。是一种以己度人的错觉，指以自己的观念和想法去判断评价他人，认为自己的想法和观念别人也一定会有。一般情况下，导游在服务游客的过程中要尽量避免投射效应，每个人都有自己的个性，导游服务人员要尽量全面客观地了解旅游者的想法与喜好，不要把自己的主观臆想带入到服务过程中。

案例分析 4-1

神奇的第一印象

心理学家曾做过这样一个实验。心理学家设计了两段文字，描写一个叫吉姆的男孩一天的活动。其中，一段将吉姆描写成一个活泼外向的人：他与朋友一起上学，与熟人聊天，与刚认识不久的女孩打招呼等；另一段则将他描写成一个内向的人。研究者让一些人先阅读描写吉姆外向的文字，再阅读描写他内向的文字；而让另一些人先阅读描写吉姆内向的文字，后阅读描写他外向的文字，然后请所有的人都来评价吉姆的性格特征。结果，先阅读外向文字的人中，有 78% 的人认为吉姆热情外向；而先阅读内向文字的人中，则只有 18% 的人认为吉姆热情外向。由此可见，第一印象真的很重要。事实上，人们形成的某种第一印象，往往很难改变。而且，人们还会寻找更多的理由去支持第一印象。有的时候，尽管你的表现并不符合原先留给别人的印象，但人们在很长一段时间里仍然坚持对你的最初评价。

分析：首因效应在日常生活中被广泛应用。一般情况下，一个人的体态、姿势、谈吐、衣着打扮等都在一定程度上反映出这个人的素养和特点，旅游服务人员可以充分利用首因效应向游客提供优质的服务营造好第一印象。

第四节 旅游消费者目的地感知

旅游消费者对目的地的感知主要受到旅游目的地形象、旅游目的地条件和旅游目的地风险的影响，本节将对这三个方面进行简要阐述。

一、旅游消费者对目的地形象的感知

旅游目的地形象指旅游者对旅游目的地持有的信仰、观念和印象的总和，它是影响旅游者决策和满意度的重要因素，决定了旅游目的地对旅游者的吸引程度，存在着动态变化过程。按照时间先后顺序，对旅游目的地形象的感知一般可以分为以下三个阶段。

1. 旅游前对目的地形象的感知

在长期的社会生活中，人们会通过手机、广告、杂志、电视等媒介，或者通过亲朋好友亲自体验后的经历描述，获取关于一些地方自然和人文方面的旅游信息，这些信息会在游客心中形成对某旅游地形象的感知。比如，即使从来没有去过香港，但是通过媒体、图书上传递的信息，很多人心中都构建出香港是“购物天堂”的形象。

当旅游目的地确定后，旅游消费者还会主动搜集目的地的相关信息，并对这些信息进行选择、加工和比较。这个阶段是游客形成旅游期望最重要的时期，因为游客会进一步通过网络媒体宣传、旅行社广告、目的地节事活动介绍等方式形成新的感知，这种对目的地形象的感知是一种诱发形象。

2. 旅游期间对目的地形象的感知

当游客进入旅游目的地后，对旅游目的地的实地感知阶段就开始了，这个阶段是旅游者对旅游目的地形象形成最终感知的决定性时期。通过所看、所玩、所感、所体验，旅游者能够形成一个比较具体、真实、全面的旅游目的地混合形象。

旅游目的地混合形象与诱发形象之间的差异，会影响游客对旅游目的地形象的感知。旅游目的地的诱发形象代表了旅游者对旅游目的地的想象与期望，旅游目的地的混合形象代表了旅游者真实感知的旅游目的地形象。如果这种真实的感知能够满足旅游消费者的期望，那么游客便会觉得不虚此行；反之，便会产生失望的情绪，不利于旅游目的地良好形象的形成。

3. 实地旅游后对目的地形象的感知

当游客离开旅游目的地后，通过对旅游经历的回忆形成对旅游目的地形象新的感知。这种感知决定了该旅游目的地对旅游者是否还具有潜在的吸引力，这种吸引力能够促使旅游者再次来到该旅游目的地进行游览。并且，这种旅游结束后的形象感知还决定着旅游者是否会向身边的亲朋好友推荐该旅游目的地，从而形成该旅游目的地所吸引旅游者不断增加的良性循环。

二、旅游消费者对旅游条件的感知

旅游消费者对目的地的感知还包括对旅游条件的感知，主要是对旅游距离、旅游交通、旅游设施服务的感知。

1. 对旅游距离的感知

传统意义上，距离的定义是两个事物在空间上所分开的实际间隔长度，但是对旅游消费者而言，旅游距离还包括了心理上对旅游目的地的感知距离。感知距离指人们从主观意识出发，凭借其所获得的信息和自己的知识、经验对两地之间实际距离所做的估计。因此，与实际距离相比，感知距离会受到旅游者主观因素的影响。例如，习惯乘坐普通列车的旅游者对于跨省出游的感知距离和习惯乘坐飞机的旅游者对出国旅游的感知距离可能相差无几。

旅游行为本质上就是要离开自己居住的地方，跨越空间的间隔来到旅游目的地进行旅游活动，因此，对旅游距离的感知会对旅游消费者的旅游决策产生重要影响，其中，感知距离对旅游决策的影响力更大。总体来说，旅游距离的感知对旅游决策具有以下两方面的影响。

（1）阻止作用。旅游行为需要旅游消费者跨越空间的间隔去到旅游目的地，因此，旅游者所跨越的实际距离越远，所消耗的金钱、时间、精力等就越大。这种与距离成正比的代价，被称作旅游行为的摩擦力。摩擦力越大，旅游者的旅游动机就越小，对旅游行为的阻碍就越大。因此，一般情况下，在其他条件相同时，旅游者更倾向于选择感知距离较小的旅游目的地。这就是感知距离的阻止作用。

（2）激励作用。距离产生美。人类与生俱来就有着探索的意愿和冲动，而这种冲动就使得那些陌生事物成为人们外出旅游的动机，刺激了旅游行为的发生。远方通常也意味着陌生，在不熟悉的地方看到不常见的景色，自然能够满足旅游者的好奇心，吸引游客克服旅游行为的摩擦力去距离遥远的目的地进行游览，这以观光、探险为目的的旅游行为最为典型。

2. 对旅游交通的感知

旅游交通指旅游者抵达旅游目的地所采用的交通工具，包括飞机、火车、轮船、汽车等。现代旅游交通条件的便利快捷，大大改善了人们旅游的条件，加快了旅游速度。旅游者对旅游交通的感知主要表现在安全、便捷、准时、舒适、选择的灵活性和自主性等方面。人们外出旅游，首先，会重视安全问题，虽然人们希望能从旅游活动中体验到一点刺激，但绝大多数人并不希望遇到危险；其次，旅游者对旅游时间的知觉非常敏感，便捷准时的交通工具会为游客节省时间，减轻旅途中的疲劳感；最后，人们外出旅游是为了放松，得到物质和精神上的享受，所以交通工具选择上的灵活性和自主性，也会影响旅游者对旅游目的地的感知。

3. 对旅游设施服务的感知

旅游设施服务的感知分为旅游设施和旅游服务两个方面。

游客在旅游过程中接触的基础设施包括住宿、餐饮、娱乐、购物和景区设施等。其中，住宿和餐饮是旅游目的地感知中游客比较容易感受到的部分。在住宿方面，随着行业的发展，人们的选择也越来越多。越是有特点的住宿地，越容易引起游客的感知以及各类如杭州宋朝千古情主题酒店、常州环球恐龙城恐龙主题度假酒店，以及各类民宿等。提到餐饮，人们自然就会想到南京的鸭血粉丝汤、北京全聚德的烤鸭、天津的“狗不理”包子等，餐饮是否具有特色也是影响游客感知的重要因素。旅游服务则包括旅游服务人员的仪容仪表、服务态度、服务水平和服务素质等。这些必不可少的设施和服务对游客感知的形成具有促进作用。

三、旅游消费者对旅游风险的感知

旅游风险的感知指游客在旅游过程中，因无法预料感知结果的优劣以及由此导致的不利后果而产生的一种不确定认识。游客对旅游目的地的风险感知直接影响旅游者的购买行为。旅游消费者感知风险是从不同类型的潜在消极后果中产生的。主要的感知风险包括以下几种：①功能风险。指旅游者所购买的旅游产品、服务质量低劣，或者即使质量良好但是不能满足旅游者的期望。②经济风险。指所购买的旅游产品有降价的可能或者购买的产品价值不符合支付成本而带来的金钱损失风险。③社会心理风险。指旅游者在异地旅游时的语言障碍、文化冲击等，造成旅游者心理问题或者自我感知缺失所产生的风险。如对自尊心、自信心的打击。④安全风险。指旅游者在旅游目的地感受到的政治动乱、恐怖主义、自然灾害等不安全因素对自己或者他人的健康和安全造成的伤害。

第五节　基于旅游消费者感知的营销策略

旅游营销策略对游客旅游意愿的形成、旅游目的地形象的建立和知名度的提升均有显著作用。结合前几节对旅游消费者感知的影响因素以及旅游消费者目的地感知的分析，本节主要介绍三种营销策略。

一、体验营销策略

旅游体验营销指旅游企业根据游客的情感需求，结合旅游产品以及服务的属性，策划有特定氛围的营销活动，让游客参与并获得美好而深刻的体验，产生情感共鸣，从而扩大旅游产品和服务销售的一种新型营销方式。

旅游体验过程对旅游消费者感知的影响是非常明显的。不管是在旅游消费前、消费中还是消费后，游客都渴望享受产品功能、利益以外的感官满足和自我实现，这些旅游体验会影响其出游的决策以及后续的行为。

现在越来越流行的 VR（虚拟现实）技术已经进入人们的日常生活，也开启了旅游目的地营销新体验。一方面，与文字、图片、音频、视频等传统信息方式相比，VR 技术能够提供更多维度的感官刺激，让游客获得如同身临其境的体验。这种沉浸式的营销方式能够极大地提升旅游消费者的感知深度和广度，提高游客的期望值，并且让游客在真正进入旅游过程后获得更多的情感共鸣。另一方面，将 VR 技术融入旅游营销宣传过程，还能让游客感知某些极具特色但无法通过传统信息体验，或者较难获取甚至不是定期开放的旅游目的地资源，在对易损旅游资源进行重点保护的同时还能让游客多角度、全方位地了解旅游目的地特色，提高旅游目的地吸引力。例如，为了塑造城市神秘的形象，拉斯维加斯与世界知名的大空间多人互动 VR 体验开发商 Zero Latency VR 合作，在米高梅大酒店落成 VR 线下体验中心，以此增加城市旅游的记忆点。

二、广告营销策略

广告是企业向消费者宣传产品的重要渠道，旅游广告营销是旅游企业和旅游消费者之间沟通的重要桥梁。旅游广告营销主要有两个目的：一是强调旅游产品特色，增强产品记忆点，提升旅游品牌知名度，以吸引更多潜在旅游消费者；二是全面介绍旅游产品种类，帮助潜在旅游消费者全面了解旅游信息，引导旅游消费行为，提高旅游产品购买频率。在当前新市场形势下，各种同类旅游产品层出不穷，如何利用广告营销在众多竞品中突出自己产品的特色，是广大旅游企业亟待解决的问题。另外，技术的发展也催生了各种新型广告营销策略，网络广告营销是其中重要的营销方式之一。

旅游网络广告营销指的是在网络上做的旅游产品广告。与传统的四大传播媒体广告相比，网络广告具有得天独厚的优势。近年来微信朋友圈营销、微博营销等方式风生水起。网络广告是借助大数据分析更为精准地把信息传递给游客，充分满足了游客的个性化需求。同时，在广告设计方面经常会通过生动活泼的语言、图画、色彩刺激游客的各种感官，激发游客的出游动机。例如，黑龙江旅游局在自媒体投放的广告首秀《这里不仅有冰天雪地》，并没有主推冰雪风景，而是采用了“温情讲故事”的情感路线。这条营销信息成为旅游行业首批以“讲故事”形式来宣传的朋友圈广告，向全国 8 个省市超过 1700 万旅游爱好者的微信朋友圈发出，凭借 920 万次的转发率，迅速席卷旅游圈。

三、品牌营销策略

品牌营销是企业打造强势品牌形象，提升品牌知名度的重要方式。旅游业本身是融合了吃、住、行、游、购、娱的综合产业，狭义的旅游品牌营销指的是某旅游目的地或者某旅游产品的品牌宣传，但是广义的旅游品牌营销更加具有结构性，包含了单一旅游产品品牌、旅游企业品牌、旅游目的地品牌营销等，强调各旅游元素统一的整体特色，并使旅游品牌形象深入人心。

旅游品牌营销应当深刻挖掘旅游品牌内涵，帮助游客识别和记忆旅游目的地的核心价值，提高游客对旅游过程的感知程度。所以，对于旅游企业来说，要找出自己的个性和特色所在，建立清晰的品牌形象定位，形成自身的品牌核心竞争力，营造差异化优势，并且最大限度地向游客传递“品牌特色”。例如，湖南省旗帜鲜明地打造“锦绣潇湘，快乐湖南”的个性魅力和特色形象，创造独一无二的湖南旅游品牌竞争优势。

案例分析 4-2

丽江雪山小镇，水墨求婚 18 式

随着“水墨求婚 18 式”走红网络，丽江雪山小镇瞄准事件热点，联系求婚情侣，拍摄“水墨求婚 18 式”版权视频。视频将“水墨求婚 18 式”对应的画面一一呈现，利用男女主角之间的互动切换场景，使视频更具有沉浸感。通过情节的安排，将丽江雪山小镇的度假体验实景呈现，视频作为声光电的结合体，给人以十分全面的感官体验，令人印象深刻。通过这一波视频热点营销，丽江雪山小镇以精准的人群定位和快速的执行力，不仅追赶上了事件的热度，更将品牌与热点形成关联，实现了热度最大化，牢牢抓住了最佳时机。

分析：全民体验时代的到来，营销也应快速转变固有的“观光”思维，通过看、听、用、参与等手段，充分刺激和调动消费者的感官、情感、思考、行动、联想等向社会化、生活化发展。旅游体验营销是根据游客情感需求的特点，结合旅游产品，服务的属性（卖点），策划有特定氛围的营销活动，让游客参与并获得美好而深刻的体验，满足其情感需求，从而扩大旅游产品和服务销售的一种新型的营销活动方式。

课后讨论与设计

走向低谷的“中国迪士尼”

提起国内的游乐园，很多人都会想到上海的迪士尼乐园，这几乎是国内最火爆的游乐园了。除了迪士尼，国内还有一些新兴的游乐园，如方特，在很多城市也很火热。但是中国济南的世纪园游乐园，则是走向低谷的“中国迪士尼”，刚刚开设时票价非常昂贵，来游玩的旅客人山人海，有的时候连票都抢不上，但是现在慢慢走向低谷，游客数量越来越少。究竟是什么原因导致一开始人山人海，现在却很少有人关注呢？首先是园区内存在安全隐患。其

次目前游乐园市场开始呈现饱和状态，很多地方都开始建游乐园，同质化现象严重，没有创新游乐园里的娱乐设施，同时还缺乏一些特色活动，不能吸引游客。游客甚至还会将这样的评价传出去，一传十，十传百，很多人就不再来游乐园。所以曾经游客人山人海的场面已经成为往事。

问题：

1. 结合资料，从旅游消费者感知的角度分析世纪园游乐园走向低谷的原因。
2. 请你给世纪园游乐园设计一个合理的营销策略。

复习与实践

一、判断题

1. 知觉是大脑对外部客观事物的显性反映。 (　　)
2. 刚刚能引起感觉的最小刺激量称为绝对感受性。 (　　)
3. 根据反映的事物特征，知觉可分为空间知觉、时间知觉和运动知觉。 (　　)
4. 华东五日游的线路设计利用了知觉的恒常性特征。 (　　)
5. 突发性恐怖袭击事件，会引发游客的安全风险感知。 (　　)

二、选择题

1. 旅游商品店铺可以通过定期改变陈列布局营造新鲜感，避免游客产生审美疲劳，这是因为感觉具有（　　）特征。

A. 联觉性　　B. 差异性　　C. 适应性　　D. 对比性

2. 影响旅游消费者感知的客观因素有（　　）。

A. 知识和经验　　B. 感知对象的特点
C. 需求和动机　　D. 他人的言语指导

3. 人脑对直接作用于感觉器官的客观事物的个别属性的反映是（　　）。

A. 感觉　　B. 知觉　　C. 察觉　　D. 听觉

4. 人在知觉过程中，会通过以往的知识和经验理解当前的知觉对象，赋予其含义。这反映了知觉的（　　）特征。

A. 恒常性　　B. 理解性　　C. 选择性　　D. 整体性

5. “第一印象”对人的认知具有极其重要的影响，心理学中把这种现象称为（　　）。

A. 近因效应　　B. 首因效应　　C. 光环效应　　D. 刻板效应

三、思考题

1. 什么是感觉？什么是旅游消费者的感觉？
2. 感觉和知觉的特征分别有哪些？
3. 知觉的整体性要遵循哪些原则？
4. 影响旅游消费者感知的主观因素有哪些？
5. 旅游消费者对旅游风险的感知有哪些？

四、案例分析题

上海迪士尼吸引游客的不仅是最便宜的票价，还有远超其他迪士尼乐园的景点和中国独一无二的特色项目设计。上海迪士尼乐园融合了原汁原味的迪士尼特色和别具一格的中国风，是有史以来所有迪士尼乐园里最有创意和最独特的一个。

“奇想花园”是全球迪士尼乐园中首个采用花园设计的主题园区，专为醉心于园林景观的中国游客设计。中央广场的浅湖也是其他迪士尼乐园从未有过的设计。这里有迪士尼经典的“小飞象”和“幻想曲旋转木马”，并首次设有宽敞的专用观景区，以供观众欣赏“奇幻童话城堡”的舞台演出和夜光幻影秀，以及向中国十二生肖文化致敬的“十二朋友园”。而“奇想花园”中最独特的建筑是“漫月轩”餐厅，富有东方哲学韵味，它源于中国的五大自然风貌——高山，海洋，沙漠，森林和河流。漫月轩这样的建筑在其他迪士尼乐园是绝对看不到的。

除了这栋古建筑，“奇想花园”为了将中国园林的布景与迪士尼文化巧妙融合，园林设计师历时三年寻找中国江南特色植物，以此构建园区的绿植景观。

案例中的“奇想花园”主题园区为游客提供了怎样的感知体验?

五、实践题

从你看到的电视、网络、杂志等广告中找出一个成功的旅游营销案例，分析其利于增强旅游消费者感知的成功之处。

第五章　旅游消费者需要与旅游动机

问题导入

2020 年 5 月，张家口市万全区和中国铁建房地产集团文旅发展有限公司共同启动了"林语山谷"戏雪乐园项目，标志着又一冰雪产业项目落户张家口高新区冰雪运动装备产业园。此次签约落户的"林语山谷"戏雪乐园项目位于万全区西山板块，以"林语"为形象概念，占地面积约 200 亩，主要建设中级滑道、初级滑道、超长学习道、研学道、雪圈道、大型戏雪乐园、游客服务中心、雪具大厅、四季无动力乐园等，建成后将成为集滑雪体验、亲子游、研学行、滑雪教学、主题娱乐于一体的全季型山地乐园。项目 2020 年年底建成运营，将成为城区市民滑雪体验、休闲娱乐的理想之地和张家口冰雪旅游发展的新名片、新亮点。

思考：该项目建成后，能满足旅游消费者哪些旅游需求？

学习目标

1. 明确旅游需要的概念与分类；
2. 掌握旅游需要的特点，理解旅游需要的单一性与复杂性之间的关系；
3. 理解旅游需要产生的主客观条件；
4. 掌握旅游动机的内涵、特征和产生的条件；
5. 学会在实践中激发旅游动机。

本章重点、难点

1. 掌握旅游需要的概念与特征；
2. 理解旅游需要产生的主客观条件；
3. 学会如何激发旅游动机。

第一节　旅游消费者需要

旅游需要　是人的一般需要在旅游过程中的特殊表现，是旅游消费者或潜在旅游消费者由于对旅游活动及其要素的缺乏而产生的一种好奇心理状态，即对旅游的意向和愿望。

现代人生活节奏快，生活压力大，假期寄情山水，开阔心胸，释放压力；或者到民俗文化相异的旅游目的地游览采风，修养心性，满足其增长见识，休闲健康的需要；或者借助旅游与家人、朋友和其他旅游者增加交流和理解，来满足情感的需要等，都属于旅游需要和旅游动机研究的范畴。因此，学习旅游消费者的旅游需求和旅游动机对于旅游科学研究具有十分重要的理论和现实意义。

一、旅游需要的含义和特征

需要源于个体对自然及其所处环境的认识。个体内心深处常常存在对某种物质或精神需要的不足之感或求足之感，其实质是个体对延续和发展生命，并以一定的方式适应环境所需要的客观事物的需求反映，这种反应通常以欲望、渴求、意愿的形式表现出来。心理学研究表明，需要是行为的内在动力，人的一切行为都是从需要开始。旅游者的需要构成了旅游行为的首要动力因素，是产生旅游行为的内部源泉。

1. 旅游需要的含义

旅游需要是人的一般需要在旅游过程中的特殊表现，是旅游消费者或潜在旅游消费者由于对旅游活动及其要素的缺乏而产生的一种好奇心理状态，即对旅游的意向和愿望。旅游需要的主体是旅游消费者，包括现实旅游消费者和潜在旅游消费者；旅游需要的对象是旅游，包括旅游活动本身及其涉及的多种要素。凡是以旅游为对象的需要都是旅游需要，因此，这种需要不仅限定于人们对旅游产品和旅游服务的愿望与要求。旅游行为究竟源于人们的哪些需要，以及旅游行为可以满足人们的哪些需要是我们要探讨的主要内容之一。

马斯洛的需求层次理论揭示了需求的五个层次，即生理的需求、安全的需求、归属与爱的需求、尊重的需求、自我实现的需求。后来在此基础上又增添了认知和审美两种需求。需求总是从低级到高级发展的上升趋势，生理需求位于最低层次，其他需求依次上升，自我实现是最高层次的需求。任何一种需求不会因为下一个高层次的需求出现而消失，只是高层次的需求满足后，较低层次的需求对人的行为影响较小。一种需求一旦得到满足，就会失去对动机和行为的支配力量，转而有新的占优势的需求占支配地位。在这层意义上，层次需求理论可以视为一个层次需求阶梯，阶梯的上下可以移动。因为，人的层次需求的产生与个体发育密切相关。较低层次的需求可以通过外界条件的改善而满足，较高层次的需求则需要从内部解决。

2. 旅游需要的特征

特征是属性的反映，从旅游的本质属性可以反证旅游需要的特征。因此，旅游需要除了具有一般需要的特征外，其显著的特征是具有暂时的异地休闲性、伸缩性、多层次性和季节性。

（1）暂时的异地休闲性。这是区别于旅行与迁徙需要，区别于其他休闲与探索需要的标志性特征。无论是基于基本需要失衡并被感知所产生的改变生活环境以调节身心节律的旅游需要，还是基于好奇心的驱动所产生的认知与探索的旅游需要，都要以暂时离开居住地，到异地去休闲或“逃逸”（escaping）、探索或“逐求”（seeking）为前提。暂时可以是“一日游”，也可能是数天、数月。如环球旅游或南极探险旅游，可能要花费较长的时间，但一定是相对暂时的，要按计划返回。“异地”也是相对于“常住地”而言的。如果是在“常住地”的户外休闲，只能称为“散步”。观光休闲娱乐性或探索性指向暂时异地心理需要，即旅游需要的愉悦审美目的性特征。所以，暂时的异地休闲性是旅游需要的基本特征。

（2）伸缩性。也可以叫作高弹性或可变性，主要表现在是否取向于旅游。旅游需要不是与生俱来的需要，不是人们生活的刚性需要。在生产力不发达的时代，人们为生存需要而疲于奔命时，旅游需要被掩蔽了。因而，旅游需要是人类生活水平发展到一定阶段的产物，属于较奢侈性的需要，并具有很大的弹性。即使在经济条件和时间因素均具备的情况下，受个体个性心理特征与消费偏好等因素的影响，人们在排解烦闷、寻求好奇时，并不一定就取向于旅游需要。因为他们可以选择其他释放的方式。在个人收入、旅游产品价格、社会政治环境发生变化时，人们的旅游需要方向会发生转移，旅游需要强度会发生变化。如在购买旅游纪念品时，旅游需要的伸缩性也很明显。有的旅游消费者以是否昂贵为选择标准，以显示其财力；有的旅游消费者则以商品的精致与否为标准，以满足其审美的需要；也有本来不想购买的旅游者在特定情景影响下和从众心理的支配下，也产生了购买欲望。这些都从不同侧面反映了旅游需要的伸缩性特征。

（3）多层次性。有研究认为旅游需要是一种较高层次的精神需要，是人们高品质生活的内容之一。属于马斯洛需求层次理论的交往需求以上的高级层次的需求。尽管人们在旅游中也必须有与生存相关的物质性需求和安全性需求，但这里的低层次需求是服从并归属于高级需求的，归属于高级需求的低级需求就不是低级需求的简单重复。例如，需要品味美食就不是一般的饱腹；需要舒适的住宿就不是一般的休息；需要便捷的交通就不是一般的代步。旅游不仅属于文化范畴，更是文化的一个内容，是一种精神活动，也是一种审美活动。谢彦君教授认为，旅游是一种主要以获得心理快感为目的的审美过程和自娱过程，愉悦是旅游的硬核。所以，我们认为旅游需要具有多层次性特征。这种多层次性不仅由需要的多层次性决定，更受文化和审美的层次性制约。旅游发展的大众化往往反映旅游需要的普及化程度和旅游需要的层次，因此，旅游需要标准有高有低，内容有多有少，程度有强有弱，换句话说，就是旅游需要具有多层次性特征。

（4）季节性。旅游需要具有随季节波动的特性。旅游消费者对旅游时间、地点的选择上具有明显的淡季和旺季的差异。旅游需要的季节性与旅游对象的季节变化、节假日安排及风俗习惯的影响密切相关。就旅游吸引物而言，山地水景在四时呈现不同的景象；钱塘潮在中秋时节尤为壮观；泼水节在清明前后的傣历新年举行；观赏吉林的雾凇要等到春节前后。如不应时，则难以满足旅游消费者的期望。就旅游消费者而言，易受闲暇时间的数量、分布，以及工作与职业特点的限制。如农民一般只能在农闲时节才可以出游，学生要在寒暑假或黄金周才可以出行。英国出国度假旅游研究表明，每年 7~9 月出游者约占全年的 28%，1~3 月的出游者仅占 12%。旅游具有明显的受季节和时令影响的特征，旅游需要具有明显的季节性特征。

3. 旅游消费者需要的分类

根据不同的标准，可以将旅游消费者的需要划分为不同的类型。我们首先从共性旅游需要和个性旅游需要两个角度对旅游消费者需要进行分类。

（1）共性旅游需要。按需要的起源划分，共性旅游需要可分为天然性需要和社会性需要两小类。旅游消费者的天然性需要包括生理需要和安全需要。即旅游中旅游消费者对饮食、衣着、住所、休息、交通的需要以及安全与健康的需要。社会需要是旅游者对认知、名誉、权力、交往、友谊、娱乐、尊重等方面的需要。如探亲访友、结交朋友、寻根求源、故地重游等。

按旅游需要的对象划分，可分为物质旅游需要和精神旅游需要两小类。物质旅游需要指在旅游中旅游消费者对衣、食、住、行等有关旅游物品的需要。在物质旅游需要中，包括自然性的物质旅游需要，也包括社会性的物质旅游需要。精神旅游需要指旅游消费者对认知、探索、审美、艺术等的需要。精神享受是旅游消费者最为普遍和共同的需要。

（2）个性旅游需要。指不同旅游消费者在人生的不同阶段或旅游过程中高于共性旅游需要的部分。如果说旅游消费者的共性旅游需要是一般旅游需要，旅游者的个性需要便是特殊的旅游需要。内容包括团队、散客、入境、国内等旅游消费者的各种个性化旅游需要。团队旅游者一般希望活动有计划地进行，自己不必费心劳神；希望有经验丰富的导游，几个相知或相识的游伴，旅游有安全感和保障感。散客旅游者中，少数经济收入和地位都比较高的人，习惯于住豪华宾馆、专车接送、专人负责，以充分显示其身份和地位。多数散客旅游者收入一般，他们追新猎奇，富于幻想，不喜欢团队旅游按部就班的安排，希望以最少的花费获得最大的精神满足。境外来华的旅游消费者中，对中国的情况了解不多的旅游消费者的旅游需要倾向于安全、稳妥、方便；并对中国的历史文化、民族风俗特别感兴趣；旅游组织方式也以团队为多。

我国国内旅游者的旅游需要已经发生了很大的变化，不同类型的旅游消费者在旅游态度、价值观念、购买行为、审美情趣等旅游需要方面都存在较大的差异。比如，一般来说，男性旅游者喜欢新奇和富有刺激的旅游设施和旅游景点；而女性旅游者大都着眼于旅游的安全和舒适，具有明显的求美和从众心理。此外，不同年龄旅游消费者的旅游需要也不同。儿童旅游需要易变动，易感染，易爆发；青年旅游者的旅游需要表现为求新、求奇、求美、求名的倾向，追求自我成熟和个性；而人到中年，希望在稳妥有序中旅游；老年旅游者普遍具有怀旧的心理特征，他们害怕孤独，追求健康。

不同旅游阶段的旅游需要（准备阶段的旅游需要、旅途阶段的旅游需要、游览阶段的旅游需要、旅游结束阶段的旅游需要）也各有不同。①旅游消费者在准备阶段的心情处于兴奋状态，心里充满憧憬与向往，旅游需要较为复杂。旅游消费者需要一个周全而稳妥、内容丰富、缜密合理的旅游计划，希望能以最少的时间、精力和经济投入，取得最佳的旅游效果。②旅游消费者在旅途阶段的旅游需要主要是安全、快速、舒适和愉快，平平安安，顺顺利利。他们希望能看看录像、听听音乐，以增加旅途的乐趣，消除旅途的寂寞，减少旅途中的枯燥乏味；希望用最短的时间走完漫长的路程；希望交通顺畅，设施齐全，卫生清洁。③旅游消费者在游览阶段的旅游需要呈多元化的释放状态。新鲜感和满足感是旅游消费者最主要的心理特征。旅游者希望游览内容丰富多彩，线路安排紧凑有序；希望游览景点富有创意，并有强烈的吸引力；希望讲解引人入胜；希望游览活动组合随意，能让旅游消费者根据各自的情况和需要，满足各自不同的愿望；希望有高素质的旅游服务人员。④旅游消费者在旅游结束阶段，需要在精神上和物质上得到双重满足。需要愉快而美好的回忆，真正体会旅游愉快带来的满足感；希望丰富的旅途生活和旅游经历能够成为与亲朋好友交谈的话题；希望能够购买一些富有纪念意义的旅游产品，作为馈赠和留念。

（3）旅游需要的单一性和复杂性的平衡。认识世界和改造世界是人类在社会发展过程中形成的特性之一。每个人都不同程度地对了解自身以外的事物、丰富自己的精神世界感兴趣；对新奇的事物具有强烈的好奇心，并希望了解、认识和理解它们。在心理上便获得平衡，平和知足，反之便会产生寝食不安，焦虑烦躁。

单一性需要是人们期望在生活领域中力求保持平衡、和谐、少变化。在某一事物的发展过程中，不会发生或尽量少发生与自己设想相冲突的事件，不会遇到或尽量少遇到意料之外的事情。复杂性需要指人们期望在生活领域中追求新奇、变化、出乎意料、不可预见事物。从心理学研究方面来看，人的中枢神经系统本身具有处理传入刺激的能力。但是，当单纯的刺激过多或过久时，这个系统就不能以最佳的状态工作，反而会导致人的许多心理功能受到损害。长期受到复杂的刺激，人就会焦虑、紧张，甚至产生心血管等方面的疾病；长期接受单一的刺激，又会使人产生厌倦、忧郁偏执、幻觉等问题。从生活环境方面来看，越来越多的人聚集在城市中，居住在钢筋水泥建造的楼群里。城市环境日益恶化，汽车尾气、工业垃圾、噪声等严重地损害着人们的身心健康，破坏着由人类自己建造的生活环境。于是，人们渴望回归大自然，感受大自然环境的清新。而到森林、海滨、河流、山川中去旅游，亲眼观看大自然的美丽景色，沐浴在大自然清新的环境中，投入大自然绿色的怀抱中，正好能够满足人们的这种回归自然、回归本性的愿望。因此，外出旅游成为人们平衡单一性需要和复杂性需要的最佳途径之一。

一定程度的单一性需要一定程度的复杂性来平衡；一定程度的复杂性需要一定程度的单一性来平衡。所以，旅游资源的开发者要深谙不同人群的生活工作状态和旅游消费需求从而做到有针对性地开发旅游资源。进而分析不同旅游消费者单一性和复杂性需要的程度，进行正确的市场定位，根据不同的旅游消费者需求开发相应的旅游产品，并进行有针对性的宣传营销，提供个性化的旅游服务。

4. 旅游需要产生的条件

（1）旅游需要产生的主观条件。依据旅游需要的概念，人类的基本需要失衡并被感知和好奇心驱动力是产生旅游需要的两个基本主观因素。

①基本需要失衡并被感知，产生了改变生活环境以调节身心节律的旅游需要。现代社会生活节奏日益加快，紧张的劳动和工作，会消耗人们大量的体力和精力，引起身心疲劳，破坏生理和心理平衡，人们的心理日益处于紧张的状态。于是，人体系统要求补充消耗，缓解疲劳，恢复生理和心理平衡。当这种生理和心理不平衡现象反映到大脑时，尽管他们可能意识到自己劳动和工作的社会意义，并且具有相当的兴趣，他们仍会感到单调、枯燥和疲惫，仍会感到有一种力量要求他们暂时摆脱这种环境和活动，寻求新的环境和活动，调节节奏，以摆脱和释放紧张状态，恢复精力和体力。这种释放和补偿的极佳方式之一就是旅游。人们通过旅游，短期改换生活环境，或欣赏山水风光，或体验风土人情，不仅可以愉悦身心，陶冶情操，而且可以开阔视野，增长知识，获得物质上或精神上的享受。

②好奇心驱动了认知与探索的旅游需要。人为什么要去旅游？一个重要的原因就是满足其好奇心。美国心理学家小爱德华·J. 梅奥在其所著《旅游心理学》一书中用“探索的需要”和“尤利西斯动因”来解释旅游需要的动因。孙喜林教授认为好奇心是人类和其他一些高级动物在面对新奇、陌生或复杂刺激时所产生的一种趋近、探索和操弄，以求明白、理解和掌握的心理倾向。好奇心是由个体生活环境的刺激引发的先天内趋力，是人类心灵正常发展的原动力之一，是维护心理健康的一个条件，也是旅游需要产生的根本性原因。动物也有喜欢探究新环境的特点。巴甫洛夫在研究条件反射时指出，动物的无条件反射就包括进入新环境后的自动“探究反射”。人类保留了动物的这种生存性防御本能，具体表现就是“好奇、探究、操弄”，也就是好奇心。

好奇心不像生理性动机那样有规律地自发表现出来，而是需要外界的刺激来引发。能引起好奇心的刺激要具备“新奇性”和“复杂性”两个条件或者其一，它们是决定吸引力大小的基本因素。异地未曾亲见的自然现象和自然景观，不同民族的文化与历史所具有的神秘感——既具有新奇性，又具有复杂性，对成年人构成了永恒的吸引力。然而，人类感知觉器官对有差别的、变化的刺激感知敏锐，对单调的、持续不变的刺激感知会越来越迟钝。这就是“适应”的心理现象。“居鲍鱼之肆，久而不闻其臭；处芝兰之室，久而不闻其香”。在“桂林山水甲天下”的美景中长大的人，也要劳师远征去异地游山玩水的怪而又不怪的“围城心态”，“凡人慕仙境，仙人慕凡尘”就是这个道理。越是奇特的事物和现象，人们就越是想要去揭开它的神秘面纱，人们对它的探奇求知欲望也就越强烈。这种探奇求知心理如果没有反映到大脑，就不会形成探奇求知的旅游需要；一旦反映到大脑，便形成探奇求知的旅游需要。

（2）旅游需要产生的客观条件。仅研究旅游需要产生的主观条件，还不能很好地解释和说明为什么同样是身心的疲劳紧张，有的人采取旅游的方式去释放，而有的人采用其他方式释放；为什么同是探奇求知，有的人在国内，而有的人去了国外。需要的发展性、差异性及社会历史制约性的特征告诉我们，人们旅游需要的产生还需符合一系列客观条件。在很大程度上，旅游需要产生受经济、时间、社会和旅游对象四个方面因素的制约。

①经济因素。是产生旅游需要和实现旅游需要的基本前提。研究表明：经济收入与旅游需要与旅游动机正相关。旅游是一种较高层次的消费行为，需要一定的经济条件和支付能力做基础。旅游支付能力指在人们的全部收入中扣除必须缴纳的税金和必需的生活及社会消费支出后的可自由支配的余额中可以用于旅游消费的货币量。可自由支配的余额越大，旅游支付能力就越强。当一个人的收入水平仅仅能够维持基本生活需要时，很难产生外出旅游这种较高级层次的需要。

影响旅游需要产生的经济因素还包括旅游产品的价格。一般而言，旅游需要与旅游产品价格之间具有负相关的关系。在其他条件一定的情况下，人们对旅游产品的需求随着该产品价格的变动呈反方向变化，即需求随产品价格的上升而减少，随产品价格的下降而增加。但是，旅游产品目前还不是人们的生活必需品，价格对旅游需求的影响就不会以这样单一而明显的规律表现出来。经济因素只是说明哪些人有旅游的经济基础，但并不能说明一个人具备了经济基础就必然会去旅游。经济发达才有足够的实力开发旅游资源，建设旅游设施，促进旅游交通的发展，从而提高旅游综合吸引力和接待能力，激发人们的旅游兴趣和愿望。

②时间因素。指人们拥有的余暇时间，即在日常工作、学习、生活及其他必需的时间之外的可以自由支配，可从事消遣娱乐或自己喜欢其他活动的时间，包括业余时间、周末时间和一段集中的短暂假期。人们可以利用余暇时间进行包括旅游在内的休闲活动。旅游指离开居住地一段时间，以观光、度假、健身、娱乐、探亲访友为主要目的的休闲活动。旅游是需要时间的，余暇时间的增加，可以刺激人们的旅游愿望。我国实行每周五天工作制，实行法定假日，以及带薪休假，极大地推动了人们的旅游需要的产生。当然，影响旅游需要的因素是多元的，人们有了余暇时间，也未必就去旅游，余暇时间只是旅游需要得以实现的必要条件。

③社会因素。旅游需要的产生与国家或地区的经济状况、文化因素、社会风气密切相关。人们周围环境和团体压力也会影响人们的旅游需要。单位经常组织旅游或奖励旅游行为都对个体参加旅游活动有强烈的吸引，从而促进人们旅游需要的产生，增强旅游意识，强化旅游动机，形成旅游行为。社会风气与旅游时尚也能影响人们旅游需要的产生。邻居、同事、朋友的旅游行为和旅游经历往往能够互相感染、互相启发，在从众心理或攀比心理的作用下，也会产生旅游冲动，形成效仿旅游行为。性格特质、知识与受教育程度、价值观念、生活经历与旅游阅历等个体受社会文化因素影响的状况，会影响人们的旅游方式。此外，旅游需求也对政治环境和经济环境的变化十分敏感，当旅游目的地发生社会动荡或与客源国关系紧张时，旅游消费者往往出于安全考虑会放弃旅游计划或转向其他旅游目的地。

④旅游对象因素。客观存在的旅游对象也是旅游需要产生不可缺少的条件之一。旅游需要具有对象性，旅游对象是能使个体旅游需要得到满足的旅游客体。旅游需要中涉及的旅游对象是主观形态的东西，是旅游需要不可或缺的内容之一。作为主观形态的旅游对象，实际上是对客观存在的旅游对象刺激和引导的结果，是客观存在的旅游对象在人脑中的反映。没有对客观存在的旅游对象的刺激，旅游需要里也就无所谓主观形态的旅游对象；没有旅游对象作为刺激引导条件，旅游需要也就不能产生。旅游对象对旅游消费者有无吸引力，取决于旅游对象被旅游消费者的知觉，旅游对象对旅游消费者吸引力的大小，取决于其与众不同的特色。

案例分析 5-1

令旅游消费者满意的服务

导游小吕和来自美国的20人旅游团要相处半个月。从北京到西安，大家玩得很开心。游客也喜欢和小吕聊天、开玩笑。汤姆是团里一位年轻游客，爱说爱笑。在西安吃最后一顿晚餐时，他突然煞有介事地对小吕说："你们的中国饭很好吃，我每次都吃得很多，不过今天我的肚子有点想家了，你要是吃多了我们的面包，是不是也想中国的大米饭呢?"旁边的游客也笑了起来。虽说是一句半开玩笑的话，却让小吕恍然大悟。

回想起来，全团来中国已经将近一个星期，中国的美味佳肴确实吃了不少。在北京吃了烤鸭、仿膳；在西安品尝了风味饺子，还真没吃一顿西餐。转天就要去上海了，计划安排的第一餐还是中国风味餐。能不能给游客一个意外的惊喜呢？吃过晚饭后，小吕马上给上海接待社发了一封传真，提出安排一顿西餐的要求，并说明了游客的情况。转天，游客乘机抵达上海。当地陪同向大家宣布当晚要去著名的和平饭店吃西餐时，游客兴奋地拍起手来，不停地说“太好了”。小吕在一旁安心地笑了。

后来，小吕接到了游客的来信，上面有这样一句话：“中国的饭菜好吃，中国的西餐也是妙极了。我喜欢中国。”

分析：如果你是一位导游员，基于旅游消费者个性化需求，你将采取哪些服务策略，为其提供满意的服务？

第二节　旅游消费者动机

旅游消费者动机　是推动人们进行旅游活动，并使人处于某种积极状态以达到一定目标的心理过程或内部动力。

一、旅游消费者动机的含义和特征

旅游消费者动机既是旅游消费者整个旅游活动的出发点，又贯穿于整个旅游活动的全过程，并且影响着旅游消费者未来的旅游活动。随着人们生活需要的多样化和复杂化，旅游消费者动机越来越多样，特别是旅游购买动机，更是相当复杂。因此，激发旅游消费者的旅游消费者动机，并调动其旅游的积极性，刺激旅游消费者的兴趣与需要，促使潜在旅游消费者积极地参与到旅游活动中去，对于研究旅游消费者的行为具有重要的意义。

1. 旅游消费者动机的含义

旅游作为人的一项社会实践活动，是一种外在的行为，总是需要某种力量激发而产生。旅游消费者动机是推动人们进行旅游活动，并使人处于某种积极状态以达到一定目标的心理过程或内部动力。旅游消费者动机的产生需要一定内部和外部条件。内部条件指旅游者本身的旅游需要；外部条件是一定的旅游条件和旅游刺激。只有具备这些条件，人们潜在的旅游需要才能转化为旅游消费者动机，有了旅游消费者动机才有旅游决策，采取旅游行为，并把行为指向一定的旅游目标，并进一步保持和发展旅游行为使之达成既定目标。旅游消费者动机有其形成模式（见图 5-1）。

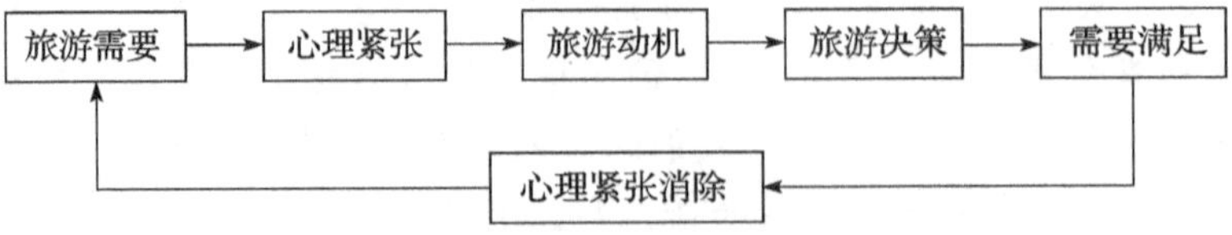

图 5-1　旅游消费者动机的形成

2. 旅游消费者动机产生的条件

（1）内部条件。旅游消费者动机产生的主观条件是人们对旅游的愿望，没有愿望即使客观条件再充分也不能产生旅游消费者动机。影响人们旅游愿望产生的内部条件主要有以下几个方面。

①安全感。人们往往出于对旅游目的地“人生地不熟”的考虑，怕诸事都不方便，担心遇到交通事故、自然灾害，人身财产得不到保障，因此不愿意去旅游。如果能消除人们的顾虑，使他们对旅游目的地有安全感，就会很大程度上增强人们的旅游愿望。

②个性条件。性格太内向胆怯、追求安逸舒适或者过于谨慎保守的人不容易产生旅游的愿望。反之，个性开朗、喜欢新鲜事物的人比较喜欢去旅游，而且他们往往是新景区（点）的第一批旅游消费者。

③身体条件。受身体条件制约，年老体弱的人往往不愿意外出旅游，而年轻、身体健康的人更容易产生旅游消费者动机。

（2）外部条件。

①可自由支配的时间。从国际旅游方面来看，很多国家的工人每周平均工作时间缩短，假期增加。如欧美许多工人每周工作时间缩减到 35 小时，甚至 30 小时；每年的连续假期从一个月增至一个半月到两个月；美国、日本等国还实行奖励性旅游，给工作成绩优良的员工提供免费旅游的机会；一些退休的工人、职员也有大量可供自由支配的时间。从国内来看，我国也全面实行每周 40 小时工作制；有的单位利用节假日组织职工集体外出旅行；学校的教职员工和学生可利用寒、暑假旅游。以上情况都为外出旅游提供了更多的可自由支配的时间。

②可供支配的资金。第二次世界大战之后，不少工业国的妇女就业机会的增加，双职工家庭越来越多，家庭收入的增加使可供自由支配的资金增多。不少退休的职员都积蓄了相当的存款，为他们晚年能到世界各地观光旅行提供了必要的条件。有数据表明，美国新婚旅游占旅游总人数的 61%。我国社会生产力水平的极大提高，人民收入的增加，使旅游的经济能力也得到极大增强。

③健全的旅游设施。大量现代化的宾馆、酒店可供旅游者使用；现代信息技术使预订飞机票、预订房间大大方便，这都使旅游消费者出行更加便利。我国旅游业近年来取得了较大的发展，可供国内外旅游消费者食宿的大小宾馆、旅店犹如雨后春笋般地在全国各地建立起来。不少省市还建立了旅游汽车公司，开辟了不少旅游专线班车。各地还重新修整、美化了可供游览的景区（点），使游客国内、省内、市郊的旅游更加方便、舒适。

④鼓励旅游的社会风气。各国政府认识到发展旅游业对本国经济发展的重要意义，制定了各种相应政策。如为旅游消费者提供出入境签证、购物免税等便利。人们通过报刊、电台、电视等媒介，了解到更多国家的名胜古迹、风土人情，产生了想亲历的迫切愿望。人们逐渐形成了一种观念，认为假日不外出旅游是一种损失，旅游已经成为生活的重要内容之一，是获得人生经验和乐趣的重要手段。我国政治安定，经济生活有了很大改善，人民生活水平普遍提高，参加旅游活动的热情高涨。

3. 旅游消费者动机的特征

（1）对象性。旅游消费者动机总是指向某种具体的旅游目标，即人们期望通过旅游行为所获得的结果。例如，长期工作的紧张感就会使人产生外出旅游的动机；寒冷的冬季会使人产生去温暖南方旅游的动机；炎热的酷暑又会使人产生去避暑胜地旅游的动机。旅游消费者动机表现出人们对于某一事物或某一活动的指向。旅游消费者动机一旦实现，总能给人们带来生理或心理上的满足。

（2）选择性。旅游消费者动机决定着人们的行为以及对旅游内容的选择。由于旅游消费者国籍、民族、职业、文化水平、性格、年龄、兴趣、生活习惯和收入水平等方面存在差异，他们对旅游活动的内容有很大的选择性。在旅游目的地选择上，有的旅游消费者选择江南古镇水乡游，有的选择巴黎七日浪漫游；在旅游方式上，有的旅游消费者选择参加旅行社组织的团队旅游；有的选择自驾旅游。已有的旅游经验使旅游消费者能够对旅游行为的内容进行分析和选择，如哪些旅游行为要先行实现，哪些旅游行为可以留待将来实现；哪些旅游行为较容易实现，哪些旅游行为一时难以实现。

（3）相关性。旅游活动是一项综合性的社会文化经济活动，旅游消费者的旅游消费者动机往往不是单一的，不同的旅游消费者动机之间存在着相互关联，形成复杂的旅游消费者动机体系。旅游消费者动机体系中的各个动机具有不同的强度。占有优势的旅游消费者动机往往主导着旅游行为的主要目标，其他旅游消费者动机则为辅助动机。比如，旅游消费者在游山玩水的同时，又想顺便探望一下老朋友；在外出考察的同时，又想观览一下当地人文景观。

（4）起伏性。旅游动机总是作为一种实际上起作用的力量会时断时续、时隐时现，表现出一定的起伏性。旅游消费者的旅游消费者动机获得满足后，在一定时间内暂时不会再产生，但随着时间的推移或节假日的来临，旅游消费者动机又会重新出现。旅游消费者动机的起伏性主要是由旅游者的生理和心理需要引起，并受旅游环境的发展和社会变化的影响。

（5）发展性。当一种旅游消费者动机实现后，在其基础上会产生新的旅游消费者动机，成为支配人们旅游行为的新的目标和动力。随着我国经济的持续发展和物质文化生活水平的不断提高，旅游消费者对旅游对象和服务要求都在不断地变化着。这不仅体现在标准的不断提高上，而且更体现在种类的日益多元化上。从 40 多年来我国旅游业的发展轨迹看，人们从旅游梦想开始，到今天不但可以游览祖国的名山大川，更能跨出国门看世界；不但能游山玩水，还能游玩得有特色、有品位，身心都有所发展，实现了大众旅游向小康旅游迈进。城市观光游、生态游、健身游、探险游等专项旅游也纷纷涌现，旅游消费者可以各取所需。旅游业作为文化性特征很强的经济产业，旅游资源的不断开发，旅游接待及其配套设施的不断完善，旅游产品的不断更新，正是旅游者需要不断发展的结果。

二、旅游消费者动机的分类

分析和研究旅游消费者动机对于预测人们的旅游行为，开发旅游资源，提供合适的基础设施等都具有指导意义。归纳起来，常见的旅游消费者动机大体有以下几个方面。

（1）文化的动机。文化的差异以及文化的异地传播，使人们产生了接触异地文化的动机。也正因如此，每个旅游目的地代表性特色景观和产品都会成为旅游消费者的聚焦点。这类动机在普通的旅游活动中占有的比例最大，持这类动机外出旅游的游客一般不会重复选择同一个旅游目的地。

（2）健康的动机。这类旅游消费者是为了休息、治疗、运动、消遣。他们平时工作压力大，生活节奏快，身体处于亚健康状态，希望通过旅游暂时摆脱紧张、机械、单调的生活和充满噪声、空气污染的大都市，到风景优美的森林、海滩等旅游目的地调节身心，消除疲劳，恢复健康。

（3）购物的动机。随着经济的发展和人民生活水平的提高，单纯出行购物的旅游活动越来越多。生活在中小城市和大城市周边的人，通常会在周末带上家人或朋友到大都市去购物。

（4）交往的动机。寻亲访友、寻根问祖的旅游消费者动机自古就有，更有很多旅游者喜欢在旅游活动中结交新的朋友。特别是近年来，结伴自助旅游、组队自驾游等，都使人们可以在旅游中体验结识新朋友的快乐。

（5）业务的动机。出于业务动机而进行的旅游活动，包括各种学术交流、考察和商务活动等。据有关部门的统计，在国际旅游活动中，各种专业交流考察团占到了较高的比例。

（6）审美的动机。是引起审美、创造美活动的主观目的、意向、愿望的心理机制，有自觉与非自觉、单纯与复杂、感性与理性之分。非自觉动机是与对象偶遇，事先无选择无预期目的的仅以休闲、娱乐为满足的随机性动机，或是一种潜意识的未被知觉的心理活动。自觉动机是被好奇心、探究欲、创造欲驱使展开积极思维活动、情感活动，求知、求美，求乐的有意识的动机。单纯动机是只怀着一个特定目的选择相关对象进行鉴赏，以单一目的的实现为满足的单一动机。复杂动机是怀着多种需求选择、欣赏对象，以满足精神需要为目的的复合动机。感性动机是以满足视、听等表象、表层的感性需求为目的的动机。理性动机是在预定的审美、创造美目的和审美理想乃至特定使命感、责任感驱使下产生的求真、求美、求善的意向、愿望，既激发丰富的想象、情感活动，又掺加了哲学、社会、伦理的理智活动，以达到理性的把握和能动创造的理智性动机。这些动机之间既相互联系、又可以相互转化，审美动机在审美实践中产生，是审美、创造美的内驱力和求得审美、创造美效果的行动指导。

案例分析 5-2

小康旅游民宿梦

人均年出游率超过 4 次，人均出游时间 7.65 天，平均出游半径 73.7 千米的大众旅游时代，我们解决了旅游消费“有没有”和住宿品牌“缺不缺”的问题。即将到来的小康旅游时代，也是文化和旅游高质量融合发展的时代，游客满意度会更高，市场主体竞争力会更强，产业发展潜力得到更加充分的释放。人民的旅游权利将进入新的境界：既要欣赏远方的美丽风景，也要体验本地的美好生活。游客在异国他乡的行程中会有更加美好的住宿梦想：给我一个酒店，味蕾绽放、梦里花开。如此这般的时代梦想，沿着传统的星级饭店和经济型饭店的路径都是走不通的。只有把中国梦为代表的美好生活场景与旅游消费相融合，才能走出一条“旅游 ×、住宿 +”的全新道路来。

分析：小康旅游时代旅游消费者的旅游消费者动机与大众旅游时代相比，有哪些变化？

第三节 旅游消费者动机的激发

一、旅游消费者动机对旅游行为的作用

当人的期望状态与实际状态不一致时，人们往往从心理上便会感到不安。为消除这种不安状态，人们就产生了需要。需要是动机的内部动力，在外部刺激的共同作用下，引起动机作用过程，在这个过程中兴趣和目标直接影响动机的方向和强度，而且进一步影响行为的方向和努力程度。人们对行为结果的认知又导致新的需求产生，于是进入新的动机过程，旅游消费者动机作用过程亦遵循这一规律。旅游消费者动机对旅游行为的作用，主要表现为以下几个方面。

（1）推动旅游消费者为创造必要的旅游条件做准备。已经形成的旅游消费者动机会推动旅游消费者对自己的日常工作和生活做出某些必要的安排，调节自己生活的节奏，准备旅游所需要的相对集中的闲暇时间，调整经费的使用方向，从而为旅游筹集所必需的费用以及设法满足旅游中所需的其他客观条件。

（2）促使旅游消费者收集、分析和评价旅游信息。为了促进旅游活动开展，旅游消费者在旅游消费者动机的推动下，将从各种渠道及各个方面去收集必要的旅游信息。并分析旅游信息的内容以及旅游信息来源的可靠程度，对旅游信息进行筛选、对比、评价，并把它们作为旅游选择的依据，为最终做出旅游决策奠定基础。

（3）促进旅游消费者制订具体的旅游计划。受旅游消费者动机的支配，旅游消费者将把所获得的旅游信息与自己所需要的内容进行比对，对不同的旅游项目做出取舍，选择最能满足旅游者需要的旅游项目和最有利于实现旅游消费者动机的旅游方式。旅游计划内容包括具体的旅游景区（点）、旅游线路、旅游方式和旅游时间安排等。

（4）引发、推动和维持旅游行为趋向预定的旅游目标。旅游消费者做出旅游选择和制订旅游计划后，旅游消费者动机将推动旅游消费者产生旅游行为，踏上旅途进行旅游活动。旅游活动包括多方面内容的、需要经历一定时间的演进。在旅游活动过程中，会遇到各种不同的情况，旅游消费者在旅游消费者动机的支配下，对符合旅游期望和目标的活动和条件产生积极的态度；对不符合旅游期望和目标的活动和条件则产生消极态度。旅游动机推动旅游者不断地调整自己的旅游行为，克服困难，使自己的旅游行为朝向实现预定旅游目标的方向进行。

（5）作为旅游活动评价的主观标准。在具体的旅游活动过程中，旅游消费者动机也是旅游消费者衡量旅游效果、进行旅游评价的主观标准。旅游的实际内容和旅游经历是否符合旅游消费者动机的期望和目标，符合的程度如何以及是否超出期望，都会使旅游者产生不同性

质和不同程度的心理体验。旅游者会根据这种心理体验对旅游的内容和活动方式进行评价。这些旅游评价将作为一种经验储存在旅游消费者的记忆之中，影响其对该项旅游活动的态度和今后对旅游活动的选择倾向。

二、旅游消费者动机的激发

由于旅游消费者所处社会环境以及旅游消费者心理活动的复杂性，影响旅游消费者动机的因素主要有旅游消费者对外界刺激物或情境的心理反应、旅游消费者的价值观和期望以及旅游产品和服务等。因此，我们从以下方面激发旅游消费者的旅游消费者动机。

（1）加强目的地度假旅游危机管理。多样化的休闲度假旅游时代的来临使得旅游者的活动范围不再只是局限在观光景区，这无形中就加大了旅游行业管理部门的安全监管压力。必须强化流量管理，引导游客保持用餐、排队、乘车秩序，严格控制聚集性桌餐，避免交叉感染，保障旅客生命安全；开展非法客运打击行动，组织专项打击“黑车”行动，有效保障旅游消费者出行安全；对开放景区的疏散通道、安全出口、消防设设、电气线路等方面进行拉网式排查，做好应急预案，保障旅游活动安全有序开展。所以，旅游行业管理部门应当加强城市度假旅游危机管理，建立旅游公共安全救援基地，以减少休闲度假旅游者的安全顾虑。

（2）丰富旅游产品与服务形式。为了满足旅游主体消费的多元化需求，旅游产品和满足需求方式上要体现多样化。旅游市场也应做出反应，进行市场细分。如将大众旅游市场细分为度假旅游、商务旅游、探险旅游、蜜月旅游、家庭旅游等市场类型。

（3）加强旅游宣传，积极引导旅游消费者消费。做好宣传和推广工作，激发旅游者的动机。让旅游消费者掌握充分的旅游信息，做到有计划，不盲从，科学地进行旅游决策。做好安全防疫、文明出行、爱护环境、不文明行为劝导等服务，让游客在畅游的同时也更加感受文明旅游带来的舒心。此外，做好营销策划，塑造良好的品牌和口碑，这样会让更多对旅游感兴趣的人慕名而来。

（4）提高产品和服务的质量。开发特色旅游产品和服务内容。有特色才会有吸引力，激发旅游者的动机。要不断完善旅游景区的基础设施、丰富服务的方式、拓展服务的领域，为旅游消费者提供高质量的休闲环境。同时，对导游人员进行培训，提高导游人员的服务水平和专业水平，增强自己的服务意识。在为旅游者服务的过程中，体现出对旅游消费者应有的尊重。此外，基础设施的舒适程度，景观的美感度，服务质量等方面的提升都能够提高旅游消费者的目的地重游率，满足旅游消费者不断提高的体验需求，从而更好地激发旅游消费者的旅游消费者动机。

案例分析 5-3

文旅小店——深入民心的服务

不管是在景区门口、主题公园，还是在旅游村镇或历史街区，到处可见各种各样的文旅小店，满足了广大游客旅游和购物的需求。文旅小店虽然没有那么高大上，却直接服务于广大游客，为其提供便捷的消费场所，在旅游发展中不可或缺。同时，文旅小店经营成本相对较小，对资本和技能要求不高，是一种创业的重要方式。特别是很多小店经营者都是当地居民，这对于促进人民群众分享旅游发展成果、提高人民群众对旅游发展的满意度具有重要意义。文旅小店看似单体规模小、收入不高，但是由于小店分布广泛、数量巨大，在旅游经济中占有重要份额。

分析：发展旅游景点、特色街区的小店，以异域风情、地方特色、历史文化等新奇体验留住国内外游客，增强美食街、酒吧街、茶叶街、文创街等街区“烟火气”的做法对激发旅游消费者旅游消费者动机有什么作用。

课后讨论与设计

“Z 世代”正在成为消费升级的主力军

“Z 世代”指 1995—2009 年出生的数字化“原住民”。如今，最早出生的“Z 世代”已经步入社会、成为青年白领的主要人群。腾讯发布的《2019 Z 世代消费力白皮书》显示，“Z 世代”每月可支配收入达 3501 元。企鹅调研数据显示，71.7% 的“Z 世代”每天使用手机的时间长达 3 个小时及以上，线下娱乐方面，61.3% 表示不超过 1 小时。沉浸于短视频、直播和网络社交，习惯看视频的“Z 世代”每天会在视频上平均消耗 53.39 分钟的时间。互联网的沃土滋养了多样的圈层文化，进而衍生出一系列小众经济。

问题：“Z 世代”旅游消费群体的特征有哪些？

复习与实践

一、判断题

1. 人们进行行为决策的第一步是寻找信息。（　　）
2. 复杂性的生活环境容易造成人心理上的“恐惧”。（　　）
3. 旅游需要构成了旅游行为的首要动力因素，是产生旅游行为的内部源泉。（　　）
4. 做好宣传和推广工作，不能激发旅游者的动机。（　　）
5. 单一性需要是人们期望在生活领域中力求保持平衡、和谐、少变化。（　　）

二、选择题

1. 在马斯洛的需求层次构成中，不属于社会性需要的是（　　）。

A. 自我实现的需求　B. 归属与爱的需求　C. 尊重的需求　D. 安全需求

2. 可促使和引发旅游者对新旅游产品的购买兴趣及购买欲望，这体现了旅游广告的（　　）功能。

A. 认知　B. 诱导　C. 促销　D. 教育

3. 个人 / 商务因素是会展旅游消费者决策行为的重要影响因素，属于这一因素的有（　　）。

A. 人文化程度　B. 个人兴趣爱好　C. 个人财务状况　D. 个人认识水平

4. 旅游消费动机的产生必须具备的两方面条件为（　　）。

A. 旅游需要、外部刺激　　B. 健康、景观

C. 文化、交通　　D. 地位声望、旅游商业环境

5. 心理学研究认为人的行为是（　　）。

A. 人的个体特性的函数　　B. 人的个体特性和周围环境特性的函数

C. 人的周围环境特性的函数　　D. 与人的个体特性和周围环境特性无关

三、思考题

1. 什么是旅游需要？旅游需要有哪些特性？
2. 影响旅游需要产生的因素有哪些?
3. 旅游消费者动机产生受到哪些条件制约?
4. 旅游决策的心理步骤有哪些?
5. 常见的旅游消费者动机是如何分类的?

四、案例分析题

乡村旅游的核心是乡村文化，围绕大型度假区、大饭店、高尔夫球场、滑雪场的旅游活动是不能与乡村旅游融为一体的。乡村旅游产品的突出特点是，让旅游者亲身体验乡村的自然环境与人文环境，深入体会当地居民的生活方式。

乡村旅游的目标群体主要是：家庭旅游者和老年游客。带着 5 ～ 11 岁孩子的家庭旅游者主要去那些能够亲近动物的农场，50 ～ 65 岁的老年夫妇则通过乡村度假感受人生，体验不同的生活。乡村旅游者停留时间不长，一般是周末，最多一周，对当地居民的生活方式、民间艺术、民间手工艺有浓厚的兴趣。

试分析乡村旅游产品开发过程中，应考虑旅游消费者的哪些需求?

五、实践题

宋代理学家朱熹说：“那个满山清黄碧绿，无非这太极”“鸢飞鱼跃，道体随处发见”。所以，他非常重视“山水之教”或“天地之教”。他说：“天有四时，春秋冬夏，风雨霜露，无非教也；地载神气，风霆流行，庶物露生，无非教也。”大自然既然蕴含造化之心，只有接近大自然才能即物穷理。朱熹说：“洗心泳太素，讯景窥灵诠。”“洗心”就是洗尽自我的繁杂世俗之心，抛弃俗世名缰利锁，在超凡脱俗的审美中，返璞归真。“不做尘中思”“麋鹿之姿，林野之性”“自做山中人，即与云为友”，都是他融入大自然的方法和遨游于大自然的切身感受。在此基础上，需要发挥人的主观能动性，从自然景物的信息中格物穷理，就能窥得宇宙万事万物的真理，实现“脱尘氛而与造化俱游”的自由精神境界。

试分析朱熹一生优游林泉，是出于哪些方面的旅游消费者动机?

第六章　旅游态度与旅游消费者行为

》问题导入

导游员小章提前两个小时从市里出发前往机场接团，在离机场还有两千米的地方遇到了交通事故，旅游车被堵在路上。小章赶到机场时，已经迟到了半个小时，游客早已拿着行李集合在停车场等他了。小章一边帮游客安放行李，一边赶紧请游客上车。在车上，小章再次向游客解释自己迟到的原因并表示歉意。可是部分游客仍然情绪激动，有人还讲了几句难听的话。到达宾馆后，小章熟练地分好房间并查看了游客的入住情况。晚餐时，小章等在餐厅门口，热情地欢迎大家用餐，并把大家引到餐桌边。小章仔细地向游客们介绍每一道菜，还耐心地询问团队中有无素食者，有无特殊要求或饮食忌讳。在旅行社领导的同意下，小章还给每桌加了两道菜。

游客被小章的工作热情所感动，对她的态度也开始变好了。前面讲过难听的话的人还为自己的行为向小章表示歉意。

思考：迟到发生后，导游员小章怎样改变了客人的态度？

》学习目标

1. 了解态度的特征与功能，掌握态度的概念及构成；
2. 认识旅游态度与旅游行为的关系，掌握旅游态度对旅游偏好形成的影响；
3. 了解影响旅游态度改变的因素，掌握改变旅游者态度的具体策略。

》本章重点、难点

1. 态度的概念、构成、特征、功能；
2. 态度和行为的关系；
3. 旅游者的态度；
4. 旅游态度与旅游偏好的形成；
5. 旅游态度与旅游决策过程；
6. 怎样改变旅游消费者的态度。

现实生活中，不同的人对待同一个人或同一件事所表现的态度是不同的。态度不同，表现出的行为也不同。在旅游活动中，游客对旅游对象的选择，以及对所参加的旅游活动的感受，受多种因素影响，既包括自己的知觉、个性和动机等心理因素，也包括自己对旅游对象、旅游活动所持的态度等因素。游客对旅游产品或服务的态度，是其是否购买该旅游产品或服务的重要因素之一。认识旅游者态度的特性，认识改变旅游者态度的因素，不仅有助于认识旅游行为的规律，而且对促进旅游业的良性发展也具有现实意义。

第一节　态度概述

态度　是行为的心理准备状态，一旦形成就会导致人们愿意以某种方式去行动。态度是影响旅游消费者行为的一个重要心理因素，与旅游消费者行为有十分密切的关系，在很大程度上决定着旅游消费者行为的活动方向。

一、态度的概念及构成

1. 态度的概念

生活中我们经常强调无论对人对事都要抱有一个正确的态度。态度就是个体对特定对象（人、观念、情感或者事件等）所持有的稳定的心理倾向，这种心理倾向蕴含着个体的主观评价以及由此产生的行为倾向性。人们在认识和改造客观事物的过程中，不是被动地去观察、思维和想象，而总是对人和事物抱有某种积极、肯定或者消极、否定的反应倾向。这种反应倾向是一种内在的心理准备状态，它一旦变得比较持久和稳定时，就成为态度。

态度是外界刺激与个体反应之间的中介因素，个体对外界刺激做出什么反应将受到自己态度的调控。人们生活在社会中，由于个性、生活条件、周围环境、教育、文化等方面的差异，对社会上的各种事物必然产生不同的态度，对外界刺激的反应倾向就不同，所以态度直接影响一个人的行为。

2. 态度的构成

根据态度的概念分析，态度的构成有三部分：认知成分、情感成分、意向成分。

（1）认知成分。是个体对认知对象（人、事、物、观念、想法、情境、经验、现象等）的看法与评价，这些看法与评价包括对这一对象所持的见解或信念，这些信念或见解是以个人在某一时间内视为事实的、明确的证据为基础的。认知成分是态度形成的基础。这种认知通过赞成或反对的方式表达出来，有时是直接的，有时是间接的。对同一对象，每个人的信念和见解可能有所不同，甚至大相径庭。例如，到上海旅游的一位游客，可能持有这个见解——上海是一个激动人心的、美丽而繁华的大城市；也可持这样的见解——上海是人口稠密、喧闹而拥挤的地方。

（2）情感成分。指对人、事做出的情感判断，表现为对一定对象的喜爱或厌恶、尊敬或蔑视、同情或冷淡等。情感成分在认知成分的基础上产生并与行为紧密相连，如宾馆服务周到，那么游客就有好评，而且以后会再来入住。积极的情感，评价就指向好的方面；消极的情感，评价指向坏的方面。在态度的结构中，情感成分是最稳定的因素，是态度的核心。

（3）意向成分。指个人对态度对象的反应倾向，即行为的准备状态。意向成分是态度的外在表现，它制约人的行为。我们研究态度的意向成分时，常常根据态度的情感成分来推测。比如，某游客对上海产生了积极肯定的情绪、情感，在心理上他就会积极做各种准备，一旦条件成熟就可能去上海旅游。

态度的三种成分之间即相互区别又相互联系。认知是态度的基础，情感是态度的核心，倾向是态度的外在表现。一般来说，态度的三种成分是协调一致的。例如，游客认识到爱护环境是社会的公德，则情感是友好的，反应倾向表现为对旅游景点环境卫生的关注与维护。态度的三种成分有时也有不一致的表现，例如，有的游客认为上海是一个繁华的大都市，是购物的好场所，但是情感上又不喜欢喧闹，因而不大可能产生去上海旅游的行为倾向。

二、态度的特征

（1）对象性。态度是针对某一对象产生的，具有主体和客体的相对关系。这种对象可以是人、物、事、团体，也可能是一种现象、状态或观念。这种对象既可能是具体的，也可能是抽象的。如对宾馆的态度、对导游的态度、对旅游景点的态度。没有对象，就谈不上态度的产生。

（2）习得性。也称为社会性。态度不是本能行为，是人在已有经验的基础上，经过后天学习获得的一种心理感受。人刚生下来，无知无识，是自然人，但随着与周围世界，特别是与其他人的相互作用，人就会获得对于人和事物的认识，学会对人和事物进行选择。人对于事物的接受与拒绝、喜爱与厌恶、赞成或反对倾向，正是人逐渐适应周围世界或者说人逐渐社会化的结果。例如，游客对上海的态度，可能是他自己在旅游活动中亲身体察得来的，也可能是受广告宣传或其他群体的评价影响而形成的。态度形成后，就对他人他事发生影响。

（3）内隐性。态度是人的一种内在的心理体验，虽然包含行为倾向的成分，但毕竟不是行为本身，因此不能直接观察到，只能通过人的表情、语言、动作等外显的行为进行判断。例如，宾馆服务人员在接待客人时热情、友好、服务周到，由此就可以推测出他具有良好的服务态度。

（4）稳定性。人的态度一旦形成，在环境变化不大的情况下，一般就会比较稳定和持久，在行为反应上表现出一定的规律性。例如，一个令人厌恶的人，无论他在哪种场合出现，都会引起我们相同或相近的不愉快与拒绝的态度反应。态度的这种稳定性与持续性，与个体的人生观、价值观有紧密的关系，同时也概括了个体对日常生活进行的切身感受和心理体验，是人逐渐认识社会的结果。

（5）可变性。态度具有稳定性，但并不是一成不变的，只是相对的稳定。当各种主客观因素发生变化时，态度也会随之改变。一般来说，态度的冲突、具体的情景和创伤性的经历会影响态度的改变。一个人对去国外旅游可能持很肯定的态度，但他却从未去国外旅行过，因为他对节俭持有更为强烈的肯定态度。这便是因态度的冲突而引起的态度的改变。虽然行为反映态度，但人的行为是受许多不同因素影响的，不是只受态度的影响，具体情况也会影响人的态度。许多人的旅游决定来源于简单的冲动，如电视广告、报纸宣传、推销员的说服，由这种由简单的冲动而做出的旅游决定往往也会改变一个人原来的态度。比如，一次令人惊恐万分的紧急着陆或在高空的异常颠簸，会使人对航空旅行的态度很快由肯定变为否定。

三、态度的功能

态度功能理论最早由心理学家丹尼尔·卡茨提出，他认为态度具有四种基本功能，即适应功能、自我防御功能、认知功能和价值表现功能。

（1）适应功能。也称功利功能，指态度能使人更好地适应环境和趋利避害。人是社会性动物，他人和社会群体对个体的生存、发展具有重要的作用，只有形成适当的态度，才能从某些重要的人物或群体那里获得赞同、奖赏等。例如，旅游经营者在向游客推销旅游产品时，如果对游客和旅游产品表示一定的赞美，使游客形成正面的好感和态度，销售可能会比较容易，而且游客在下次遇到这些旅游产品时会做出相同的选择，从而节省了在购买决策上的时间。

（2）自我防御功能。指对于某些事物的态度能帮助个体回避或忘却那些严峻环境或难以正视的现实，从而保护个体的现有人格和心理健康。例如，在旅游过程中，经常可以看到一些收入水平不高的游客不时购买一些高档手表、珠宝、化妆品，选择入住高档酒店，这实际上就是出于自我防御的目的，有意无意地防御自己各种不安的心理，以保持心理平衡。

（3）认知功能。指形成某种态度更有利于对事物的认知和理解。事实上，态度可以作为帮助人们理解世界的一种标准和参照物。人们在已形成的态度倾向性的支配下，可以决定是趋利还是避害，使外部环境简单化，从而能够集中精力关注那些更为重要的事情。此外，态度的认知功能在一定程度上解释了品牌忠诚的影响。对某一品牌形成好感和忠诚，能够减少信息收集时间，简化决策程序，并使游客的行为趋于稳定。

（4）价值表现功能。指在很多情况下，特有的态度常常反映一个人的主要价值观和自我概念。这时，人们对产品的态度并不取决于产品客观的益处，而是取决于产品所代表的是哪一类型的消费者，如“乘坐飞机头等舱的乘客是什么样的人”。价值表现功能与分析生活方式有密切关系，消费者形成一系列的活动、兴趣、观念，目的就是表明自己特定的社会身份。

一种态度的功能不止一个，但是在通常情况下，只有一种功能起主导作用。只要鉴别出产品对消费者的主导功能，即它所提供的益处，营销者就可以在营销传播和产品包装中加以强调。这类与产品性能关联度较高的广告能够促使人们对产品产生形成态度。

第二节 旅游消费者态度与旅游决策

旅游偏好，指一个人趋向于某一旅游目标的心理倾向。偏好的特点是并不关注对象的整体，而总是针对对象的异质特征来进行判断。人的态度是偏好形成的基础，态度的强度与态度的复杂性对偏好的形成具有双重影响。

一、旅游消费者态度的概念

人是生活在社会环境之中的，总要参加各种各样的社会活动，旅游活动也是人们众多社会活动中的一部分。旅游消费者态度指旅游消费者在了解、接触、享受旅游产品和服务的过程中，对旅游本身、旅游产品和服务以及旅游企业较为稳定的心理倾向。这种心理倾向是行为反应的心理准备状态，预示着人们做出的行为反应的潜在可能性，因此，旅游消费者的不同态度会影响其旅游行为。

有人认为旅游活动可以开阔眼界、增长知识、陶冶情操、愉悦身心、增进健康，赞成而且喜欢旅游活动，希望能有机会参加旅游活动，这说明他对旅游持有肯定的、积极的态度。有的人认为旅游纯属吃、喝、玩、乐，是一种消磨意志的低级活动，因而反对它，不喜欢它，自己没有参加旅游活动的想法，也不同意别人参加，这是对旅游活动持否定和反对的态度。

旅游态度还决定游客将以怎样的活动水平投入即将进行的旅游活动。因此，它又是未来活动水平和努力程度的心理准备状态。人们对每一个旅游点，对每一项旅游活动，以及对开展旅游活动所必需的各种旅游条件，都会产生不同的具体态度，从而预示人们将做出不同的选择。一个人对某项旅游活动具有良好的态度，就预示着他参加这项旅游活动的可能性很大。这就是旅游开发者和旅游经营者关心人们的旅游态度的根本原因。

二、旅游消费者态度与旅游偏好

人们对旅游的态度一旦形成，便会产生一种对旅游的偏好。旅游偏好与旅游行为之间的关系，比旅游态度与旅游行为之间的关系更为密切，旅游偏好有可能导致旅游行为。

旅游偏好，就是潜在或现实旅游者对某一旅游产品或旅游目的地所表现出的以认知因素为主导的具有情感和意向因素成分的心理倾向。态度的强度、复杂性、态度对象的吸引力是影响旅游偏好形成的重要因素。

1. 态度的强度

态度的强度即态度的力量，指对个体对象赞同或不赞同的程度。一般说来，态度强度越大，态度就越稳定，改变起来就越困难。态度的强度与态度对象的属性密切相关。态度对象的属性就是人们在旅游活动中所寻求充分满足自己旅游需要的基本利益，即人们做出旅游决策时最关心的问题。一般来说，旅游态度对象的属性越突出，形成的态度强度就越大，游客对它的感情越浓厚，向往的旅游态度越强烈。

虽然人们对某一对象的态度强度与态度对象的突出属性有关，但态度对象属性的突出点是因人而异的，如在一个度假旅游地，对某个游客来说，气候、舒适和高尔夫球场可能很重要，但另一个游客可能认为价格、网球场和海滩是最突出的属性。另外，对于同一个人来说，随着他的需要或目标的改变，态度对象的突出属性也会发生变化。可见态度对象的属性的突出点取决于游客的需要和目标，即与期望通过旅游获得的主要利益有关。

“收益”是游客在旅游行为和旅游决策中非常重视和追求的部分。人们外出旅游的一个非常重要的目的是为了获得一定的利益。游客享用某项旅游产品和服务不仅取决于这些产品和服务本身的特点，同时也取决于它们能为游客提供某种利益。例如，人们并不是为了大海本身而去大连，而是因为大海对游客确实有许多好处，在大海里可以游泳，海边气候凉爽可以避暑，在大海里可以使人身心愉快等。对于旅游工作者来说，重要的是要按照游客所追求的收益去理解游客的行为，要能够识别与他们相联系的服务的突出属性。也就是说，要真正做到自己提供的正是游客所需要的。

2. 态度的复杂性

态度的复杂性指人们对态度对象的信息量和信息种类掌握的多少。旅游态度所掌握的信息量和信息种类多少是旅游偏好形成的重要依据。因为掌握什么样的信息，能反映出人们的心理和行为倾向。一般来说，倾向性的信息越复杂，就越能产生对某一旅游对象的偏好。当游客在选择某一个旅游目的地时，如果对该旅游地区知之甚少，所持旅游态度就会比较简单，甚至犹豫不决；如果掌握该旅游点的信息量和信息种类丰富，如景点富有特色、山清水秀、交通发达、酒店设施优良、当地风味菜点享有美名、服务质量很好，那么他就会产生对该旅游点的偏好，形成更加肯定的旅游态度。

3. 态度对象的吸引力

人们对于某一旅游对象的偏好态度的形成，关键取决于该旅游对象的吸引力。旅游态度对象的吸引力，是游客的心理特征和旅游态度对象客观属性相互作用的产物，也是游客对态度对象的主观评价。旅游态度对象吸引力越强，越可能形成旅游偏好。对于一个游客或潜在游客来说，一个旅游对象或一个旅游目的地的吸引力，不仅与其所希望寻求的特定基本利益有关，而且也与该旅游对象或旅游目的提供这种基本利益的吸引力有关。

乔纳森·古德里通过实验研究，总结出的一个计算旅游态度对象吸引力的经验性公式：

吸引力 = 个体获得利益的相对重要性 × 个体感觉到对象提供获得利益的能力

因此，对于旅游业经营者来说，要使自己经营的旅游产品获得游客的偏好，就要努力按照旅游对象或旅游目的地所提供的某种能力去改善它的形象，或提高某种基本利益的竞争能力来增强产品的吸引力。

案例分析 6-1

向推销员推销

下午一点多，在广州一家餐厅中，服务员小李接待了四位江浙口音的男士，他们入座后只是一个劲儿地喝饮料，并不着急点菜。当小李走上前再一次询问和服务时，只听他们说："腿都跑细了，身子像散了架，真不想吃东西。"小李又从他们随身携带的产品说明书、购销协议合同书来分析，他们可能都是产品推销人员。小李便招呼说："各位是产品推销经理吧？"客人答："你猜对了，今年丝绸产品出口量大大减少，厂里积压了一大批货，再推销不出去，职工的工资、奖金就难办了，这顿饭你就代我们随便点一些吧。"小李立即由衷地说："这么热的天，你们满城找百货店、商场跑推销，实在够辛苦的。这样吧，我先给各位上啤酒和四个凉菜，然后再上一个四川白肉、一个锅贴酿豆腐、一个清蒸鱼、一个青椒炒肉丝、一个榨菜肉丝汤和两盘小笼包子，怎么样？这是本餐厅价廉物美、清淡可口的夏日菜肴，欢迎各位品尝。"饭后，本来没有什么胃口的四位男士，高兴地对小李说："感谢你的热情服务，这顿饭我们吃得很开心，也恢复了体力，下次我们一定会再来这里的。"

事后，小李谈体会说："我首先分析出他们的职业，当时天气炎热，他们又疲惫不堪，我很同情他们，所以在为他们服务时，就格外地以'关怀'二字为核心所以得到了他们的认可。"

分析：影响态度偏好形成的因素有态度的强度与态度的复杂性等。案例中，本来没有什么胃口的四位男士却吃得很开心。影响客人对饭店的偏好，令客人很开心的原因在于，正好对上客人胃口的菜肴和啤酒是态度的强度，价廉物美、清淡可口的特性是态度的复杂性。

三、旅游偏好与旅游消费决策

游客对突出属性的知觉会导致旅游偏好的形成，而这些旅游偏好又产生了直接影响旅游者决策过程的意向。旅游决策过程也同消费者大多数其他类型的决策过程一样，决策者往往需要经历一系列心理上的步骤，一般要经历三个阶段（见图 6-1）。

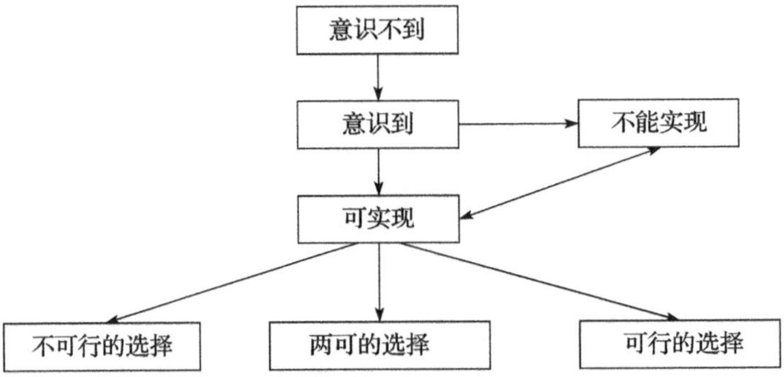

图 6-1　旅游抉择过程

资料来源：甘朝有．旅游心理学［M］．天津：南开大学出版社，2001.

1. 意识到

首先决策者必须意识到该选择是一个潜在的选择，否则任何选择都不能提到决策系统中来加以评估。例如，将天津蓟县黄崖关作为一个旅游景点加以评估之前，人们必须意识到它的存在，知道它能够供旅游资源。

2. 能否实现

意识到某一选择之后，决策者还必须判断它是否确实能实现，即从它是否有能力担负这一被选择对象的角度去考虑这个问题。例如，黄崖关旅游是否能解决食宿和交通问题，那里的安全问题是否有保证等。如果问题都可以解决，那么黄崖关就成为人们可实现的选择。当然，在人们意识到的选择中，有些选择是不能实现的选择，但经过一段时间，问题得到解决，这个选择可能又变为可实现的选择。

3. 初步筛选

在意识到某一特定选择是否能实现之后，旅游决策者就会对该项选择按照偏好形成过程去做初步的筛选。筛选可能会出现三种情况：一是选择被否定；二是对选择犹豫不决；三是认为选择是可行的。这三种情况中，第一种情况对旅游决策者来说已无意义。第二种情况有可能在获得更多的信息之后，决策者做出肯定或否定的抉择。第三种情况是某项选择会被决策者列入可行的选择范围内，但还要做更为详尽的评估，才能最后抉择。

研究消费行为的理论家们认为，可行的选择数目通常只占人们意识到并可以付诸实施的选择总数中的一小部分。在旅游决策中，据估计，绝大多数游客在为旅游选择目的地时，最多只认真地考虑 5 ～ 7 种选择。当然，可行选择的实际数目是因人而异的。另外还应看到，即便是一系列可付诸实施的和可行的选择，在未实际实施之前，还会随着情境因素和时间因素的变化而变化。也可能随着一个更为重要的选择或做出一个“坏”决定的风险的增加，人们认真考虑的可行选择的数目反而会减少。

态度影响旅游决策，对于旅游销售人员和服务人员来说，要想通过改变旅游决策者的态度影响其旅游决策，就必须设法使旅游决策者意识到旅游业所提供的具体服务项目和内容，并设法促使旅游决策者在心目中形成这些服务项目和内容是可以得到的看法，这样，旅游决策者就会把这些服务项目和内容看作解决旅游问题的可行的选择。

第三节　旅游消费者态度的改变

态度的改变　态度的习得性表明，态度是通过后天学习形成的，态度的形成过程中会受到周边环境诸多因素的影响。随着社会环境的不断变化，个体也会不断调整和改变自己原有的态度，形成新的态度，以适应社会环境的变化。

游客的态度影响着旅游行为。对旅游商品或服务持积极肯定的态度会推动游客完成旅游活动，而消极否定的态度，则会阻碍游客完成旅游活动。在旅游业竞争激烈的情况下，旅游经营者能否改变人们的旅游态度，使人们对自己经营的旅游产品产生积极肯定的态度以吸引众多的游客是旅游经营者十分关注的问题。

一、影响旅游消费者态度形成的因素

1. 旅游需求的满足情况

需求的欲望直接影响人们态度的形成。一般情况下，人们对能够满足自己旅游需求或有利于达到目标的对象持肯定的态度；而对于那些不能满足自己需求，阻碍自己达到目标的对象，则会产生排斥甚至厌恶的态度。近年来，以旅游消费者需求为主导设计旅游流程的定制旅游兴起，通过向旅游消费者提供个性化的服务，最大限度地满足旅游消费者的个性化需求，从而获取旅游消费者积极肯定的态度。

2. 个体知识与经验的影响

旅游消费者对旅游对象的态度，会受到所获得的关于旅游对象的知识的影响。获得关于对象的正面知识，会产生积极肯定的态度；受负面知识的影响，会产生消极否定的态度。例如，人们对某景区的态度可能受到促销广告、亲朋好友介绍的影响，也可能受到亲身游览所形成的直接经验的影响。一般情况下，旅游消费者的亲身经历所形成的态度更为深刻。旅游实践显示，旅游消费者的态度大都来自直接的旅游经验，尤其是大多数不愉快的旅游经历通常会给游客留下深刻印象，形成相对稳定的消极否定的态度。

3. 群体态度的影响

在现实社会里，每个人都生活在一定的社会群体之中，都与一定的社会群体（如家庭、学校、工作单位、社会活动组织）相关联，每个社会团体的成员都有一些需要共同遵守的成文或不成文的行为规范，因此社会群体的规范和习惯会形成一种无形的力量，影响群体成员的态度。如果个体的态度与社会群体的态度一致，就会得到群体的认同和支持，反之，则会受到来自群体的压力。例如，一个人对旅游的已有态度与家庭中其他成员的态度相反，那么他的态度强度就会发生变化，甚至转而认同其他家庭成员的态度。

4. 其他因素的影响

个人创伤性或戏剧性的经验会影响或强化人们的旅游态度。例如，旅途中，乘坐飞机由于飞机故障或恶劣气象等原因造成的紧急降落，会使人们改变对乘坐飞机的态度，可能在今后的旅行中，尽量避免选择飞机这种交通工具。旅游活动中的戏剧性经验也会影响人们旅游态度的形成。例如，在徒步探险过程中发现珍稀动植物，在某景点见到罕见的自然景观，在旅行途中与萍水相逢的朋友建立深厚友谊，等等，这些体验会极大地强化对旅游的积极肯定态度。

二、旅游消费者态度的改变

1. 更新旅游产品，提高旅游产品质量，塑造优质品牌

（1）完善旅游基础设施的建设。旅游基础设施包括交通、通信、金融、文化娱乐、宾馆饭店等。旅游产品是无形的，但旅游从业者会尽最大可能利用有形的设备提供服务，如交通工具、住宿、娱乐设施等。所有这些有形设备都影响着人们对各种旅游服务公司的态度的形成。并且，有形的设备可以根据刺激人们形成肯定态度的方式加以改变。所以，为了促成人们形成更为肯定的态度，必须不断完善旅游基础设施的建设。

（2）采用先进科学技术，提高服务质量。采用先进科学技术，可以简化服务过程，既节省了时间，又方便了游客，有助于游客形成更加肯定的态度或变消极的态度为积极的态度。如网络预订机票，免费预定客房，饭店的中央预定系统等在旅游服务中的运用，都可以促使游客对获得的服务持肯定的态度。另外，在服务时间上为游客提供便利也可以获得游客的好评，如航空公司提供方便的起飞时间，汽车出租公司开展昼夜服务，饭店规定方便的结账时间等都可以改变游客态度。

（3）培训从业人员，提高服务素质。旅游产品是一种服务性产品，服务人员的素质直接关系产品的质量。旅游服务产品不可能像实物产品那样可以在形制上加以改变，但是可以通过改变旅游从业人员的态度和仪表、服务技巧或方式等方法使游客改变对旅游服务产品的态度。因此，旅游企业对旅游从业人员要进行业务训练，更新服务知识和技能，提高服务水平。

（4）运用价格策略。对一般人来说，旅游服务项目的价格是一个比较突出、比较敏感的问题。因此，适当地运用价格策略，可以使游客产生“公平合理”的感觉。例如，在物价上涨的情况下，降低一些产品的价格或保持价格不动，但增加服务的品种和项目，可以收到较好的效果。

（5）打造优质品牌，树立产品形象。当今，旅游业发展已进入了品牌经营时代。品牌的优势正在成为旅游业发展最大的优势。企业是否拥有知名的品牌，反映其持续发展能力的大小。打造优质品牌，树立清晰易辨、鲜明有力的品牌产品形象是吸引人们注意力，促使旅游态度改变的重要手段。

首先，产品设计要考虑旅游者的旅游需求，针对多元化的旅游市场需求来设计旅游品牌。特别要注意在旅游产品设计中注入文化元素，增强旅游产品的吸引力；要充分考虑旅游产品的品位、质量及规模，突出旅游产品的特色。其次，旅游品牌形象要独特。旅游品牌最基本的形象就是“安全、文明、舒适”。要塑造良好的品牌形象，除了要有优势的品牌品质和服务外，还要建立良好的诚信制度和价格形象。最后，加强品牌的不断创新。中国传统旅游目的地的旅游产品大多已经趋于成熟，相对来说在旅游者心目中的形象已根深蒂固，同时还需开拓创新品牌知名度高、对游客有长久吸引力的旅游产品。

2. 加大宣传营销的力度

态度的形成和转变与游客掌握态度对象的信息及促销手段密切相关。通过旅游宣传，向旅游者传送新的知识和新的信息，加大产品促销，有助于旅游态度的改变。在旅游宣传营销的过程中，要注意以下几个方面的问题。

（1）宣传内容要真实可信。就是说旅游宣传要实事求是，既不能夸大，也不要缩小。夸大会使游客产生怀疑和不信任，而缩小则难以引起旅游者的充分注意，二者都会损害宣传的效果。

（2）宣传要切合游客心理。对于不同地区的不同居民，要根据地理状况、经济条件、文化、政治等条件不同进行不同的宣传，投其所好。例如，向欧洲地中海地区的居民宣传中国的北戴河、海南三亚风光是不可能吸引游客的，但如果推出故宫、长城、兵马俑、京剧、中国菜等，则会获得极佳的宣传效果。宣传材料的组织上对不同的游客也不能一样。如对于受教育程度低的人来说，单方面宣传容易转变他们的态度；对受教育程度较高的人，正反两方面的宣传效果更好。人们最初的态度与宣传者所强调的方向一致时，单方面的宣传有效；最初的态度与宣传者的意图对抗时，则正反两方面宣传更为有效。还要根据游客的心理特点进行宣传，要能引起游客心理的共鸣。比如宣传时注意诱发游客的感情、权威暗示，利用中立舆论、巧用逆反心理等。

（3）要进行重复式宣传。较弱的态度比强烈的或极端的态度更容易改变。改变一种强烈的态度需要更长的时间与耐心，因为必须一点点地加以消除。持有强烈态度的人，必须反复接触新信息，才能逐渐削弱其防御机制。研究表明，重复是改变强烈态度的关键之一。必须使具有某种态度的人知道改变态度的充分理由。一次性的宣传不能给人们留下深刻的印象，只有反复进行宣传才会产生印象积累，刺激游客的记忆，逐渐削弱其防御机制，促使其改变态度。

（4）营销手段要多样化。旅游营销是改变人们的旅游态度、推销旅游产品的主要手段。为适应人们不断变化的和多样化的旅游需求，针对当前旅游客源市场竞争日益激烈的形势，必须拓展营销方式，实施多样化的全方位的宣传营销。宣传营销的主要形式有：广告、专栏报道，如在旅游类的报纸和杂志上登载风景名胜、旅游消息的广告，向报纸、电台、电视台提供新闻资料等，重点介绍最新旅游消息；举办旅游讲座；邀请外国旅游客商和国外报道联络员配合选题；参加或举办海外展览，包括交易会、博览会、展览会等；派遣旅游代表团出国做访问宣传；宣传印刷品的编辑、发行等。

（5）宣传目标要明确具体。即宣传时应确定目标，逐步提出要求，不断减小差距，直至最后到达目的。旅游宣传是一个循序渐进的过程，目标要求过高，游客无法适应；目标要求过低，游客则不能产生兴趣。只有目标明确、具体、适当，对游客态度的改变才能产生重要的作用。

3. 引导参加旅游活动，激发潜在动机

俗话说“百闻不如一见”，实际的旅游活动能够促进人们积极的旅游态度。要转变一个人的态度，必须引导其积极参与有关活动。例如，对一个不太热衷体育活动的人，与其口头劝说，还不如动员他去运动场活动一下。要改变游客的态度也是一样，组织一次旅游活动，邀请特定的人来参加，让其亲身体验一下旅游活动带来的乐趣，就有可能从此改变其对旅游活动的态度，从而成为旅游活动的积极分子。

潜在动机的激发是设法提高这一动机在个体知觉中的地位，从而影响个体旅游决策。例如，某人不喜欢拥挤的人群，认为迪士尼乐园终年游人拥挤不堪，从而对迪士尼乐园持否定态度。但当提醒其对孩子的责任时，他的责任感就上升了，就会改变原来态度。此人满足其孩子需要的动机是潜在的，也就是说，是隐藏在决策过程之外的，认清并激发这样的潜在动机，可能激发特定类型旅游行为。

案例分析 6-2

态度改变——糖果实验

心理学家布莱姆以儿童作为实验对象做了个有意思的实验。他告诉孩子们，有一些糖果给他们吃，他们可以在两种糖果中任选其一。

布莱姆与孩子们说完这些话就走了。他的助手走进房间但并没有像布莱姆说的那样做，他只是随机将一种糖果发给每一个孩子，而不是让孩子们自己来挑选。这一过程结束后，布莱姆再次现身。通过与孩子们的谈话，他了解到，原本孩子们评价说自己是喜欢某种糖果的，但是当他们被强行塞给某种糖果后，他们的看法改变了，认为原来自己喜欢的糖果不好看或者不好吃了。本来孩子们预期自己可以选择喜欢的糖果，结果当他们发现实际上并非如此，就会感到自己被加上了一种额外的束缚，导致了对本来喜欢的东西也不喜欢了。

分析：心理学家认为，人们为了自己内心处于平静与和谐的状态，常常在认识中去寻求一致性，不协调时必然会导致人们心理上的不和谐。心理上的不和谐对于一个人构造自己的内心世界是有影响的，所以常常要推动人们去重新建构自己对外部世界的看法。

课后讨论与设计

好朋友间的“争执”

暑假里，小红和小黄决定外出旅游，有几个旅游目的地可选择：桂林、青岛和南京。通过对时间、距离和景点等特征因素做对比，他们选择去南京。因为南京有小红的妹妹在那里工作，可以节省住宿费用，而且有免费的导游服务。在游玩中，小红对文化遗产景点很感兴趣，而小黄却喜欢自然风光。两个人在出去游玩的景点上出现了分歧，互不相让。最后，只好分别行动，自己选择自己喜欢的景点。

问题：分析小红和小黄对于同一个旅游目的地表现出了完全不同的旅游偏好的具体原因。请结合某个旅游景点进行旅游偏好营销设计。

复习与实践

一、判断题

1. 旅游偏好主要取决于旅游产品属性的突出程度和旅游产品所能提供收获的能力。 (　　)

2. 在间接经验的基础上形成的态度稳定而难以改变，常常可以作为预示人的行为的重要依据，个人能更多地表现为态度与行为的一致性。 (　　)

3. 俗话说：“美不美，家乡水；亲不亲，故乡人。”这句是情感战胜理智的例子。(　　)

4. 游客主要是为了求得尊重，因此，只要态度好就行了。 (　　)

5. 态度的强度即态度的力量，它是指个体对对象喜欢还是不喜欢。 (　　)

二、选择题

1. “桂林山水甲天下”反映了旅游态度的（　　）。
   A. 认知因素　B. 情感因素　C. 意向因素　D. 舆论因素
2. 下列选项中是态度核心的是（　　）。
   A. 认知成分　B. 意向成分　C. 人格成分　D. 情感成分
3. 下列选项中哪一个不是态度的特性（　　）。
   A. 对象性　B. 习得性　C. 稳定性　D. 社会性
4. 人们对某一事物赞成、反对或喜爱、厌恶的程度，强调的是态度的（　　）。
   A. 价值性　B. 对象性　C. 强度　D. 稳定性
5. “曾经沧海难为水，除却巫山不是云”反映旅游态度形成中的（　　）因素。
   A. 需要的满足　B. 深刻经历　C. 群体态度　D. 知识经验

三、思考题

1. 态度的特征是哪些？
2. 态度的功能是什么？
3. 简述旅游抉择的过程。
4. 影响旅游消费者态度形成的因素。
5. 怎样进行旅游宣传营销？

四、案例分析题

沿海某城市的一家餐馆里，热闹非凡，然而正中央的一张小方桌有3位客人愁眉不展。这一切都被服务员小林看在眼里，她估计是客人对刚才递去的账单有意见。小林满脸笑容向那位看上去今晚做东的客人走去，亲切地问道："先生，需要我效劳吗？"

客人便吐露了不快的根由，他们3位坐下点菜时曾估算过这顿晚餐的价格在200元以下，可是账单却写着503元，他们弄不懂是什么原因，这家餐馆信誉还是不错的，不可能故意这样做。小林听完先安慰客人，接着便到账台上去核查，她很快便搞清楚了缘由，问题出在大份酸熘黄鱼上。菜单上写明"每50克22元，"而客人误以为一份才22元。那份黄鱼重750克，应该计价330元。

小林想，尽管菜单上已经写明这道菜以重量计价，但点菜的服务员少做了两项工作：一是客人点酸熘黄鱼时，应追加一句，讲清这道菜按重量计价，这样可以避免客人的误解；二是凡按量计价的菜肴，服务员更要把工作做到家，主动询问客人对数量的具体要求。有些餐厅在客人点了海河鲜后，服务员还先用网兜把鱼拿去让客人过目后再下锅。而这3位客人点菜之后，服务员忽视了这两个环节，现在桌上剩余了小半条鱼，还要支付大大超出预计的钱，客人自然不满意了，餐馆也有一定的责任。

小林又回到餐厅，向客人检讨了服务工作的不足，随后又走进办公室，请示经理后决定给那桌客人8折优惠。当小林把意见告诉客人时，客人愁云顿时消失。接着小林又把吃剩的鱼打包，并向3位客人致歉，原先满腹怨言的客人此时已露出感激的微笑。

案例中小林是怎样一步步改变客人态度的？

五、实践题

请运用旅游目的地吸引力的计算公式"吸引力＝个别利益的相对重要性 × 旅游目的地提供个别利益的可见能力"来计算一下下表中A、B、C、D四个度假地，王先生会选择哪个去度假。

度假地	属性			
	购物	历史景点	餐饮	价格
A	10	8	6	4
B	8	9	8	3
C	6	8	10	5
D	4	3	7	8

赋予购物的重要性是40%，历史景点是30%，餐饮是20%，价格是10%。

第七章 旅游者个性与旅游行为

》问题导入

随着80后、90后逐步成为消费主力，这些在物质条件更优越、文化氛围更浓厚的环境中长大的“后浪”们，对品质、文化、艺术、时尚的追求，对规模化生产、价格战、“审美泛化”等现象和潮流的反思，都让其消费需求呈现出不同的内涵和表现形式，也将现代的文化旅游生活方式更多指向了具有精神内核的生活美学。

思考：影响当代青年旅游消费者个性形成和发展的因素有哪些？

》学习目标

1. 了解个性的概念及个性形成的各种影响因素；
2. 了解个性气质的特征；
3. 分析个性结构、气质与旅游行为的关系；
4. 理解基于不同个性的营销和服务策略的制订。

》本章重点、难点

1. 个性的概念、特点和影响因素；
2. 个性类型的分析；
3. 气质的概念、类型；
4. 不同气质类型的旅游倾向；
5. 个性营销的概念。

每个人都有自己独特的个性。在社会交往中，有的人的行为举止、音容笑貌令人难以忘怀，而有的人则很难给别人留下什么印象；有的人虽只见过一面，却给别人留下长久的回忆，而有的人尽管长期与别人相处，却从未在人们的心目中留下印记。出现这种现象的原因就是个性在起作用。一般来说，鲜明的、独特的个性容易给人以深刻的印象，而平淡的个性则很难给人留下印象。学习和研究个性的相关知识对旅游工作者具有十分重要的意义。

第一节 个性概述

个性 是个体比较稳定的心理倾向和心理特征的总和。个性倾向性是个体比较稳定的心理倾向和心理特征的总和。

一、个性的概念与特征

1. 个性的概念

英文的"个性"一词来自拉丁文 persona，原指演员所戴的"面具"，后来泛指人物、角色及其内心的特征或心理面貌。在心理学中，广义的个性与人格是同义词，指个人的一些意识倾向和各种稳定而独特的心理特征的总和。狭义的个性通常指个人心理面貌中与共性相对的个别性，即个人独具的心理特征。欧洲也有些心理学家把人格看作是性格的同义词。本书采用以下定义：个性是个体比较稳定的心理倾向和心理特征的总和。

（1）个性倾向性。指人在活动过程中，对事物所持有的看法、态度和意识倾向，是个性结构中最活跃的因素，决定着人对周围世界认识和态度的选择和趋向，具体包括：需要、动机、兴趣、爱好、态度、理想、信仰和价值观。个性倾向体现了人对社会环境的态度和行为的积极特征，对消费者心理的影响主要表现在心理活动的选择性，对消费对象的不同态度体验，以及消费行为模式上。

（2）个性心理特征。指个体区别于他人，经常、稳定地表现出来的心理特点，是多种心理特征的组合。主要包括能力、气质、性格，比较集中地反映了人的心理面貌的独特性、个别性。其中，能力标志着人在完成某种活动时的潜在可能性上的特征；气质标志着人在进行心理活动时，在强度、速度、稳定性、灵活性等动态性质方面的独特结合的个体差异性；性格则更是鲜明地显示着人在对现实的态度和与之相适应的行为方式上的个人特征。

2. 个性的特征

（1）独特性。每个人的个性都具有自己的独特性，如有的人脾气暴躁，有的人性格温和；有的人喜欢热闹，有的人喜欢安静。即使是同卵双胞胎长大成人也同样具有各自个性的独特性，这是因为个性是受遗传、环境、后天学习等多因素影响的，这些因素都会有所差异，所以人与人之间的个性不会完全相同。

（2）整体性。个性是个完整的统一体。个性倾向、心理过程和个性心理特征在每个人身上都不是孤立存在的，而是有机地结合在一起并作为整体的。正常人的行为并不是某一特定成分（如能力或情感）运作的结果，而是各个成分密切联系、协调一致的结果。

（3）稳定性。人的个性是在一定的社会历史条件下，通过长期社会生活逐渐形成的，并且一旦形成，就具有相对的稳定性。一个人的行为中也会表现出一些偶然的心理特征和倾向，但这些并不能表示他的个性，只有比较稳定的、经常表现出来的心理特征和倾向才能表现其个性。"江山易改，本性难移"就很形象地说明了这一点。

（4）可塑性。也可称作发展性，指个性是随着人的成长，其心理不断丰富、发展、完善，逐渐形成的，而且随着社会环境和人际关系的变化，人的个性也会发生或多或少的变化。需要强调的是，可塑性与稳定性并不矛盾，个性所体现出来的稳定性是相对的，而不是绝对的。例如，一个平时活泼快乐的人，突遭重大变故，精神受到重大打击，由此可能会变得沉默寡言，个性发生变化。

（5）社会性。是个性的最本质特征。个性是社会关系的客体，同时它又是一定社会关系的主体。个性是一个处于一定社会关系中的活生生的人和这个人所具有的意识。

二、个性的形成和影响因素

个性是在一定的历史条件下，在先天遗传、生存环境和社会实践的综合作用中逐渐形成的，同时遗传因素、环境因素和社会实践因素也成为影响个性的主要因素。

1. 先天遗传因素

"个性是天生的"，这句话有一定合理性，个性的形成过程中的确有一部分受先天遗传的影响，而且这是最早对人的个性产生影响的因素。但是，遗传因素对个性的形成和发展产生的只是基础性作用，并不是决定性影响因素。

2. 环境因素

影响个性形成和发展的环境因素很广泛，比较重要的因素有家庭环境、学校教育和社会文化等。

（1）家庭环境。在个性形成中，家庭影响是最初的根源。家庭对子女的教育，除了按社会的要求使其发展成为适合社会要求的人以外，还以自己的家庭特点给子女影响，对人早期尤其是儿童时期的个性影响是最大的。家庭成员，特别是父母是儿童最早的学习对象，他们的生活经验、价值观念、行为方式、教育态度和教育方法等都可以通过直接的或间接的方式影响儿童个性的形成，儿童在家庭中的地位也会在他的个性中留下深刻的烙印。例如，儿童受家长的溺爱，会养成任性、娇气、执拗等不良性格。

（2）学校教育。指有目的、有计划、有组织地培养人的活动，在人的身心发展中起主导作用，给人的影响比较全面、系统和深刻。与其他环境因素相比，学校教育能更好地排除和控制环境中的一些不良因素对人的影响，给人更多正面的引导，从而使人的个性朝着更符合社会规范和价值观的方向的发展。

（3）社会文化。每个社会的文化都有各自的特点，文化模式一旦形成就会反作用于人的心理，对人的个性产生影响。一个社会要求其成员有大体上共同的行为模式，不同的社会看待问题的角度、解决问题的方法和行为模式是不相同的。例如，中国提倡尊老爱幼，年轻人给老年人让座是美德，在一些西方国家，给老年人让座或提供帮助反而被认为是对其不尊重。

3. 社会实践因素

家庭环境、学校教育和社会文化只是个性形成和发展的外因，至于个体究竟会形成什么样的个性，主要取决于他们各自经历的社会实践过程。在社会实践中，个体扮演特定社会角色，承担一定的社会责任，必须适应社会环境才能生活和发展，这促使个体形成和发展符合社会要求的态度体系、行为方式等个性特征。例如，军人的严谨性是通过长期的部队生活培养出来的，即使离开军队，这种良好的特征也会保持下去。

三、个性与旅游行为

1. 个性特征与旅游行为关系

对个性特征的研究重点放在个人对环境中一再出现的刺激和事件的稳定的反应方式上，确定和分析个性的大量研究工作，是以个性特征的测量和评价为基础的，如，戈登的个性特征测验图和爱德华的个性爱好表等测试，但是对个性特征与旅游行为关系的研究并不多。1969 年，加拿大旅游局根据对加拿大成年人的抽样调查，首次揭示了个性特征与度假旅游行为之间确实存在某些实质性的联系。研究结果表明，度假旅游的加拿大人的个性与那些假期待在家里或从不度假的人相比，更加活跃、有信心、善于交际，游客对交通工具、出游季节、目的地及具体旅游计划的选择也和个性密切相关（见表 7-1）。

表 7-1　特性特征和加拿大人的度假旅游

个人度假类型	个性特征
度假旅游者	沉思、活跃、善于交际、开朗、好奇、有信心
非度假旅游者	沉思、被动、抑制、认真
非度假者	焦虑
驱车度假者	沉思、活跃、善于交际、开朗、好奇、有信心
乘飞机度假者	非常活跃、非常有信心、沉思
乘火车度假者	沉思、被动、冷淡、不善于交际、忧虑、依赖、情绪不稳定
乘公共汽车度假者	忧虑、依赖、敏感、敌意、好斗、放纵
国内度假者	活跃、开朗、无忧无虑
国外度假者	有信心、信任、沉思、冲动、勇敢
男性度假者	沉思、勇敢
女性度假者	冲动、无忧无虑、勇敢
探亲访友者	被动
游览“旅游胜地”	活跃、善于交际、沉思
观光者	沉思、敏感、情绪不稳定
户外活动者	勇敢、活跃、不善于交际、忧虑、喜怒无常
冬季度假者	活跃
春季度假者	沉思
秋季度假者	情绪稳定、被动

从表 7-1 可以看出，个性特征确实能够影响旅游行为，虽然不能单凭一项研究就得出结论，但是可以帮助我们更好地理解为什么游客在旅游环境中会做出不同决策。

2. 个性类型与旅游行为地关系

根据个性特征，可以把人们划分为不同的类型。卡伦·霍尼将儿童的个性划分为温顺型、进取型、孤独型 3 种类型；社会学家戴维斯·里斯曼根据社会特性提出了个性类型理论；最著名也是最常用的归类方法是把人的个性分为内倾型和外倾型。但是以上理论并没有直接说明个性类型与旅游行为之间的关系，比较能说明问题的是美国社会心理学家斯坦利·C. 普洛格的研究，他在《旅游区为何时而受欢迎，时而被冷落》一文中，将个性分为精神中心型和异中心型两类。精神中心型的人显然对生活的预见性有强烈的要求，他们喜欢前往熟悉的旅游，不喜欢猎奇探险，他们的旅游动机更多偏向休息和娱乐，并倾向于有条不紊的出行安排。异中心型的人则希望生活中出现不可预见的东西，喜欢探险，更倾向于体验全新的旅游经历。两种类型旅游者的个性特征影响了他们对旅游目的地的选择（见表 7-2）。

表 7-2　精神中心型和异中心型旅游者的个性特征

精神中心型	异中心型
选择熟悉的旅游目的地	选择未开发的旅游地区
喜欢旅游目的地的一般性活动	喜欢获得新鲜刺激和享受新的喜悦
选择晒日光浴和游乐场所，包括无拘无束地休息	喜欢新奇、不同寻常的旅游场所
活动量小	活动量大
喜欢能驱车前往地旅游目的地	喜欢乘飞机去旅游目的地
喜欢现代化的旅游设施	不一定要现代化的旅游设施
喜欢家庭氛围，熟悉的娱乐活动，不喜欢异国氛围	愿意接触异国文化和风俗习惯
准备好齐全的旅行装备，全部行程事先安排好	旅游活动安排留有较大的余地和灵活性

斯坦利在研究中发现，典型精神中心型的人一般对知名的旅游胜地感兴趣，而典型异中心型的人则对那些鲜为人知的旅游目的地更感兴趣。大多数人属于中间型，他们既不想冒险，也不害怕旅游，现在最受欢迎的旅游地是他们的主要目的地（见图 7-1）。在某一时间段

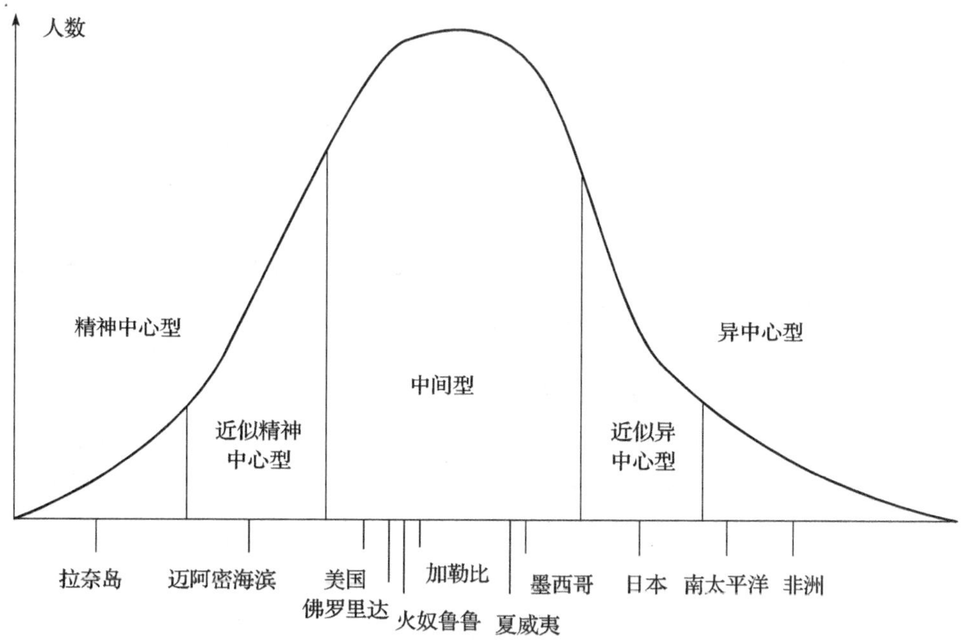

图 7-1　个性类型与旅游地关系图

内，游客的个性类型与旅游目的地有关系，但是这种对应的关系并不是一成不变的，随着时间推移，一些游客的出游行为会沿着精神中心型向异中心型的方向从左向右移动，会随着旅游活动的开展和深入逐渐变得活跃起来，精神中心型的人会发生变化，而中间型的人会变成近似异中心型的人。同时，随着时间的推移，旅游胜地也会沿着精神中心型向异中心型的方向移动和变化，原本只有异中心的人感兴趣的旅游目的地，会逐渐吸引更多类型的游客观光，从而使旅游地走向商业化，变成更受欢迎的旅游胜地。

案例分析 7-1

祝您早日康复！工作开心！

初冬的衡阳刮着冰冷的风，天刚亮，住在华天大酒店 1406 房的客人，便提着手提包出去了。中午匆匆忙忙回来了一会儿又出去，直到晚上 10 点左右才回来。一连两天，都是如此。客人看上去不苟言笑，服务员小彭不禁对他注意起来。从入住单上得知，他是杭州一家知名企业的总经理，将在酒店住一个星期。

在为客人清理房间时，小彭发现他的抽屉里有一瓶胃药，于是给他倒了一杯白开水并留言："桌上的白开水是特意给您倒好的，请您放心饮用，希望您注意身体，不要工作太久，多穿衣服，以免感冒，祝您早日康复！工作开心！"

写完之后，小彭觉得一份留言太过普通，心想，何不再配上一朵亲手制作的小花呢？说干就干，小彭找来回收的花泥，用刀削成小方块，中间插上一朵小花，用包装纸扎好，一份精巧的礼物便做好了。

小彭将花放到客人的房间，并想象着客人看到小花时微笑的样子。可第二天小彭依然没有看到客人的笑容，但小彭并不泄气，仍然每天仔细打扫房间，倒上一杯白开水，并为客人送上一朵别致的小花。

一周很快过去了，客人要离店。临走前该客人特意找到小彭，主动攀谈起来："小彭呀，我这几天一直忙于工作，其实对于你们细心周到的照顾和关注我一直记在心里，非常感谢你为我做的一切，这是 100 元人民币，请收下吧！"小彭婉言拒绝，并对客人说："我们的服务能得到您的肯定，就是您给我们的最大回报，欢迎您下次还来衡阳华天。"听了这句话，客人露出难得的一笑。

分析：小彭之所以赢得客人的肯定，除了其细心的观察和贴心的服务以外，主要原因在于其个性特征。个性是一个人独特的、相对稳定的心理倾向和特征的总和。个性包括相互联系的两个部分，即个性倾向和个性心理特征，每个人都有自己的特点，这些特点会影响他们的工作、交往和生活。案例中的客人，个性内敛、稳重，不善于表露情绪，内心满意却不会表现在脸上；小彭的个性是热情、活泼、坚韧，不会因为客人没有露出笑容便退缩，而是选择持之以恒。在管理过程中，如果管理者能充分了解员工的个性特征，使每位员工能"人适其事，事得其人"，就能更好地激发员工的内在潜力，并大大提高员工的工作满意度。

第二节　旅游消费者气质与旅游倾向

气质　指个体心理活动的典型的、稳定的动力特征。这些动力特征主要表现在心理过程的强度、速度、稳定性、灵活性及指向性上。

旅游消费者的气质差异决定了消费者对自身获得价值的不同感受。研究旅游消费者不同气质类型的成因以及变化规律，对于了解其旅游倾向具有极其重要的意义，这也是进行旅游营销策略决策的重要前提。

一、气质的定义

心理特征是个性的重要组成部分，是人在认知、情感和意志活动中形成的那些稳固而经常出现的意识特性，主要包括能力、气质和性格。在现实生活中，我们经常能够看到有的孩子活泼好动，有的孩子平静安稳，而有的孩子胆小畏缩，这些与生俱来的差异就是心理学中所说的气质上的差异。

气质（temperament），就是表现在心理活动的强度、速度、灵活性、持久性和指向性等方面的一种稳定的心理特征，与性格、能力共同构成一个人的个性心理特征。气质的差异性表现在人的认识、情感、言语、行动中，主要表现为心理活动发生时情绪体验的强弱、意志力的大小、注意集中时间的长短、知觉或思维的快慢、外部表现的隐显等动力特征。

人的气质差异是先天形成的，不易改变，没有好坏之分，受神经系统活动过程的特性制约。不同的气质给人的言行涂上某种色彩，但是不能决定一个人的社会价值，也不直接具有社会道德的评价含义，任何气质的人只要通过自身努力都能在不同的领域取得成就，但也可能一事无成。应当注意的是，某种气质的人更容易形成某种性格，性格可以在一定程度上掩饰、改变气质。

二、旅游消费者气质类型

关于气质类型的研究，主要有体液说、神经活动说、气质模型说、血型说、体质说等。关于气质类型有很多划分标准，公元前 5 世纪，古希腊医生希波克拉底就提出气质由人体内体液决定的学说。他认为人的体内有 4 种体液：血液、黏液、黄胆汁和黑胆汁，这 4 种体液协调，人就健康，否则人就会生病。希波克拉底根据这 4 种体液在人体中的比例，将人的气质划分为 4 种基本类型：多血质、黏液质、胆汁质和抑郁质。多血质的人体液混合比例中血液占优势，黏液质的人体内黏液占优势，胆汁质的人体内黄胆汁占优势，抑郁质的人体内黑胆汁占优势。此后罗马医生哈林用拉丁语 emperametnum 一词来表示这个概念，这就是英文“气质”一词的来源。一般人们习惯于用希波克拉底的体液说来描述一个人的气质类型和表现特征，但是在现实生活中，单纯的属于这 4 种气质类型的人并不多，大多数人是四种气质相互混合、渗透，兼而有之的。有些人是两种气质的混合型，如多血—胆汁型、抑郁—黏液型，有些人则是 3 ～ 4 种气质的混合型。

巴甫洛夫·伊凡·彼德罗维奇是俄国著名的生理学家、心理学家和高级神经活动学说的创始人。巴甫洛夫从高级神经活动的特点来分析人的气质，他在研究动物的条件反射时，发现大脑神经系统有 3 个基本特性：强度、灵活性和平衡性。强度指神经细胞接受强烈刺激的能力或持久工作的能力和耐受力；灵活性指兴奋过程或抑制过程相互转化的速度；平衡性指兴奋过程和抑制过程的相对均势或优势。巴甫洛夫根据这 3 个特性的不同组合，将高级神经活动分为 4 种基本类型，即活泼型、安静型、兴奋型和抑制型，分别和希波克拉底的 4 种气质类型相对应，即 4 种典型的高级神经活动类型的行为表现（见表 7-3）。巴甫洛夫的观点得到后继者的进一步发展，如捷普洛夫和涅贝利岑等主张研究神经系统的各种特性及其判定指标；梅尔林主张探讨神经系统特性与气质的关系，强调神经系统的几种特性的组织是气质产生的基础。

表 7-3　气质类型与个体行为特征

气质类型	神经活动特点	神经类型	行为特征
多血质	强、平衡、灵活	活泼型	活泼、好动、敏感、反应迅速、喜欢与人交往、但做事缺乏持久性，注意力容易转移
黏液质	强、平衡、不灵活	安静型	安静、稳重、坚毅、反应迟缓、善于克制、情绪不易外露，但容易冷漠、固执、缺乏灵活性
胆汁质	强、不平衡	兴奋型	直率、热情、精力旺盛、容易兴奋，但自我控制能力较差、容易冲动、感情用事、心境变化剧烈
抑郁质	弱	抑制型	孤僻、行动迟缓、想象丰富、敏感多疑、感情脆弱、善于观察细节，但踏实稳重、细心、守纪律

此外，A. H. 巴斯和普洛明提出气质的 EAs 模型，用气质的 3 种倾向，即情绪性、活动性和交际性作为指标划分气质类型。A. 托马斯和切斯提出儿童气质的 9 个维度，并据此将气质划分为易教养型、困难型和缓慢发动型 3 种类型。

三、气质与旅游倾向

在旅游活动中，不同游客具有不同的气质类型，并通过言行举止表现出来，通过分析不同气质类型的游客与其行为之间的关系，可以更好地提供个性化的旅游产品和服务。

1 多血质游客

多血质的游客活泼好动，比较喜欢参与刺激性强、花样多的活动。他们乐观开朗，对人热情大方，喜欢与他人交往，并能很快与他人熟悉起来，他们思维敏捷，理解能力强，比较感性，对各种新闻都很敏感。但是这种游客的感情多变，和他人结成的友谊比较短暂，也不深厚，会给人留下浮躁、缺乏耐性的感觉。在旅游过程中，对这类游客应该尽可能多沟通，不能对他们置之不理，但交谈时尽量不要多做重复，否则他们会不耐烦。这类游客对新鲜事物充满了好奇，在活动中应尽量多向他们介绍特色饮食，每天的食谱要有变化，并将旅游目的地的娱乐活动和项目主动介绍给他们。

2. 黏液质游客

黏液质的游客喜欢清静，很少发脾气，自制力较强，做事有条不紊，生活非常有规律，情感很少外露，也不会主动与他人交谈，不容易受感动，对新的环境不容易适应，具有"怀旧"情结，反应比较迟缓。对这类习惯型的游客，在旅游过程中，要将他们尽量安排在安静的客房，与他们交谈时注意语速，尽量讲话慢一点，在他们点菜、购物过程中，应当给他们做稍长时间的比较和考虑的空间。

3. 胆汁质游客

胆汁质的游客对人热情，精力充沛，活动积极，喜欢与他人交往，讲话直率，语速比较快，喜欢与他人争论，并爱打断别人的讲话。他们的喜怒哀乐经常会表露在外，表现非常活跃，但这种游客的行为经常会表现得非常冲动和感情用事，他们比较粗心，容易遗失东西。在旅游活动中，尽量不要与这类游客发生言语冲突，也不要过于计较他们有时不顾后果的冲动言语，为他们办事速度要快，并在吃饭、入住，及出游活动中，适时地提醒他们不要遗忘物品。

4. 抑郁质游客

抑郁质的游客往往敏感、多疑、沉默寡言，他们自尊心很强，情感很少外露，不喜欢主动与人交往，表现得不合群或很羞涩，但是他们心思非常细腻，想象力丰富，情感体验深刻，能注意到一般人不易发现的细节，与他人讲话时很慢，反应比较迟缓。在旅游活动中，要注意尊重他们，主动关心他们，与他们交谈时要清楚明了，不要流露出不耐烦的表情，不要乱开玩笑，以免引起他们的误会和猜忌。这类游客要安排在比较清静的单间休息，在出游活动临时调整时，要耐心向他们解释原因，当他们生病或出现意外情况时，要给予特别的关注。

【知识链接】

陈会昌 60 题气质测验

下面这份问卷是由心理学家陈会昌编制的气质测验问卷，共计 60 题，可以帮助你大致确定自己的气质类型。在回答这些问题时，你认为很符合自己情况计 2 分，比较符合计 1 分，介于符合与不符合之间的计 0 分，比较不符合的计 –1 分，完全不符合计 –2 分。

1. 做事力求稳妥不做无把握的事。
2. 遇到可气的事就怒不可遏，想把心里话说出来才痛快。
3. 宁肯一个人干事，不愿很多人在一起。
4. 到一个新环境很快就能适应。
5. 厌恶那些强烈的刺激，如尖叫、噪声，危险的镜头等。
6. 在和人争吵时，总是先发制人，喜欢挑衅。

7. 喜欢安静的环境。
8. 善于和人交往。
9. 羡慕那种克制自己情感的人。
10. 生活有规律，很少违反作息制度。
11. 在多数情况下情绪是乐观的。
12. 碰到陌生人觉得很拘束。
13. 遇到令人气愤的事，能很好地自我克制。
14. 做事总是有很旺盛的精力。
15. 遇到问题常常举棋不定，优柔寡断。
16. 在人群中从不觉得过分拘束。
17. 情绪高昂时，觉得什么都有趣，情绪低落时，又觉得干什么都没意思。
18. 当注意力集中于一件事时，对别的事很难分心。
19. 理解问题总比别人快。
20. 碰到危险情境，常有一种极度恐怖感。
21. 对学习、工作、事业抱有很高的热情。
22. 能够长时间做枯燥、单调的工作。
23. 符合兴趣的事情干起来劲头十足，否则就不想干。
24. 一点小事就能引起情绪波动。
25. 讨厌做那些需要耐心的细致工作。
26. 与人交往不卑不亢。
27. 喜欢参加热烈的活动。
28. 喜欢看感情细腻，描写人物内心活动的文艺作品。
29. 工作学习时间长，常常感到厌倦。
30. 不喜欢长时间讨论一个问题，愿意实际动手干。
31. 宁愿侃侃而谈，不愿窃窃私语。
32. 别人说我总是闷闷不乐。
33. 理解问题常比别人慢。
34. 疲倦时只要做短暂的休息就能精神抖擞，重新投入工作。
35. 心里有话宁愿自己想，不愿说出来。
36. 认准一个目标就希望尽快实现，不达目的誓不罢休。
37. 学习工作同样一段时间后，常常比别人更疲倦。
38. 做事情有些莽撞，常常不考虑后果。
39. 老师或师傅讲授新知识技术时，总希望他讲慢些，多重复几遍。
40. 能够很快忘记那些不愉快的事情。
41. 做作业或完成一项工作总比别人花的时间多。
42. 喜欢运动量大的体育活动，或参加各种文娱活动。
43. 不能很快把注意力从一件事转移到另外一件事上去。
44. 接受一个任务后，希望把它迅速完成。

45. 认为墨守成规比冒风险强些。
46. 能够同时注意几件事。
47. 当我烦闷的时候，别人很难使我高兴起来。
48. 爱看情节跌宕起伏，激动人心的小说。
49. 对工作持认真严谨，始终一致的态度。
50. 和周围人总是相处不好。
51. 喜欢复习学过的知识，重复做已经掌握的工作。
52. 希望做变化大、花样多的工作。
53. 小时候会背诗歌，我似乎比别人记得清楚。
54. 别人说我“出语伤人”，可我并不觉得这样。
55. 在体育活动中，常因反应慢而落后。
56. 反应敏捷，头脑机智。
57. 喜欢有条理而不甚麻烦的工作。
58. 兴奋的事常使我失眠。
59. 常常听不懂老师讲的新概念，但是弄懂以后就很难忘记。
60. 假如工作枯燥无味，马上就会情绪低落。

计算方法：

胆汁质得分：2、6、9、14、17、21、27、31、36、38、42、48、50、54、58 题得分之和；
多血质得分：4、8、11、16、19、23、25、29、34、40、44、46、52、56、60 题得分之和；
黏液质得分：1、7、10、13、18、22、26、30、33、39、43、45、49、55、57 题得分之和；
抑郁质得分：3、5、12、15、20、24、28、32、35、37、41、47、51、53、59 题得分之和。

（1）分别加出以上 4 类的得分，如果某气质的得分明显高于其他 3 种，均高出 4 分以上，则可定义为该气质类型，如果该气质类型得分超过 20 分，则为典型型，如果分数在 10 ～ 20 分，则为一般型。

（2）如果两种气质类型得分接近，差异低于 3 分，而且又明显高于其他两种（高出 4 分），则可以定为两种气质类型的混合型。

（3）如果 3 种气质的分数均高于第 4 种，而且接近，则为 3 种气质类型的混合型。

案例分析 7-2

面对“二龙戏珠”的 4 种游客

在南京的玄武湖畔有一个叫“二龙戏珠”的小景观，就是用草木花卉做成的两条龙，簇拥着一颗用花卉做成的宝珠，看起来非常精致，很多游客在这里都会拍照留念，这个“二龙戏珠”的装饰物立在草坪上，周边围着用竹子做成的篱笆墙，旁边立了一块牌子，上面写着“严禁入内”。在“二龙戏珠”的正面有膝盖高的篱笆挡着，在离这个位置 10 米左右的地方，有一个缺口可以进去。在这个环境下，想拍照的游客的表现基本分为 4 种。

第一种行动最迅速，一下子就从篱笆上跳过去，跑到“二龙戏珠”前去拍照；第二种不冲动、不冒失，他们会很灵活地跨过篱笆，走到“二龙戏珠”前面去拍照；第三种做事求稳妥，不怕绕远，从缺口绕进去拍照；第四种则留在原地，就在篱笆的外面拍照，或者干脆不照。

此外，在出游过程中，也会将游客按照“二分法”分为“内向型”和“外向型”两类。以爬长城为例，如果不考虑身体方面的原因，第一次上长城的游客会分成两部分：很快就走到前面去的是外向型的，慢慢地走在后面的是内向型的。这里要注意的是，不是以游客所达到的高度为标准，而是以游客爬长城的速度为标准。但是要注意游客可能有“逆向表现”，就是与平时的表现正好相反。如有的人平时在家里不爱说话，不大喜欢运动，在旅游中却变得很喜欢说话，很喜欢动作幅度大的活动。

不管用哪种分类方法，都要考虑一个旅游团队中有没有出现“帮派”，有“帮派”时，不太容易看出客人的气质。例如，爬长城时如果“帮派”外向型的游客居多，这一帮客人就会一起跑到前面，但其中也可能有少数游客属于内向型；同样，如果“帮派”内向型的客人居多，这一帮客人就会一起走在后面，但其中也可能有少数客人属于外向型。在这种情况下，要比较准确地判断游客的气质类型，就需要从多方面来进行考察。

分析：气质是人的比较稳定和典型的、反映心理活动的速度、强度和灵活性的心理特征。人们主要通过观察行为和情绪来判断气质，在社会关系稳定、社会角色明确的条件下，人们为了适应社会，有可能改变自己的行为方式，掩盖自己真正的气质，而表现出某种“伪装”气质。但是，在旅游团特有的群体条件下，游客的行为容易表现出他们真正的占主导地位的气质类型。气质与人的生理特点直接有关，不同国家、地区，不同民族，不同语言，不同文化程度的人群中分别存在相同的气质类型。导游应该让自己的工作与旅游者的主导气质基本吻合，做到因人制宜，事半功倍。

第三节　基于旅游个性的营销与服务策略

个性营销　深入了解旅游消费者的个性类型和个性心理特征，分析其购买特征及需求，在旅游产品或服务上赋予个性化色彩，满足顾客具体的、独特的需要和愿望的营销方式。

学会分析旅游消费者的个性类型和特征，了解不同气质类型旅游者的旅游倾向，最终目的是要基于旅游个性制定营销与服务策略，让旅游项目或服务更有针对性，开展个性营销。本节重点阐述个性营销及其实施步骤。

一、个性营销

1. 个性营销的内涵

目前尚无对个性行营较为统一和明确的定义，本书认为个性营销指旅游企业通过深入了解消费者的个性类型和个性心理特征，如气质、兴趣爱好、动机、性格等，分析其购买特征及需求，在旅游核心产品、形式产品或延伸产品层面赋予个性化色彩，并通过调整营销组合，提供个性化、差异化的旅游产品或服务，满足顾客具体的、独特的需要和愿望的营销方式。

个性营销策略的主要依据是消费者的个性特征和心理倾向，强调满足消费者的个性需求，是一种以单个消费者或消费群为导向，强调个性化的营销方式，它的出发点和归宿点都是顾客个性方面的特定需求。由于不同消费者具有不同的个性特征和心理倾向，旅游企业的目标市场应根据消费者个性的不同进行划分和归类，通过产品和服务的创新，精耕细分市场，致力于创造多样化的产品和服务。

2. 个性营销的作用

（1）个性营销能满足旅游消费者不同的个性需求，提升旅游体验。例如，同样是承受巨大工作压力，希望通过旅游得到身心放松，但有人喜欢静静欣赏优美的自然风光，领略异域的风土人情；有人喜欢在旅游过程中结识新的朋友，寻求难忘的旅游经历带来的心灵上的满足；有人希望漫步沙滩，晒晒日光浴，缓解周身的疲乏；而有人则喜欢旅行中增加探险、骑行、登山甚至其他极限运动，用刺激体验来舒缓紧张的身体。这些都与游客的个性有关。了解旅游消费者不同的个性特征有助于提供不同的旅游服务，增强游客的旅游体验。

（2）服务内容和服务方式都更加个性化。随着人们生活水平与受教育程度的提高、交通条件的改善，游客对旅游内容与质量的要求越来越高，行程的安排意愿也日显个性化，由此产生了旅游供给与需求的新矛盾。传统的个性化旅游服务的内容仅限于有针对性的旅游项目或服务，随着技术的发展，企业可借助一些智能软件技术，根据用户个性特征进一步细分和定位，为用户提供更加多样化的服务与体验。例如，私人定制旅游模式，根据游客个人的爱好和出行需求设计行程的旅游模式，或者说是游客在一定程度上参与旅游机构的旅游行程设计，就能更好地获得游客对旅游设计的理智与情感认同。

（3）有利于促使消费者交换关系中的角色转变，实施限量营销。营销者是在市场交换关系中积极主动寻求交换的一方。传统的市场营销关系中，由于买方市场格局、大部分产品供大于求以及企业的激烈竞争，消费者处于被动的交换关系中。个性限量营销是企业从消费者个性需求出发，积极谋求营销策略的创新，如降低供应量、提高价格、目标消费者排除等方式，从而降低消费者可获得性，激发消费者的购买欲望，使消费者从被营销者转变为营销者角色，积极主动寻求商品交换的营销策略。

二、个性营销策略实施步骤

（1）依据个性识别旅游消费者，进行差异化分析。对旅游服务企业来说，识别企业的消费者是一切营销管理的基础。个性营销策略要求在识别消费者时，以游客个性类型为参考依据，明确顾客的气质、性格以及在出行方面的兴趣、爱好等，并对他们的个性特质进行差异化分析，按他们在消费方式上的某一两个共同特征，进行分析归类，建立个性与旅游倾向之间的关系，从而将游客划分成为具有鲜明特征的消费群体，甚至是个别对象。

（2）建立旅游消费者个性数据库。对旅游消费者进行归类后，就可以把他们作为企业的一种战略资源储备起来，作为现在和将来进行营销活动的数据基础，并在营销人员需要时能随时调出使用，这就是建立消费者数据库。旅游服务企业管理和运用消费者数据库，可分析消费者的消费轨迹，集中分析个性需求，向游客提供“按要求定制的”旅游项目和服务，从而实现互动的、一对一的个性化营销。

（3）与旅游消费者保持良性接触。只有经常与消费者保持好的接触，才能真正了解他们的个性化需求，为企业的营销提供方向。不管目标游客有没有最终购买服务，都应该与他们保持良性的接触，建立紧密的关系。对于已经消费过的游客，要了解他们对此次消费的满意度、建议或意见，并以之为依据修订个性数据库；对于最终没有参与消费的游客，也要尽量依据其个性采取合适的方式与之保持联系，从他们的角度思考问题，真正关心他们的利益，了解其个性需求。因而说，顾客关系管理（CRM）是进行个性化服务营销的基础。

（4）提供个性化的解决方案、定制化的产品或服务。这可以说是个性化服务营销的实施阶段。旅游服务企业按照游客的特定需求，为他们提供个性化的解决方案，从旅游产品设计、实施到售后服务都依据游客的需要定制产品或服务。

案例分析 7-3

伸展个性与实现自我的徒步旅游

在各种交通工具日趋完善的今天，有不少游客正舍弃便利和舒适，选择“自讨苦吃”的徒步旅行。这对久居都市的人来说，是对自我的一种挑战。在徒步旅游中，各种艰难困苦和危险随时都可能出现。困难不断，险象环生，而徒步旅游的乐趣也因此而生。

旅游界人士指出，在人们日益崇尚自然、渴望返璞归真的今天，徒步旅游作为旅游的新形式，将对越来越多的游客形成强劲的吸引力。徒步穿越不是比赛，更不是马拉松，不刻意追求速度。不论男女老少，只要身体健康，都可以参加。徒步旅游的目的是健身，获得休闲、轻松、快乐、友爱、团结。因此，在人们争相坐飞机、火车出游时，徒步旅游爱好者独树一帜，徒步走天涯，被称为“驴友”。

参加徒步旅游的人既有经济较拮据的普通大学生，也有各界成功人士。在草深林密的荒山，在人迹罕至的沙漠，在涛声阵阵的绵长海岸，他们像当年的徐霞客一样，身背沉重的行囊，脚踩坚实的土地，风餐露宿地度过一个个新鲜刺激的日子。

分析：结合上述案例，分析选择徒步旅游的人的个性特征的具体表现是什么。你认为喜欢徒步旅游的人是外倾型旅游者，还是内倾型旅游者？请解释理由。

每个人都有自己独特的风格，选择徒步旅游的人，通常有着强健的体魄，并怀着几许怀旧、浪漫的情结，他们更追求自我实现。他们认为坐着飞机、火车、汽车等交通工具东奔西走，更多的时候只是走马观花，很难让自己真正融入大自然，不但会错过途中的许多好景致，也会错失旅游中本来可以领略到的更多乐趣。

课后讨论与设计

“懒人游”的个性化旅游定制

今天要说的产品叫“懒人游”，这是一款个性化旅游定制产品，它用P2P模式解决旅游计划痛点，并以较“轻”的模式搭建双方对接的平台，让用户找到喜欢的当地“旅游规划师”，为自己制定深度旅游计划，而不提供地陪服务。它与之前产品的不同之处就在于以下几个方面。

不去挖掘游记攻略的大数据，不去复制别人走过的路线，而是让当地最会玩儿的人，根据你的需求和偏好，一对一地与你沟通交流，定制最贴近当地人生活的深度旅游计划。

帮你做计划的不是导游、地陪，而是长时间生活在当地的人。他们中有爱好摄影的软件工程师，有平面艺术设计师，有旅游规划师，还有医疗影像专业博士。这些当地人比游客更加了解目的地的吃喝玩乐、文化风俗，也比地陪更富有情怀、懂得享受生活，而且在社交平台也拥有大量的关注者。

结合旅游时间安排行程计划，规划师根据行程天数收费（目前大部分规划师价格为每天行程10～15美元，游客与规划师自行沟通，懒人游不抽取任何提成或服务费），只提供旅游规划，没有陪同，给你足够自由去探索这个城市。

懒人游的创始人冯梓哲认为，目前自助游的人都会在网上先看游记、找攻略，但冗长的游记中有用的信息大同小异，就像是在“复制”前人的路线，很多人其实还是不会玩儿，追求着深度游，但又往往错过了一个城市的生活体验。冯梓哲提到了“易到用车”和“Uber”，懒人游和它们的共同点也在于分享经济的意味，通过互联网将资源与用户进行对接，而且这种资源是以前市场上无法找到的，在懒人游，这些资源就是那些非旅游专业的规划师们。

懒人游已拥有超过130名规划师，规划目的地以美国为主，其中40有多名规划师发布了一篇以上的图文游记，共有312篇。2014年9月20日网站第二版上线后，界面更加精致，功能也更加完善。虽然处于起步阶段，但运营效果在冯梓哲看来，已算是很好的开始了。这一切都源于他在美国留学时，运营的@玩乐美国的微博号所积累的人气，它是美国旅游类影响最大的微博号之一，累计超过21万粉丝，主要为生活在美国的留学生与年轻职业人。而对于未来，懒人游的打算是：发展为美国旅行规划首选平台，同时发展其他国家的规划师和用户，优先侧重拥有大量留学生的国家和地区，如加拿大、英国、西欧和日韩。

思考：

1. 结合所学知识分析一下：谁是懒人游的用户？他们为什么选择懒人游？
2. 请从个性营销角度分析一下懒人游的营销服务策略。
3. 你认为懒人游的个性化旅游定制模式还存在什么问题？

复习与实践

一、判断题

1. 在旅游活动中表现为性情急躁、粗心大意的人属于多血质的旅游者。 （　　）

2. 精神中心型的旅游者一般愿意去那些比较偏僻、不为人知的地方旅游，对新奇的事物有着强烈的渴望。 （　　）

3. 人的气质是天生的。 （ ）

4. 个性心理特征包括性格、气质、动机等。 （ ）

二、选择题

1. 从气质的类型看，多愁善感的林黛玉属于（ ）。
A. 胆汁质 B. 抑郁质 C. 多血质 D. 黏液质

2. 俗话说，“江山易改，禀性难移”。这说明气质具有（ ）。
A. 可塑性 B. 稳定性 C. 两重性 D. 先天性

3. 在旅游者的气质类型中，活泼型相当于（ ）。
A. 多血质 B. 黏液质 C. 胆汁质 D. 抑郁质

4. 在人的个性形成的过程中，对个性起决定作用的是（ ）。
A. 主观能动性 B. 遗传 C. 社会实践 D. 教育

5. 下列属于黏液质主要心理特征的是（ ）。
A. 热情、果敢、精力充沛 B. 执拗、冷淡、动作迟缓
C. 情感深刻、细心谨慎 D. 活泼、机敏、感情丰富

三、思考题

1. 什么是个性？影响个性形成和发展的因素有哪些？
2. 个性类型与旅游行为有什么关系？
3. 为什么说斯坦利的游客个性类型与旅游地类型之间的联系是一种相对的、不稳固的联系？
4. 4 种基本的气质类型各表现出怎样的行为特征？
5. 根据旅游者不同的气质类型，应该在旅游活动中注意哪些问题？
6. 基于游客个性的营销服务策略应该如何制订？

四、案例分析题

某天晚上 8 点多钟，有一位美国客人来到某酒店餐厅吃饭。这位客人坐下后，不断地和服务员交谈，让服务员给他介绍有什么好吃的。他对周围一切都非常好奇，不是看花瓶、餐具，就是研究筷子架，还让服务员教他如何使用筷子。最后，他点了一个中式牛柳和一碟青菜。很快，菜就上齐了。他首先把牛柳摆在面前，迫不及待地吃了起来。只见他将一块牛柳放在嘴里咬了几下，就把牛柳吐在骨碟上，接着又连试了几块，都是如此。这时，他无可奈何地擦了擦嘴，招手示意服务员。当服务员走到他面前时，他非常幽默地说：“小伙子，你们这里的牛一定比我爷爷还老，你看看我的嘴对此非常不高兴，它对我说能否来一点它感兴趣的牛柳呢？”说完，他就笑眯眯地望着服务员，等候他的回答。服务员道歉并请他稍等一会儿，便立即去找主管。主管来了以后对这位客人说：“此菜是本酒店奉送的，免费。”他说完就走开了。这位客人结账时对服务员说：“看来今晚要麻烦送餐部了。”

1. 案例中的美国客人属于哪种气质类型？请从案例中找出依据来。
2. 假设客人是其他是 3 种气质类型的人，他们可能会怎样对待牛肉不好吃这件事？

第八章　旅游者的情绪情感与消费行为

》问题导入

小俞是一位优秀导游员。一次，他带一个旅游团由杭州赴黄山旅游。该团计划7月6日早上坐缆车上黄山，7月8日步行下山。在去黄山的途中，小俞了解到，团中有一位年过六十、行动不便的游客。在山下那天，小俞主动找这位老先生聊天，意欲劝阻他上山，因为7月8日要步行下山，这位老者肯定承受不了。但还没等小俞把意图说出来，这位老先生先道出了他想登黄山赏奇景的夙愿，并说这次的目的就是圆他近半个世纪的黄山梦。然而，如果让这位老者和旅游团一起下山则势必耽误大家的时间，怎么办呢？

为此小俞和领队、地陪聚在一起商量，拿出了两套方案。晚饭后，小俞、领队等来到老先生客房。小俞先把旅游团的行程计划介绍给老先生，并委婉地建议老先生上下山都坐缆车，但老先生听后有些不悦，他一定要登一回黄山。这时，小俞提出了第二套方案，提议老先生下山那天不去最后一个游览点，由自己陪他提早下山。老先生接受了这个方案。

下山那天，小俞带着这位老先生提前两个小时下山。一路上，石阶陡的地方，小俞就扶着老先生走，路好走时，小俞边走边为他讲解黄山美景。走累了，两人就在石阶上坐一会儿。这样，走走停停，停停走走，等他俩快到山脚时，其他团员刚好和他们会合。回到饭店后，老先生把小俞叫到自己的客房，硬是要塞给小俞钱，并说，这是他的一点心意，一定要小俞收下。

思考：小俞赢得游客认可的主要原因是什么？

》学习目标

1. 了解旅游者在旅游活动中的情绪反应，理解情绪对旅游活动的重要影响；
2. 掌握影响旅游者的情感倾向的因素，学会将情绪和情感一般原理运用于具体的旅游实践之中；
3. 了解情感营销的概念、作用和策略，理解旅游消费者积极情绪情感的激发和调控的含义。

》本章重点、难点

1. 情绪、情感的概念、功能、分类；
2. 情绪的外部表现；
3. 影响游客情绪、情感的因素；
4. 游客的情绪特征；
5. 情绪、情感对旅游行为影响；
6. 了解情感营销的概念和作用和策略；
7. 良好情绪对旅游工作的意义。

人们每时每刻都在体验着由自身的生理变化和外部客观世界的刺激引起的内心世界的喜悦、得意、悲哀或悔恨等感受，同时还常观察到别人的快乐、愤怒、忧虑或烦恼等情绪反应。心情愉快不仅能够促进身体健康，而且能保持较高的工作效率；而恼怒、忧虑会使人丧失信心。因此，学习和研究情绪和情感对于旅游工作者具有十分重要的现实作用与理论意义。

第一节　情绪情感概述

情绪和情感　指人对客观事物与自身需要之间关系的态度体验，是人脑对客观现实的主观反映，是由某种外在的刺激或内在的身体状况作用所引起的体验，只是反映的内容和方式与认识过程不同。

一、情绪与情感的概念、区别与联系

1. 情绪和情感的概念和特点

情绪和情感是复杂的心理现象，包括认知活动、生理反应和行为表现。主要有以下特点。

（1）具有独特的主观体验。主观体验是情绪和情感最主要的组成成分，是个体对不同事物的自我感受与体验，它涉及人的认知活动以及对认知结果所进行的评价。

（2）具有明显的机体变化和生理唤醒状态。表情是明显的情绪和情感的外部表现形式，它通过面部肌肉、身体姿势和语言语调等方面的变化表现出来，在情绪和情感中具有的传递自身体验的独特作用。

（3）具有独特的生理机制。在情绪和情感活动过程中，不仅大脑皮层，而且大脑皮层以下的丘脑、下丘脑，边缘系统，网状系统等部位也起着特定作用。

2. 情绪与情感的两极性

任何事物总有其正反两个方面，对立统一规律是自然、社会和思维发展变化的基本规律，情绪与情感也不例外，其两极性具体有以下几个方面的表现。

（1）肯定与否定的对立。愉快与不愉快、快乐与悲哀、爱与恨总是相伴而生，其间又存在着错综复杂的各种形式，因而肯定与否定之间没有绝对的排斥与对立，往往可以在同一个人心里或同一件事情的态度上相继或同时出现，如一个年轻的母亲对于孩子的说谎行为，一是表现为强烈的愤怒；二是表现为深沉的母爱与关怀。

（2）积极与消极的对立。健康愉快的情绪与情感可以提高人的活动能力，使人干劲倍增、心旷神怡，而愁苦伤感的情绪与情感往往使人萎靡不振、不思进取。另外，不同的人在不同的情况下也有不同的表现，失恋的痛苦可能使一个人丧失生活的信心而自怨自艾，但也可能使一个人变得坚强刚毅，更加充满生活的热情。

（3）紧张与轻松的对立。一般而言，如果某项活动或任务对人越重要，人的情绪就显得越紧张与忧虑。如考试、冒险、竞技比赛等，紧张程度与一个人的心理素质有直接关系，心理素质越差会越为情绪反应所左右，而越强则越能控制紧张情绪。在生活中，紧张感是无法避免的，适度的紧张对人的行为会产生积极作用，但过度的紧张则对人的行为有不良影响，会影响一个人的应激水平，导致身心失调，妨碍活动的顺利进行。因此，轻松的生活与学习，不但能平稳情绪，同时对于心理健康也是有益的。

（4）激动与平静的对立。激动的情绪、情感在表现上往往十分强烈并多具爆发性，存在的时间也较短暂。如欣喜若狂、痛心疾首、悲痛难抑等表现是比较强烈的，但持续的时间有限。此类情绪与情感，大多与事情的重要性有关，一旦出现了与自己愿望相反的结果，期待已久的结局突然消失，人就无法控制自己剧烈的情绪与情感活动，从而导致各种近似反常的行为表现。和激动相对立的是平静的情绪，强度较弱，而持续时间较长。人们正常的学习和工作一般都需要在平静的情绪状态下进行，平静的情况对人的生活有重要意义。

（5）强与弱的两极性。很多情绪都有强弱的等级变化，如从微弱的不安到强烈的激动，从愉快到狂喜，从微愠到暴怒，从担心到恐惧等。情绪的强度越大，整个自我被情绪卷入的趋向越大。情绪的强度决定于引起情绪的事件对人的意义以及个人的既定目的和动机是否能够实现。

3. 情绪和情感的区别

（1）情绪通常与个体的生理需要满足与否相联系，例如，饮食、休息、空气等需要相联系的心理活动，是人和动物所共有的。情感是人类所特有的心理活动，通常是与人的社会性需要相联系。

（2）情绪是反应性和活动性的过程，即个体随着情境的变化以及需要满足状况而发生相应的改变，受情境影响较大。

（3）情绪具有情境性和短暂性的特点，例如，色香味俱全的菜肴会引起个体的愉快体验；噪音会导致不愉快的感受，一旦这些情境不再存在或发生变化，相应的情绪体验也就随之消失或改变。

（4）情绪具有明显的冲动性和外部表现，例如，悔恨时的捶胸顿足，愤怒时的暴跳如雷，快乐时的喜笑颜开。情绪一旦发生，强度一般较大，有时会导致个体无法控制。

4. 情绪和情感的联系

情绪和情感的区别是相对的，虽然它们所表达的主观体验的内容有所不同，但情绪和情感又是相互联系的。一方面情感离不开情绪，稳定的情感是在情绪的基础上形成的，同时又通过情绪反应得以表达。另一方面，情绪也离不开情感，情感的深度决定着情绪的表现强度，情感的性质决定了在一定情境下情绪表现的形式。情绪发生的过程往往深含情感的因素。总之，情绪是情感的外部表现，情感是情绪的本质内容，两者紧密联系。

二、情绪和情感的分类

情绪和情感作为对事物的一种反映形式，构成了人与客观世界之间关系的丰富多样性。

根据不同的划分标准，可作 3 种不同的分类。

1. 根据性质分类

（1）快乐。指目的达到后紧张情绪解除时的情绪体验。快乐的程度则取决于愿望满足的程度，目的突然达到和紧张一旦解除便会引起巨大的快乐。快乐的程度可以从满意、愉快到异常的欢乐、狂喜，可分为一系列程度不同的级别。

（2）愤怒。是由于遇到与愿望相违背或愿望不能达到，并一再地受到妨碍而逐渐积累紧张所产生的情绪体验。体现为：轻微不满—生气—愠—怒—愤—激愤—大怒—暴怒。特别是遇到的挫折是不合理的或被人恶意造成时，愤怒最容易发生。如旅游行程中交通工具出故障，飞机、火车晚点等，如果不及时处理，就容易引起游客的愤怒。

（3）恐惧。是企图摆脱、逃避某种情景的情绪体验。引起恐惧往往是由于缺乏处理或摆脱可怕情景或事物的力量或能力。例如，熟悉的情景发生了变化，失去了掌握和处理它们的办法时，就会产生恐惧。奇怪、陌生都可能引起恐惧。例如，一个人到人迹罕至的地方去探险，中途迷路或遇到可怕的情景，就会引发恐惧。

（4）悲哀。指失去热爱的事物或者所盼望的东西幻灭时产生的情绪体验。悲哀的强度依存于失去事物的价值。悲哀所带来的紧张情绪释放会产生哭泣。悲哀按其程度的差异表现为：遗憾—失望—难过—悲伤—哀痛。

（5）喜爱。指对人或事物有好感或感兴趣。喜爱表现为接近、参与、欣赏或获得。

2. 根据发生的强度、速度、持续时间分类

（1）心境。是一种微弱、平静而又持久影响人整个精神的情绪状态，如心情舒畅、闷闷不乐、恬静、烦躁不安等。当一个人产生某种心境后，往往以同样的情绪状态看待一切事物，使其言语、行动、思想和所接触的事物都染上同样的情绪色彩。例如，当心情舒畅时，说起话来和颜悦色，做起事来轻快利落，遇到什么事情都感到满意；当闷闷不乐时则觉得一切东西部笼罩着一层“灰色”情调。古语云“忧者见之而忧，喜者见之而喜”“感时花溅泪，恨别鸟惊心”都是心境的表现和写照。可见心境不仅具有特定的对象性，而且有扩散的特点。

引起心境变化的原因多种多样，如工作或学习的顺利与否，人际关系的和谐与否，事业的成败，健康状况，甚至自然环境都可能成为引起某种心境的原因。过去的片段回忆，无意间的浮想有时也会导致与之相联系的心境的重现。虽然人对引起心境的原因并不都能清楚地意识到，但它总是由一定的原因引起的。

心境对人的生活有很大的影响。积极、良好的心境有助于主观积极性的发挥，提高工作、学习效率；消极、不良的心境会使人厌烦、消沉、郁郁寡欢、妨碍工作，影响身心健康。因此，克服消极的心境是很有意义的，它与性格和意志的培养有关，是个性修养的组成部分。

（2）激情。是一种猛烈的、迅速爆发而时间短暂的情绪状态。如暴怒时，拍案大叫，暴跳如雷，火冒三丈；恐惧时，大吃一惊，呆若木鸡；狂喜时，捧腹大笑，手舞足蹈；绝望时，心灰意冷，头脑昏沉。暴怒、恐惧、狂喜、绝望等情绪，如同狂风骤雨，会突袭而来，但持续时间较短。激情总是伴随有明显的生理变化和明显的外部表现。

激情往往是那些对人有重大意义的强烈刺激所引起的，而且这些强烈刺激的发生常常出乎人的意料。在激情状态下，人的认识活动范围往往会缩小，被引起激情体验的认识对象所局限，理智分析能力受到抑制，自我控制能力减弱，往往不能约束自己的行为，不能正确评价自己行动的后果和意义；激情有积极的和消极的两种。消极的激情对机体活动具有抑制作用或引起冲动行为；而积极的激情与理智和坚强的意念相联系，它能激励人们克服艰险，成为行动的巨大动力。

（3）应激。是出乎意料的紧张情况所引起的情绪状态。在突如其来的危险条件下，必须迅速地、几乎没有选择余地做出决定的时刻，容易出现应激状态。例如，司机在驾驶过程中遇到危险时，人们在遇到巨大的自然灾害时，需要在一瞬间迅速判断形势，做出决定。在应激状态下，人们可能有两种表现：一是使活动抑制或完全紊乱，突如其来的刺激可能使人做出不完全适应的反应，甚至可能发生感知、记忆的错误；二是在一般的应激状态下所表现的情绪状态，即把各种力量集中起来，精力旺盛，动作敏捷，化险为夷，摆脱困境，这时思维特别清晰、明确。

（4）热情。这是一种强有力的、稳定而深刻的情感体验。其特点是：它控制人的整个身心，影响人的整个思想行为，是鼓舞人们行动的巨大力量。因为热情总是与明确的目的性和积极的行动紧密联系，它强有力地鼓舞人从事某种活动，并对这种活动产生满意愉快、积极肯定的情感，它不因时过境迁而改变，具有一种稳定而深厚的持续性。因此，热情能使人坚持不懈地去完成艰巨的任务。

3. 根据情感的社会性质分类

情感是在人类社会历史发展过程中形成的高级社会性情感。人的情感多种多样，其中一类与人的社会性需要直接相关，主要包括道德感、理智感和美感。

（1）道德感。是关于人的举止、行为、意图、思想等是否符合社会道德行为标准和客观的社会价值而产生的情绪体验。在社会生活中，人们不断认识、理解、掌握道德规则，并把它内化成个人的道德需要，当体验情感对象和道德需要间的关系时，才能逐步形成稳定的道德情感。例如，当自己的言行符合社会道德标准时，就会感到愉快、舒畅。反之，就会感到内疚和不安。当看到别人的言行符合社会道德标准时，就会对他肃然起敬，反之就会蔑视和愤怒。

（2）理智感。是人在智力活动过程中所产生的情感。它和人的认识活动、求知欲、认识兴趣的满足以及对真理的探求相联系。在人认识世界的过程中，理智感的表现形式是多种多样的。例如，对新异对象的好奇感，对不理解事物的怀疑感与惊讶感，做出判断时因所需证据不足而感到的不安感，都属于人的理智感。

（3）美感。是人对客观事物的美的体验。它是人根据自己的审美标准对外界事物做美的评价时产生的一种肯定、满意、愉快、爱慕等的情感。美感由一定的对象引起，美感的对象包括自然界的事物和现象、社会生活和社会现象以及各种艺术活动和艺术品。如大自然的美景使人心旷神怡；喜剧艺术使人在笑声中享受美的欢乐；悲剧艺术使人在悲哀痛苦的同时享受美的愉悦。美感是人对对象的一种主观感受，因而随个人需要、立场、观点不同以及客体和主体的关系不同，体验也就不同。旅游是一种综合性的审美活动，能极大地满足旅游者的审美需求，虽然旅游者由于文化背景、社会地位、生活阅历存在很大的差异，但审美心理总是伴随旅游活动的全过程。

三、情绪与情感的生理机制与外部表现

了解情绪和情感的生理机制是了解人类情绪产生的途径之一，对于把握人们情绪和情感的产生和变化以及表达方式具有重要的借鉴价值。多年来，一些生理学家与心理学家基于情绪和情感的外部反应及其植物性神经系统的联系，进行了许多研究，建立了许多学说。

1. 情绪和情感的生理机制

关于情绪和情感的生理机制，形成了以下几种代表学说。

（1）詹姆士—兰格的情绪学说。早期尝试描述情绪生理学的美国心理学家威廉·詹姆士（W. James）和丹麦生理学家卡尔·兰格（C. Lange）各自独立地分别于 1884 年和 1885 年提出了观点基本相同的学说，后来被人们称为詹姆士—兰格情绪学说。詹姆士认为机体变化是产生情绪的原因。按照一般常识的说法：人哭是因为伤心，笑是因为快乐，战栗是因为恐惧。詹姆斯对情绪的解释却持相反的观点，他说："我们悲伤，因为我们哭泣；我们恐惧，因为我们战栗；我们高兴，因为我们发笑。"在詹姆斯看来，哭泣、战栗、发笑就是产生情绪的原因。

兰格的情绪理论基本上与詹姆士的说法一致，不过兰格特别强调循环系统，如心跳等，他认为情绪是一种内脏反应。简单地说，兰格认为，从感受器到大脑皮层（如看见老虎，知道是老虎，联想到老虎可能吃人等）只是认识。而由此引起的横纹肌收缩（如逃跑、上树等）和内脏、腺体的变化，通过内导神经再传回大脑皮层，才有了情绪的体验或情绪的意识。他以饮酒和药物的作用为例说明，这些因素之所以引起人的情绪变化，是因为酒精和药物影响了血管系统活动。他认为植物性神经系统支配作用的加强和血管扩张，就产生愉快；而植物性神经系统活动减弱，血管收缩和器官痉挛就产生恐怖。

詹姆士和兰格突出地看到了情绪的独特属性是与机体变化直接联系的，但片面地夸大了外周性变化对情绪的作用，忽略了中枢对情绪的作用，没有看到在情绪产生过程中高级中枢对外周的调节作用，从而否认人的态度对情绪的决定意义。因此，詹姆士—兰格学说在情绪理论的发展史中虽然开创了研究人类情绪的先河，但是在解决情绪的实质问题上有很大的局限性。

（2）坎农—巴德的情绪理论。美国生理学家坎农在 1927 年提出对詹姆士—兰格理论的质疑，1938 年其学生巴德运用实验的方法进行了验证。他们认为詹姆士—兰格所谓的情绪经验"起于身体生理变化的论点"是错误的，他们根据实验研究的结果提出了如下 3 点理由。

①出现情绪状态时身体上会产生生理变化虽然是肯定的事实，但个体并不能单靠对生理变化的知觉，就能辨别自己发生什么样的情绪。因为在很多情绪激动或兴奋的情况下，个体的生理变化是一样的。以心跳为例，恐惧时固然会心跳，愤怒时也会心跳，人怎么能凭心跳的感觉就确定自己是在恐惧呢？

②个体感觉生理变化而产生情绪的说法更合乎生理学原理，因为人平常对自己内部的生理变化并不全部清楚，虽然知道恐惧或愤怒时的心跳变化，但出现情绪状态时可能引起的内脏收缩及各种内分泌的变化人们并不知道。

③情绪经验的产生，并不在生理变化之后，事实上两者是同时发生的。如路遇强盗，神经系统会迅速将此信息传递到大脑和身体，大脑马上知觉到刺激情景的性质（暴徒危险），同时出现生理上的反应（心跳加快、血压升高），也就是说，会同时产生恐惧反应。

（3）阿诺德的情绪认知理论。美国心理学家阿诺德（M. K Arnold）在 20 世纪 50 年代提出：情绪与个体对客观事物的评估相互联系着。她给情绪下的定义为：情绪是对趋向知觉为有益的、离开知觉为有害的东西的一种体验倾向，这种体验倾向被一种相应的接近或退避的生理变化模式所伴随。这种模式在不同的情绪中是不同的。很显然，她强调了来自外界的影响要经过人的评价与估量才产生情绪，这种评价与估量是在大脑皮层上产生的。例如，在森林里看到一只熊能引起恐惧，而在动物园里看到一只关在笼子里的熊就不会产生恐惧。这个区别明显在于对情景的认知和估价。这种估价的实质是刺激情景对人具有什么意义，它是否符合人的需要、愿望或渴求。阿诺德阐明她的理论时，是把大脑皮层与皮层下的活动联系在一起的。她认为情绪反应包括机体内部器官和骨骼肌的自主变化。她的理论和詹姆士—兰格学说一样，认为对外周变化的反馈是情绪意识的基础。她和詹姆士—兰格学说的不同之处在于：詹姆士—兰格的反应序列为“情景—机体表现—情绪”，而阿诺德则认为这个序列应当是“情绪—评估—情绪”。

2. 情绪的外在表现

人的情绪和情感随着外界环境的刺激会发生各种各样的变化，同时会产生相应的外部表现。情绪发生时表现在身体外部的生理变化叫作表情。

关于表情，达尔文曾有过比较细致的观察。他在《人类和动物的表情》一书中用进化论的观点来阐释表情的效用。他认为表情是动物参与竞争与适应环境的手段之一。按照达尔文的观点，动植物的形态结构或机能，都是有利于它们个体生存和种族延续的。例如，植物的形状、颜色，动物的动作，都有利于它们适应环境。凡是无利的方面，就逐渐被淘汰；而有利的方面则越来越发达。他认为表情也是如此。表情不是一种无关紧要的、偶然的附带现象，它和动物的其他活动一样，有生存竞争的意义。

人类的表情目前还有动物表情遗留的痕迹，虽然和动物的表情一样都具有传递信号意义的特点，但其本质是不同的，人的表情更有社会性，对适应环境起直接作用。人类的表情复杂而且细腻，不仅可以表达种种心理内容，还可以表达语言不能表达或不便表达的心理活动。与人的情绪变化有关的表情有以下几种。

（1）面部表情。人的面部表情在人际交往中起着十分重要的作用，它能反映一个人的情绪状态，表现一个人的性格，还可由此判断人们的肯定或否定态度。所谓“察言观色”就是指以面部表情来判断情绪状态。面部表情主要指眼睛、眉毛、嘴巴和面部肌肉的变化。尤其是眼神，常言道：“眼睛是心灵的窗户”，一个人处于什么样的情绪状态，通过其面部表情可以观察出来。下面是不同情绪状态下的面部表情。

高兴的表情：眉开眼笑、眉飞色舞、双眉舒展、喜形于色；

羞怯的表情：面红耳赤、眼光避开；

愤怒的表情：横眉冷对、青筋暴露、眼光灼灼逼人；

悲哀的表情：愁眉苦脸、眉头紧锁、眼泪汪汪、嘴角下拉。

…………

当游客看到自己的导游时，眼睛里透出欣慰的目光，说明导游深受游客的欢迎；反之，当游客看到导游时露出反感或厌恶的表情，说明对导游的服务不满意。面部表情是丰富多彩和变幻莫测的，也可以通过锻炼得到控制，所以面部表情只是了解人的情绪状态的一个主要方面。

（2）身段表情。身段表情又可称作动作表情，是通过姿态表达情绪的一种方式，以手、足的动作最为明显。

高兴时：手舞足蹈，拍手叫好；

懊恼时：捶胸顿足；

狂喜时：捧腹大笑；

焦急时：抓耳挠腮；

激动时：摩拳擦掌。

手的动作主要指手势，手势是人们使用最多的一种体态语言，它能起到很强的传递信息的作用。通常情况下，语言和手势是同时进行的，但也有手势单独使用的情况，如跟人打招呼或表示欢迎时的招手；与人告别时的挥手；表示友好或热情的握手，以及表示不同意的摆手等。需要指出的是，不同民族、不同的文化背景，手势的运用具有不同的含义，所以导游人员要特别注意，不要因为手势运用不当造成旅游者的误解和不满。

体姿也是传递信息的一种重要动作，体姿指身体的各种姿势，如舞蹈、哑剧等都是用体姿来表现的。体姿能够反映人的真情实感，如紧抱双臂或紧叠双腿往往是心理紧张的反映，身体不断变换姿势则表示不耐烦等。

（3）言语表情。情绪会在言语的音调、强度、节奏和速度方面表现出来，细声细语、有气无力或高声大嗓，就表现出不同的情绪状态。

高兴时：音调比较高，速度比较快，语调高低差别比较大；

悲哀时：音调低缓，高低差别比较小；

愤怒时：音调比较高，速度特别快。

在人际交往中，语言常常是人们用来表达心理、交流感情的重要手段，一般来说，言为心声，但由于种种原因，很多情况下，人们都是言不由衷，所以听人讲话是一种技能，不仅要听懂对方说出来的言语，而且还要听懂对方没有说出来的言外之意。言语表情作为一种辅助的沟通手段在社会生活中也起着重要的作用，它使人们的交往变得更加有声有色。

案例分析 8-1

情感共振

1995 年高星级酒店对于普通济南人来说还是有些陌生。为了扩大市场，让更多市民了解星级酒店，刚开业的四星级宾馆“玉泉大酒店”决定在即将到来的母亲节进行促销活动。

他们不搞商业气息很浓的简单销售，而是作为主办单位在全市中学生中开展“我的母亲”征文比赛，凡获得比赛前10名的中学生及他们的父母都受到邀请，去酒店免费用餐一次，优胜者本人还得到酒店赠送的精美文具。这项活动在全市产生了较大影响，人们说到“玉泉大酒店”自然而然与尊敬母亲、热爱母亲之情联系起来。由于这项活动深入人心，家喻户晓，宣传效应极佳。

分析：情感共鸣或称情绪共鸣，指在他人情感表现或造成他人情感变化的情境（或处境）的刺激作用下，所引起的情感或情绪上相同或相似的反应倾向。人同此心，心同此理。上文中的酒店就是与消费者在情感上建立共鸣，赢得了消费者的反应，赢得了市场。

第二节 旅游者的情绪和情感

旅游行为是旅游者满足某种需要的社会性活动。旅游者的情绪和情感影响着旅游者的行为，同时旅游者的行为也受到情绪和情感的影响，两者之间是相互制约的互动关系。

一、旅游者情绪变化的特征

旅游者在旅游活动过程中的情绪变化具有以下特征。

1. 兴奋性

从某种意义上说，旅游是日常生活的中断，是人们暂时离开自己的日常生活，到别处去过一段不一样的生活。因此，外出旅游就给旅游者带来一系列的改变：环境改变、人际关系改变、生活习惯改变、社会角色改变等。这种改变在给旅游者带来新奇的同时，还给他们带来情绪上的兴奋。这种兴奋性常常表现为“解放感和紧张感两种完全相反的心理状态的同时高涨”。

外出旅游使人们暂时摆脱了单调紧张的日常生活，现实生活中对人的种种监督和控制，在某种程度上也有所减轻，这给人们带来了强烈的解放感。另外，到异地旅游要接触陌生的人和新鲜事物，对未知事物和经历的心理预期使人感到缺乏把握感和控制感，人们难免会感到紧张。解放感和紧张感的共同特征是兴奋性增强，外在表现为兴高采烈和忐忑不安。

2. 感染性

旅游活动是一种高密度、高频率的人际交往活动。在这种交往活动中，既有信息的交流和对象的相互作用，同时还伴随有情绪状态的交换。旅游服务业的情绪情感含量极高，以致被称为“情绪行业”。在旅游活动中，游客和旅游工作者的情绪能够互相影响，产生相同的情绪。一个人的情绪在与别人的交往过程中，通过言语、动作、表情影响别人，引起情绪上的共鸣。例如，旅游中导游员讲解时的情绪如果表现出激动、兴奋、惊奇等，游客就会对导游员的讲解对象表现出极大的兴趣；如果导游员表现得厌倦、无精打采，游客也会觉得索然无味。反过来也一样，游客的情绪也会影响导游员的情绪。游客之间的情绪也会互相影响，美的景观会令所有游客兴高采烈，情不自禁，长时间处于亢奋状态；不愉快的事情，会让所有的游客情绪低落，甚至对美景和美食的感受也会大打折扣。

3. 易变性

在旅游活动中，游客随时会接触各种各样的刺激源，人的需要又具有复杂多变的特点，因而游客的情绪容易处于一种不稳定的状态。例如，游客对某个景物开始的时候可能感到新奇，情绪处于积极状态，兴致很高。当到达情绪顶点后，接着便可能由激动趋向平静，兴致会逐渐减退。再后来如果感到疲劳的话，甚至会感到厌倦。因此，导游人员为了尽可能地满足每个人的需要，使游客的情绪能保持积极的状态，就必须随时观察旅游者的情绪反应。

4. 敏感性

游客外出旅游，面对的是陌生的人和陌生的环境，这会让游客对周围的一切更为敏感，心中充满疑虑。再者，因为旅游需要做时空上的转移，跨越的距离越远，时间越长，往往越会给游客带来生理上的不适和心理上的紧张不安，这往往会使游客变得比平时更为敏感，对外界刺激的反应会更为强烈，反应往往更为夸张。

二、影响旅游者情绪和情感的因素

1. 需要是否得到满足

人们外出旅游就是为了满足某种需要，例如，为了身体健康的需要、为了获得知识的需要、为了得到别人的尊重等。需要是情绪产生的主观前提。人的需要能否得到满足，决定着情绪的性质。如果旅游能够满足人们的需要，旅游者就会产生积极肯定的情绪，如高兴、喜欢、满意。如果游客的需要得不到满足，就会产生否定的、消极的情绪，如不满、失望。

2. 活动是否顺利

需要是动机的基础，为了满足需要，人们在动机的支配下产生行动，不仅行动的结果产生情绪，而且在行动过程中是否顺利也会引起不同的心理体验。在整个旅游过程中，如果一切活动顺利，游客就会产生愉快、满意、轻松等情绪体验；如果活动不顺利，旅途或游览过程中出现这样或那样的差错，游客就会产生不愉快、紧张、焦虑等情绪。游客在旅游过程中的情绪表现，应当特别加以注意。因为旅游活动进程本身就是一个很好的激励因素，其中就有情绪的产生，并反过来对旅游活动的继续产生积极或消极作用。

3. 客观条件

客观条件是一种外在刺激，它引起人的知觉，从而产生情绪、情感体验。旅游活动中的客观条件包括游览地的旅游资源、活动项目、接待设施、社会环境、交通、通信等状况。此外，地理位置、气候条件等也是影响旅游者情绪的客观条件。

4. 团体状况和人际关系

游客所在的旅游团队的团体状况和团体内部的人际关系也能对游客的情绪产生影响。一个团体中成员之间心理相容，互相信任，团结和谐，就会使人心情舒畅，情绪积极；如果互不信任，互相戒备，则会随时都处在不安全的情绪之中。

5. 身体状况

旅游活动需要一定的体力和精力作保证。身体健康、精力旺盛，是产生愉快情绪的原因之一。身体健康欠佳或过度疲劳，容易产生不良情绪。因此，导游应该随时注意游客的身心状态，使其保持积极愉悦的情绪，以保证旅游活动的正常进行。

6. 接待设施和服务人员素质

旅游接待条件以及旅游场所大小、设施情况也会影响游客的情绪。如某著名景区在旅游旺季接待游客数量远远超过了接待能力，但仍然对外宣传有足够的住宿条件接待游客，结果，游客们给旅行社交足了星级饭店的住宿费，却住在中学教室里。游客觉得被欺骗了，怒不可遏，集体向有关单位投诉。

另外，导游人员的素质也影响着游客的情绪。常言道“出门看天色，进门看脸色”，旅游业还有这样一个口号“让我们的游客觉得自己来对了！”如果不能让游客看到亲切的笑容，那就等于告诉游客，这不是你待的地方！不能给人以亲切感的生活，肯定不是幸福的、高质量的生活，也肯定不是优质的旅游服务。

亲切感的产生建立在人与人之间真诚爱护的基础上。真诚的感情是一份超值的“经历产品”。只有那些富有爱心、善解人意的优秀导游才能为游客提供真正能够“打动人心”的情感服务，也才能留住游客。

三、情绪情感对旅游者行为的影响

人的任何活动都需要一定程度的情绪和情感的激发，才能顺利进行。情绪情感对旅游者行为的影响，主要表现在以下几个方面。

1. 对旅游者动机的影响

动机是激励人们从事某种活动的内在动力。人的任何行为都是在动机的支配下产生的。因此，要促使人们产生旅游行为，首先要激发人们的旅游动机。喜欢、愉快等情绪可以增加人们活动的动机，消极的情绪则会削弱人们从事活动的动机。

2. 对活动效率的影响

人的一切活动，都需要积极、适宜的情绪状态，才能取得最大的活动效率。从情绪的性质来讲，积极的情绪，如热情、愉快，可以激发人的能力，助长动机性行为，提高活动效率；消极的情绪，如烦恼、悲哀、恐惧，则会导致较低的活动效率。从情绪的强度讲，过高或过低的情绪水平都不会产生最佳的活动效率。因为过低的情绪不能激发人的能力，而过高的情绪会对活动产生干扰作用。

3. 对人际关系和心理气氛的影响

人在良好的情绪状态下，会增加对人际关系的需要，对人际交往表现出更大的主动性，并且容易被别人接纳，愿意与之交往。因此，在旅游活动中，导游应该细心观察游客的情绪变化，主动引导他们的情绪向积极方向发展，并利用情绪对游客行为的影响作用，协调游客与各方面的关系，创设良好的心理气氛，达到旅游服务的最佳境界。

四、旅游者情绪和情感的激发与调控

根据影响旅游者情绪和情感的因素，可采取相应的措施来激发游客积极的情绪和情感，调控不良的情绪和情感。

1. 激发积极的情绪和情感

（1）设计开发符合旅游需要的产品。旅游产品设计必须以旅游需要为基本出发点，旅游需要兼有复杂性、层次性、个性化的特点。从构成上看，旅游需要既包括物质产品需要，也包括精神产品需要；从旅游需要层次上看，既包括低层次的生理性需要，也包含高层次的社会性需要和精神性需要；从不同的旅游个体看，旅游需要呈现个性化的倾向。这些特点要求旅游产品、旅游服务必须具备构成上的多重性、内容上的丰富性和形式上的多样性。另外，旅游消费的随意性，要求旅游服务在操作上具有一定的灵活性和弹性。

（2）注重旅游服务，提高服务质量。旅游服务为满足游客的需求提供一切服务，它是有形的物与无形的服务行为的综合体，在为游客提供服务的过程中，创造一种和谐的气氛，产生一种心理效应，以此触动游客的情感，唤起游客的心理共鸣，使游客在接受服务的过程中产生愉快的心理感受。很多旅游企业都力图在服务方面创出自己的特色，其中大多注重在打动游客方面下功夫。具体体现在从细节入手、从游客的利益出发开展工作。对游客而言意外、惊喜是正向情绪，能提高游客的满意度。细节因为小，很容易被忽视，但四两可以拨千斤，被重视时会出现奇效。要提供恰到好处的细节服务，需要有热爱服务工作的职业意识，发自内心的热诚工作态度以及细致扎实的工作作风。

（3）提供准确有效的旅游信息。游客对旅游信息的了解是形成旅游期望的基础，但并非旅游期望越高越好，因为游客的满意度取决于期望与实际所得之间契合的程度，当实际所得与期望所得符合时，游客会感到满意；当实际所得比期望所得大时，可以激发游客更大程度的满意度；实际所得与期望所得不符合时，游客会不满意，而且不满意程度会随二者不契合程度的增加而增加。因此，在为游客提供信息时，要真实可靠，符合事实，千万不能为了吸引游客言过其实，弄虚作假，给游客留下不良的印象。

2. 如何排解游客的负面情绪，激发旅游者的正面情绪

游客处于正面情绪当中，会显得积极、友好、有自信，保持乐观、开朗，有益于顺利开展旅游活动。但是负面情绪是难以避免的，工作上的不顺利、亲人朋友间的不理解、身体上的不舒适，甚至偶然遇到“倒霉”事件等，都会破坏游客的正面情绪，导致游客负面情绪的产生。

应当如何排解游客的负面情绪？首先应该说明，排解负面情绪不是消灭负面情绪，而是让情绪的表达合乎常理，合乎常情，并控制在一定程度和范围内。适当的情绪表达还是必要的。下面给出一些排解游客负面情绪的方法。

（1）注意力转移法。把注意力从导致游客情绪不佳的事情上移开，如转移话题、带领游客做其感兴趣的事，可使情绪有机会缓解，帮助游客摆脱消极情绪的影响。

（2）合理发泄法。找一个合适的场合和合适的对象，以合适的方式将消极情绪发泄出去。导游应该学会给游客提供宣泄不满情绪的机会。例如，游客对旅游活动中的某一细节不满或者产生误会，往往会产生挫折感，通常只有让游客表述受挫的经过，才能使其情绪恢复稳定，补救才能切实解决游客的实际问题，让游客满意而归。但是也要注意发泄要适度与合理，不要让游客没头没脑地把自己的坏情绪发泄在别人身上。

（3）认识改变法。改变游客对引起不良情绪的事物的看法，以改变游客的不良情绪。如果游客对服务感到不满意，要想办法让他们知道并不是导游不愿意为他们提供更好的服务，事实上导游已经尽力而为了。游客一旦理解就能减轻或排除不满情绪，并对导游表现出合作而不是对立的态度。

（4）意志控制法。当游客与别人发生争执，情绪暴怒甚至失去理智时，导游要及时制止事态的发展，告诫游客这样做很危险，帮助他做到“忍”，同时采取其他方法排解游客的不良情绪。

（5）情绪升华法。如果游客由于劳累、疲乏、恐惧等原因产生害怕、厌恶、轻蔑等消极情绪，导游要将旅游活动与游客的成就感联系起来，制造“无限风光在险峰”“会当凌绝顶，一览众山小”“不到长城非好汉”的情绪氛围，激励游客振作精神，克服困难，实现目标。

（6）感情投资法。导游可通过关心、爱护、体贴游客，转化游客的消极心理，换取游客的支持。在旅游服务过程中要处处体现对游客的尊重，当游客的自我尊重得到最大地满足时，旅游过程中的消极情绪便能够有效排除。

案例分析 8-2

十佳导游

某旅游团一路上出了许多问题，误机、误餐，软卧列车空调又坏了，游客怨声载道。到北京时，换了一位“十佳导游”接这个团，他看到游客一个个怒气冲天，就想办法找话题，给游客一点心理上的满足。他走到一位中年女士面前、和气地问道：“女士，您的家乡在什么地方？”女士回答：“小地方，说了你也不知道。”“您说说看，也许我知道呢。”女士说了她家乡的名称，果然是不知名的小地方。但这位导游知道那里的风俗和名产。那位女士一听导游十分了解自己的家乡，就很兴奋与他攀谈起来。旁边一位男士也参与进来：“那您知道我的家乡吗？”导游说起那里的一个著名的亭子，又背诵了那里的一副对联，一字不差。于是，气氛缓和，感情融洽了。趁着这种良好的气氛，导游不失时机地说道：“女士们、先生们，我真是十分感动，各位一路上遇到了许多麻烦，却仍然毫无怨言，情绪饱满，在北京一定要让大家玩好。”旅游团在北京期间，这位导游尽职尽责，努力满足游客的各种需要，不仅化解了游客的不满，还赢得了游客的赞誉。

分析：由于某些客观原因和服务的缺陷而导致游客集体产生负面情绪，新到的这位“十佳导游”在排除游客负面情绪的过程中，通过与游客聊他们感兴趣的话题，转移游客注意力，拉近与游客的距离，并尽职尽责努力满足游客需求，注入了感情，化解了游客的负面情绪。

第三节　基于旅游消费者情感体验的营销与服务策略

情感营销　指把旅游消费者个人情感差异和需求作为旅游企业、旅游目的地品牌营销战略的核心，通过情感包装、情感促销、情感广告、情感口碑、情感设计等策略来实现旅游企业、旅游目的地的目标。

在熟知情绪情感的定义、特征和类型以及旅游消费者情绪情感特征的基础上，旅游目的地和旅游企业的营销与服务人员可以展开有针对性的活动，以便更好地激发、调控游客的情绪和情感。从市场营销的角度，基于旅游消费者情绪情感的营销策略主要有情感营销。从旅游服务的角度，基于旅游消费者情绪情感的服务策略主要有调控旅游消费者消极的情绪情感和激发旅游消费者积极的情绪情感两种。必须要指出的是，情感营销策略与旅游消费者情绪情感的调控及激发策略是互相促进的。

一、情感营销

情感营销是把旅游消费者个人情感差异和需求作为旅游企业、旅游目的地品牌营销战略的核心。通过借助情感包装、情感促销、情感广告、情感口碑、情感设计等策略来实现旅游企业、旅游目的地的目标。在情感消费时代，消费者购买商品所看重的已不是商品数量的多少、质量的好坏以及价钱的高低，而是为了一种感情上的满足，一种心理上的认同。情感营销从消费者的情感需要出发，唤起和激起消费者的情感需求，诱导消费者心灵上的共鸣，寓情感于营销之中，让有情的营销赢得无情的竞争。

1. 情感营销的作用

（1）情感营销能营造更好的营销环境。旅游消费者在选择旅游产品时更注重环境、气氛、美感、品味、舒适、享受。情感营销不仅重视旅游企业和消费者之间的买卖关系的建立，更强调相互之间的情感交流，因而致力于营造温馨、和谐、充满情感的营销环境，对旅游企业树立良好形象、建立良好人际关系、实现长远目标是非常重要的。

（2）情感营销能提高旅游消费者的品牌忠诚度。情感营销正是把旅游消费者对旅游产品、酒店品牌的忠诚建立在情感的基础之上，满足旅游消费者情感上的需求，使之得到心理上的认同，从而产生偏爱，形成一个非该企业品牌不买的忠实顾客群。

（3）情感营销是战胜竞争对手的强有力武器。市场竞争的实质就是与同行争夺顾客。争夺顾客除了注意商品质量上乘、包装新颖、价格公道外，更重要的是要实施情感营销，通过对顾客真诚、尊重、信任，处处为顾客着想，赢得顾客的好感和信任；通过优质的服务，不断提高品牌声誉，树立良好的形象，这样，企业在市场竞争中必然取胜。

2. 情感营销策略

（1）以旅游者的情感为主诉求，注重旅游产品的情感属性开发。无论旅行社还是酒店都应从心理需求角度出发，进行深层次的产品设计，对潜在的消费需求和消费心理进行挖掘。

（2）激发游客潜在情感，体现互动性与参与性。旅游是一种情感的体验，旅游是游客与景区、产品的互动，旅游活动对游客而言是寻求释放的过程和体验。

（3）挖掘旅游产品美的魅力，贴合游客的审美情趣。尊重游客的情感，为他们提供人情化、个性化的服务非常重要，是包括酒店与旅行社在内的旅游企业开发产品的基础。

二、旅游消费者积极情绪情感的激发

对于旅游行业来说，基本服务来自标准，真正让游客满意的服务来自感情。

（1）导游做游客的一面“好镜子”。利用人际交往中的“镜子”理论，让游客对自己更加满意，使游客获得更多的自豪感，满足感。

（2）强化旅游从业人员的沟通技能。可以通过训练和改进导游说话的方式、速度、语调及用语，让游客产生积极的情绪体验。例如，一位导游在出团的时候，一名游客因小事大声质问导游：“你到底想怎样处理这件事！”导游冷静回应：“我只想让你们（以下变为女孩特有的温柔语气）不生气，给我时间解决好这件事，好吗？”说完一笑，游客愣了一下随即大笑，气氛缓和。

（3）培养导游的幽默感。学会巧妙拒绝游客的不合理要求而不伤及游客的“面子”，激发游客的积极情绪。

三、旅游消费者消极情绪情感的调控

大部分旅游消费者外出是为了放松身心、追求一种愉悦体验，调控游客的消极情绪因而显得非常必要。导游要多花时间和精力去关心和了解游客的情绪状态，特别是对那些群体内的意见传播者要尤其关注，因为他们在很大程度上能决定所有游客的消极情绪的发生和发展。心理学研究表明，尽管事实和感情是两种不同性质的内容，感情代替不了事实，尽管有些事实不真实，但游客在旅游的过程中更容易被其他人的消极情绪感染。

由于旅游消费者来源复杂，不排除极少数游客品行不端、想占便宜，这些人在消费中总是在寻找各种问题，一旦出现些服务缺陷，他们就会扩大事态，并且提出过分的要求和赔偿目标。这不仅影响正常的经营秩序，也会引起整个环境的消极情绪。因此，导游应当在带团的整个过程中，时时注意观察，运用管理策略掌控游客各种情绪状态，化解消极情绪于萌芽之中。

一般说来，情绪不好，但积极性高的游客心理状态最危险，管理策略应当提供迅速而谨慎的服务，既不要过分殷勤，也不要引导其多消费，以避免冲突为最佳选择；情绪不好，积极性也不高的游客管理难度最大，管理策略是首先调动其情绪，然后再调动其积极性。

案例分析 8-3

一次次被服务打动

单先生多次下某花园大酒店，第一次入住时，良好的饭店环境和服务就给单先生留下了深刻的印象，第二次入住时几个细节更使他对这家酒店的好感迅速升级。

那天早上，单先生走出房门准备去餐厅，楼层服务生看见他便恭敬地问道："单先生是要用早餐吗？"单先生很奇怪，反问："你怎么知道我姓单？"服务生说："我们饭店规定，要记住每个客人的姓名。"这令单先生大吃一惊，因为职业关系，他入住过很多酒店，这种情况还是第一次碰到。

单先生高兴地乘电梯下到餐厅所在的楼层，刚刚走出电梯门，餐厅的服务生就说："单先生，里面请。"单先生更加疑惑，因为服务生并没有看到他的房卡，就问："你知道我姓单？"服务生答："上面的电话刚刚下来，说您已经下楼了。"如此高的效率让单先生再次大吃一惊。

单先生刚走进餐厅，服务生微笑着问："单先生还要老位子吗?"单先生的惊讶再次升级，心想"尽管我不是第一次在这里吃饭，但最近的一次也有一年多了，难道这里的服务生记忆力那么好？"看到单先生惊讶的目光，服务生主动解释说："我刚刚查过电脑记录，您在去年的 6 月 8 日在靠近第二个窗口的位子用过早餐。"单先生听后兴奋地说："老位子！老位子！"服务生接着问："老菜单? 一个三明治，一杯咖啡，一个鸡蛋?"现在单先生已经不再惊讶了，"老菜单，就要老菜单！"

上餐时餐厅赠送了一碟小菜，由于单先生是第一次看到这种小菜，就问："这是什么？"服务生后退两步说："这是我们特有的小菜。"服务生为什么要先后退两步呢，他是怕自己说话时口水不小心落在客人的食物上，这种细致入微的服务深深地打动了单先生。这一次早餐给单先生留下了难忘的印象，使他暗下决心，只要有可能下次还住这里。

分析：让顾客对企业有良好的印象，进而产生深厚的情感，仅靠规章制度是远远不够的，而是要以全员服务意识为核心贯穿所有经营环节的一整套全面完善的服务理念和服务体系形成一种企业文化。在这方面，这家花园大酒店的做法值得很多旅游从业人员去认真地学习和借鉴。

课后讨论与设计

《印象 · 刘三姐》

《印象 · 刘三姐》是由我国著名导演张艺谋出任总导演的山水实景演出，于 2004 年 3 月 20 日正式公演。世界旅游组织官员看过后对该表演的评价为"这是全世界都看不到的演出，从地球上任何地方买张机票来看再飞回去都值得。"

演出把广西举世闻名的两个旅游文化资源——桂林山水和刘三姐传说进行巧妙的嫁接和

有机的融合，让阳朔风光与人文景观交相辉映。演出立足于广西，与广西的音乐资源、自然风光、民俗风情完美地结合，游客看演出的同时，也看到了漓江人的生活。山水是活的，渔民的形象是朴实的。在这种环境中的演出，是不可替代的，完全靠自然的山水、实景和演出来带动游客的情绪，让游客自己去体会和感受。

由于是山水实景演出，支撑这个超级实景舞台的最直观的是灯光。《印象·刘三姐》体现了大规模环境艺术灯光及独特的烟雾效果，创造出如诗如梦的视觉效果。

问题：

1. 说明上述案例利用了消费者的哪种心理特性干预了旅游消费行为？

2. 说明《印象·刘三姐》运用了哪些旅游体验营销方式？请给你的家乡的旅游景点进行合理的情感体验式营销设计。

复习与实践

一、判断题

1. 情绪是与人的社会需求相联系的。（　　）
2. 情感指个体的天然需要是否得到满足而严生的心理体验。（　　）
3. 按情绪与情感的社会内容的性质分类，可分为心境、热情、激情。（　　）
4. 旅游消费者的情绪不具有异变性。（　　）
5. 旅游者情绪和情感的激发方面，首先要激发有利的情绪和情感。（　　）

二、选择题

1. 人在智力活动过程中所产生的情感被称为（　　）。
   A. 道德感　　B. 理智感　　C. 成就感　　D. 美感
2. 失去自己心爱的对象或自己所追求的愿望破灭时所产生的情绪体验是（　　）。
   A. 愤怒　　B. 恐惧　　C. 悲哀　　D. 遗憾
3. 旅游工作者的情绪能够影响旅游者的情绪说明旅游者情绪具有（　　）。
   A. 兴奋性　　B. 感染性　　C. 易变性　　D. 稳定性
4. 情绪和情感的两极性包括（　　）。
   A. 肯定与否定　　B. 积极与消极　　C. 紧张与轻松　　D. 快乐与悲哀
5. 对于旅游行业来说，基本服务来自（　　）。
   A. 标准　　B. 感情　　C. 创新　　D. 程序

三、思考题

1. 什么是情绪与情感？它们在旅游营销中起什么作用？
2. 情绪与情感有哪些特性？把握这些特性对旅游管理有什么作用？
3. 情绪与情感的种类有哪些？
4. 影响游客情绪与情感的因素有哪些？
5. 情绪与情感是如何影响游客行为的？

6. 排除游客消极情绪的方法有哪些?
7. 旅游消费者积极情绪情感的作用有哪些?

四、案例分析题

某饭店前厅服务员接待了一位因饭店叫醒失误而延误飞机的客人。客人怒气冲冲，来到前厅。

服务员：先生，您好，请告诉我发生了什么事情？

客人：什么事你自然知道，我耽误了飞机，你们要赔偿我的损失。

服务员：您不要着急，请坐下来慢慢说。

客人：不着急，你别站着说话不腰疼，换你试试。

服务员：如果这件事发生在我身上，我会冷静的。因为着急也没用，所以希望您也能冷静。

客人：你算什么东西，也来教训我。我们没有什么好说的，去叫你们经理来。

服务员：可以叫经理来，但您应该对我有起码的尊重，我是想解决问题，不是来受气的。

客人：你不是来受气的，难道我花钱是来受气的？真是岂有此理。

服务员：……

1. 案例中服务员对有负面情绪的顾客的投诉处理有哪些不足?
2. 若你是这名服务员该如何处理？

五、实践题

在专门经营河豚的特色餐厅，为消除客人对食用河豚的恐惧感，作为服务员应当如何应对?查阅资料了解常用的方法，你还有更好方法吗?

第九章　旅游消费行为过程

》问题导入

2015年，一位女教师的辞职信引发热评，辞职的理由仅10个字："世界那么大，我想去看看"。网评这是"史上最具情怀的辞职信，没有之一"。"世界那么大，我想去看看"入选2015年度十大网络用语。这位女教师辞职后去过大理、重庆、成都等地，也去看了自己一直想看的戏剧团，就这样一站接着一战，走遍了自己理想的旅游胜地，满足了自己的心愿。

思考： 请问这位女教师的旅游消费经历了怎样的过程？

》学习目标

1. 理解旅游需求的内涵、影响因素；了解旅游需求的特点、识别方法；
2. 理解信息和旅游信息的概念；掌握旅游信息的来源和信息搜集的策略；了解搜集旅游信息的过程；
3. 了解旅游消费者的分类、旅游目的地的选择行为的模型以及旅游产品和服务的选择过程；
4. 理解体验和旅游体验的概念；理解体验的分类；掌握旅游体验的影响因素；了解旅游体验的质量及对游后行为的影响。

》本章重点、难点

1. 旅游需求的内涵和影响因素；
2. 旅游信息的概念、来源和搜集策略；
3. 旅游体验的概念、分类和影响因素。

本书根据Mathieson和Wall（1982）提出的五阶段旅游购买行为模型，旅游消费行为过程可分为旅游消费前的需求识别、信息搜集、方案选择；旅游消费中的旅游经历与体验；旅游消费后的评价。旅游消费者会根据自己的旅游目的和需求，搜集和加工有关的旅游信息，提出并选择旅游方案或旅游计划，并最终把选定的旅游方案或旅游计划付诸实施，产生旅游体验及后续的行为意向。

第一节　旅游消费者需求识别

旅游需求　指在一个特定时期内，有旅游欲望和足够闲暇时间的旅游消费者在各种可能的旅游产品价格下愿意并且能够购买的旅游产品的数量。

需求识别是旅游消费行为过程的起点。需要产生于旅游消费者当前的实际状况与其所希望的状况之间的差异。当需要与实际消费能力相结合时，便会产生需求。而消费动机把游客的消费需求行为化，是游客消费行为的直接动力。

一、旅游消费者需求概述

1. 旅游需求的内涵

在经济学中，需求指人们在一定时期内，旅游消费者愿意并且能够以一定价格购买的商品和劳务的数量。需求与需要不同，需要指人们对某种事物渴求满足的欲望，是产生人类一切行为的原动力；需求则仅指有支付能力的那部分需要。旅游需求指在一个特定时期内，有旅游欲望和足够闲暇时间的旅游消费者在各种可能的旅游产品价格下愿意并且能够购买的旅游产品的数量。要正确理解这一概念，需要把握好以下几层含义。

（1）旅游需求表现为游客对旅游产品的购买欲望。旅游需求作为游客的一种主观愿望，表现为游客对旅游活动渴求满足的一种欲望，即对旅游产品的购买欲望。这是激发游客的旅游动机及行为的内在动因。

（2）旅游需求表现为游客对旅游产品的购买能力。购买能力指人们在其收入中用于旅游消费支出的能力，即游客的经济条件。游客的经济条件，通常是用个人可支配收入来衡量的。在其他条件不变的情况下，个人可支配收入越多，则人们对旅游产品的需求就越大。此外，市场上一定的旅游产品价格也是影响游客购买能力的重要因素。

（3）旅游需求包括现实的旅游需求和潜在的旅游需求。在旅游市场中，现实旅游需求就是有效旅游需求，指既有购买欲望，又有支付能力的需求。现实旅游需求是人们在实际购买旅游产品的行动中所表现出来的需求。凡是只有旅游欲望而无支付能力，或者只有支付能力而无旅游欲望的需求均为潜在需求。

2. 旅游需求的特点

旅游需求是一种较高层次的需求，是物质需求和精神需求的集合体。其特点主要表现为以下几点。

（1）整体性。旅游需求是集行、游、住、食、娱及购物为一体的整体需求。

（2）季节性。旅游需求的季节性表现在时间规律上的强弱反差，一方面由旅游目的地的自然气候条件决定；另一方面由游客的闲暇时间决定。

（3）多样性。旅游需求是一种高层次的需求，表现为人们追求更好的物质和精神方面的享受。旅游需求受游客的文化、健康、个性、偏好等因素的影响，消费方式因人而异，表现为攀岩、漂流、蹦极，欣赏自然风光，欣赏人文景观等各种方式。

（4）敏感性。旅游需求对舆论导向非常敏感，表现为游客一方面受亲朋好友的影响；另一方面受电视广告、网络宣传等的影响。

（5）主导性。旅游需求的产生虽然受旅游产品吸引力作用，受经济、社会、政治、文化及环境等各种因素的影响，但最根本还由人的心理所决定。人们的价值观、生活方式、生活习惯、消费特点等都会直接决定和影响旅游需求的产生，因而旅游需求是主导性的需求。

（6）复杂性。旅游需求的复杂性一方面是由人的心理活动的复杂性决定；另一方面受旅游环境的复杂性的影响。

二、旅游消费需求的影响因素

旅游需求是游客对旅游产品的需求，受到主观因素和客观条件的影响。

1. 主观因素

旅游需求产生的主观因素，实质上是人们在各种外在因素和条件综合作用下，产生的生理和心理上对旅游的一种渴望。

（1）旅游动机。是形成旅游需求的首要主观条件，不同的旅游动机意味着游客在旅游形式、出游时间、旅游组织方式和旅游目的地类型选择上的差异。

（2）身体状况。由于旅游需求的实现需要一定的空间位移，良好的身体状况也是影响旅游需求产生的重要因素。游客外出旅游，是一件消耗精力和体力的事情，因此，只有具备良好的身体条件，才能制订旅游计划，外出旅游，否则就是无效的旅游需求。

2. 客观条件

旅游需求产生的客观条件指人们可支配收入的提高、闲暇时间的增多及交通运输条件的现代化三个重要因素。

（1）支付能力。指人们的全部收入扣除必须缴纳的税金和必需的生活及消费支出后的余额中可用于旅游消费的货币量，即通常所说的可自由支配收入。旅游支付能力的高低将影响出游的距离、目的地的选择、旅游方式和等级的选择，最终将影响旅游需求的实现程度。

（2）闲暇时间。是产生旅游需求的必要条件。所谓闲暇时间指人们在日常工作、学习和其他必须占用的时间之外，可以自由支配的时间。

（3）交通运输条件。交通运输手段的现代化是促进旅游需求产生的重要因素。主要表现在：①现代科技的发展为人们提供了现代化的交通运输工具，不仅缩短了旅游的空间距离，而且使旅游的过程更加舒适、安全和方便，可有效地刺激旅游需求的产生；②由于旅程时间的缩短，游客便有了足够的精力和时间去享受旅游活动的乐趣，从而萌生重游的念头和制订新的旅游计划，促进旅游需求的产生。

3. 其他因素

旅游需求的变动还受其他因素的影响。这些因素可分为 3 个方面：一是旅游客源地方面的因素；二是旅游目的地方面的因素；三是客源地与目的地之间的互动因素。

（1）客源地推力因素也称市场引发力，它与旅游和市场需求量的大小成正比，即客源地推力越大，旅游需求量就越大，反之旅游需求量就减少。客源地推力的影响因素有以下几方面：①客源地经济发展状况及国民收入的影响；②社会的政治环境，国家或地区对旅游的政策和法律措施；③客源地的旅游广告的宣传因素，主要指旅游目的地的旅游资源和景观在客源地的宣传效果和知名度情况。

（2）目的地拉力也称市场吸引力，它与旅游需求量的大小成正比，目的地拉力越大，旅游需求量就越大，反之旅游需求量就会下降。目的地拉力的影响因素主要有以下几方面：①旅游目的地的社会环境，主要指治安环境是否稳定；②旅游目的地旅游资源的状况，即旅游资源的吸引力，包括旅游资源的丰富程度、类型、质量状况等；③旅游目的地的交通条件，主要指旅游区内各旅游景点间的交通条件；④旅游目的地内旅游设施的完善程度；⑤旅游目的地内旅游服务水平；⑥旅游目的地旅游资源对外宣传的力度；⑦旅游目的地旅游产品的促销水平和目的地居民友好态度等。

（3）客源地和目的地之间的互动因素。①旅游客源地与目的地之间的旅游资源差异，文化差异等；②两地间的交通通达性；③两地间价格差异和汇率变动，汇率变动影响国际旅游者对价格的看法，进而影响旅游需求。

三、旅游消费需求的识别方法

本书所述的旅游消费的识别包括两个方面：一是旅游企业识别旅游消费者哪些需求是现实需求，哪些是潜在需求，哪些是未发现需求；二是旅游企业从已识别出来的需求中再识别出旅游消费者哪些需求是本旅游企业有能力满足的需求。

1. 对现实需求的识别

对现实需求的识别，旅游企业可以通过因素分析、系统化的市场调研和定量分析方法，将旅游消费者需求建库统计，得出旅游产品规划或服务的基准点。

（1）因素分析。指对影响旅游消费者需求的内外因素进行分析。

（2）市场调研。在进行市场调研时，旅游企业可以从旅游消费者行为表现考虑。市场调研一般采用调查表法、问卷法、态度测量法、面谈法、邮寄调查、普查、重点调查、抽样调查、头脑风暴法、德尔菲法、产品结构（服务项目）分析法。

（3）定量分析。定量分析法包括市场占有率分析法、广告回应系数分析法和顾客满意度测量法。

2. 对潜在需求的识别

对隐性的、深层次的、更有价值的潜在需求的识别：一是通过制订专人跟踪宾客体验的制度，要求专人经常直接深入旅游消费者中，对旅游消费者进行跟踪和回访；二是通过建立客户信息支持系统来跟踪、搜集旅游消费者的反馈；三是可以通过分析竞争对手的产品或服务的缺陷来发现旅游消费者隐藏的需求。

3. 旅游消费需求的再识别

旅游企业对已经识别出的旅游需求进行再识别，判断哪些需求与企业的发展目标一致，并且企业有能力去实现。

案例分析 9-1

研学旅行，旅游业下一个风口？

“行万里路，读万卷书”，“学”与“游”具有天然的耦合关系。近年来，研学旅行在国内渐成热潮。这种“旅游+”概念下的新模式，越来越受到家长和学生的青睐，不少学校、旅行社推出系列研学旅行产品，通过旅游与研学的深度结合，发掘旅游品牌资源，陶冶青少年情操。同时，研学旅行也为旅游与教育融合发展带来新契机。

研学旅行作为与亲子游市场密切相关的旅行项目，给孩子一场旅游与教育结合的学习之旅，成为目前很多家长的“心头好”。这是最好的释压方式之一；同时，也可以通过“行走的课堂”让孩子汲取更多养分，在旅游度假中学习知识、增长见识。

分析：研学旅行的本质是求知、求异、求文的过程，随着教育重视程度不断提升，研学旅行受到了学校、家长、学生的广泛关注。因此，旅游消费需求是来自多方面的，受到多方面的影响。

第二节 旅游信息搜集

旅游信息 指由旅游企业提供的，通过报纸、网络等传播媒介，能够反映旅游资源、旅游活动特征的各种形式数据的总和，以辅助旅游消费者做出决策。

旅游产品的无形性等特征使旅游消费决策的风险和不确定性大大增加，因此，旅游消费者需要借助各种信息源来搜寻目标产品的信息，以降低这种风险和不确定性。

一、信息与旅游信息

1. 信息的概念

英文“信息”一词源于拉丁文 informare，到 16 世纪变为 information，其最普遍的定义是“告知行为；心智或性格的形成或塑造、训练、教导、教学；指示性知识的传递”。第二次世界大战后，信息被重新定义为能利用、可转换或可传播的知识、情报、事实或数据，其基本特质包括存在的、可获取的、是语言的、是可认知的、可表征的及有意义的等六项（白凯、张春晖，2012）。

2. 旅游信息的概念

关于旅游信息的概念，国内外并没有严格定义。本书认为旅游信息指由旅游企业提供的，通过报纸、网络等传播媒介，能够反映旅游资源、旅游活动特征的各种形式数据的总和，以辅助旅游消费者做出决策。

1997 年，福德尼斯和莫瑞（Fodness & Murray）将旅游信息搜索定义为一个动态的过程，即

“个人使用不同种类、不同数量的信息渠道为其旅游计划提供信息支持”。一般来说，当游客意识到自己的旅游需求时，会设法多方面搜索信息，以了解基本情况，为下一步的比较奠定基础。

3. 旅游信息的来源

假设你正考虑外出旅游，那么，你能获取信息的途径是多种多样的（见图 9-1）。

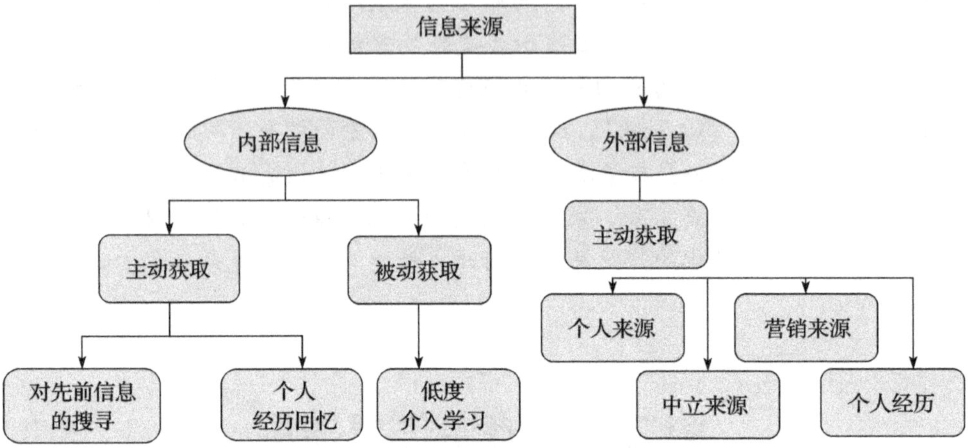

图 9-1 购前信息的来源

资料来源：亚伯拉罕·匹赞姆，优尔·曼斯菲尔德．旅游消费者行为研究［M］．舒伯阳，冯玮，等译．大连：东北财经大学出版社，2005.

图 9-1 显示了购前信息的来源。从长期记忆中重新提取的信息可能是从过去对某景点的信息搜寻或个人经历中主动获得的。信息也可能是先前通过从外部来源零星搜集的低度介入的学习方式被动获得的。旅游消费者搜寻信息首先会积极地从个人社交环境中获得外部信息，随之才是中立的、个人经历和企业营销主导的信息来源。

1997 年，美国学者弗德尼斯（Dale D. Fodness）和莫里（Brian Murray）根据信息资源是商业性的还是非商业性的，以及来源于人际交往还是非人际交往，对游客的旅游信息来源进行了分析（见表 9-1）。

表 9-1 旅游者的旅游信息来源

	非人际的	人际的
商业性的	例如：①报纸、杂志上的旅游产品广告；②旅行社、饭店、航空公司等旅游企业的宣传单、小册子、商业电子报等；③导游书籍以及专业旅游杂志和报纸；④电视旅游节目介绍等	例如：导游、旅行社销售业务员、饭店销售业务员、饭店服务人员等提供的意见
非商业性的	例如：①消费者组织、政府单位和专家学者的相关言论；②报纸、杂志、电视等大众媒体报道的非广告信息；③门户网站及旅游网站上有关旅游的非广告信息，以及其他旅游者在网络上发表的评论或自行制作的旅游体验分享电子报	例如：①朋友或亲戚、同事、同学等提供的信息；②名人或旅游专家等“非”亲朋好友的推荐；③消费者个人的经验

资料来源：吴清津．旅游消费者行为研究［M］．北京：旅游教育出版社，2006.

研究发现，企业营销主导的信息来源对消费者决策所产生的直接影响最小。而来自亲朋好友的建议和称为口碑广告的网络评价，对旅游消费者的影响居于首位。但是，口碑广告具有积极的和消极的两面性，它直接来源于他人对某景点的经历或景点先前的宣传。

电视、网络媒体等其他中立机构发布的没有偏见的信息来源对旅游业具有相当大的影响。中立信息来源既可以是正面的也可以是负面的。

消费者通常不会仅参考一种信息源的信息。多数消费者会按信息源的相对重要性，对多种信息源的信息加以综合。通过互联网搜集旅游信息将成为未来游客搜集信息的主要途径。旅游消费者会根据所购旅游产品的重要程度、差异化程度、不确定和复杂性，调整自己搜集信息的广度和深度。

二、旅游信息搜集过程

当旅游消费者产生某种旅游需求时，就会在其长期记忆的相关信息中寻找是否存在令人满意的可供选择的方案，这称为内部信息搜寻，即从储存在个人长期记忆的信息中重新提取与决策相关的信息。这些内部信息可能是过去某次信息搜寻时主动获得的，或是被动地通过低度介入的学习而获得的，即消费者重复地暴露于营销刺激环境之中而无意识习得的。另外，先前的有关目的地或服务的经历也会为消费者提供很多信息，而这些信息是初次的旅游消费者无法获得的，当内部搜寻到的信息不足以做出购买决定时，信息搜寻就会集中于外部，这称为外部信息搜寻。

需要注意的是，消费者常常是在想法尚不成熟时便开始进行外部信息搜集的，这种信息搜寻的行为既是为了将来所用，还因为搜寻过程是令人愉快的。例如，与刚刚度假归来的朋友聊天，浏览社交媒体上的网红餐厅、景点介绍等，除了能获得大量信息以备将来所需，也能使消费者消遣时光，给消费者带来快乐（见图 9-2）。

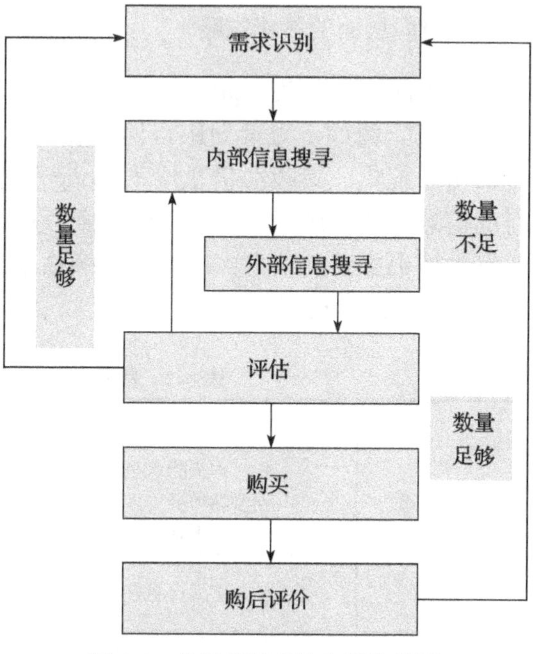

图 9-2　旅游消费者信息搜集模型

资料来源：亚伯拉罕·匹赞姆，优尔·曼斯菲尔德. 旅游消费者行为研究［M］. 舒伯阳，冯玮，等译. 大连：东北财经大学出版社，2005.

三、旅游信息搜集的策略

1998 年，福德尼斯和莫瑞（Fodness & Murray）从 3 个方面分析了游客在特定条件下的信息搜集策略。

1. 空间层面的搜集策略

（1）内部信息搜集。指消费者将过去储存在记忆中的有关产品、服务和购买的信息提取出来，以解决当前面临的消费或购买问题。如果内部搜集所得的经验或知识能够解决问题，则不用再向外部搜集更多信息。

从记忆中提取的信息大致有 3 种类型：一是关于旅游产品和服务评价标准的信息；二是在寻找恰当的评价标准时，可能同时也是在寻找恰当的可供选择的备选方案；三是关于备选品牌或企业具体特征方面的信息。

（2）外部信息搜集。指消费者从外部来源，如同事、朋友、商业传媒及其他信息渠道，获得与某一购买决策相关的数据和信息。进行外部信息搜集：一是为了了解市场上有哪些可供选择的目的地 / 旅游产品和服务，应当从哪些方面对这些备选方案进行比较；二是希望借此获得关于旅游产品和服务的评价标准及有关各种标准的相对重要性信息，以及不同目的地 / 旅游产品和服务在各种评估标准上的差异。

旅游消费者的外部信息搜集行为主要表现为：①走访旅行社营业厅，获取旅游企业印发的宣传单，与销售人员交谈；②就出游中的食、住、行、游、娱、购等问题与亲友讨论，寻求帮助；③查阅导游和购物指南；④阅览报刊等大众媒体上刊登的旅游广告及非商业报道；⑤到专业旅游网站、订票网站搜集交通、住宿、景区等信息。

2. 时间层面的搜集策略

购买前信息搜集（pre-purchase search）是消费者为解决某一特定购买的问题而开展的信息搜集。例如，为策划旅行而阅读有关旅游杂志或向旅行社营业厅咨询均属于这个类型的信息搜集。持续性信息搜集（ongoing search）指不针对特定购买需要或购买决策而进行的信息搜集。例如，一位已度过蜜月旅行的消费者仍不断从杂志、互联网和其他渠道了解有关情侣旅游的信息，就属于持续性信息搜集。购买前信息搜集与持续性信息搜集是有区别的（见表 9-2）。

表 9-2 购买前信息搜集与持续性信息搜集的区别

	购买前信息搜集	持续性信息搜集
决定因素	• 对购买的兴趣和重视程度 • 市场环境 • 情境因素	• 对某类旅游的兴趣和重视程度 • 市场环境 • 情境因素
动机	• 为了做出更好的购买决策	• 建立可供使用的信息库 • 体验搜集的乐趣
结果	• 掌握产品与市场知识 • 做出更好的购买决策 • 提高对购买结果的满意程度	• 由于产品与市场知识的增加，提高了购买的效率 • 冲动性购买可能增加 • 从搜集活动和搜集结果中获得满意感

资料来源：吴清津．旅游消费者行为学［M］．北京：旅游教育出版社，2006.

3. 操作层面的搜集策略

根据所搜集信息对解决决策问题的作用，可分为辅助性信息搜集和决断性信息搜集。在辅助性信息搜集中，游客综合利用购物指南、专业导游和旅游指南等信息来源，为决策提供辅助性依据。在决断性信息搜集中，游客通常仅凭借一种信息源就做出决策，他们采用的信息源主要是个人经验、旅行社、亲戚或朋友的建议。在多数情况下，游客都把先前知道的信息与其他新的信息相结合，以形成旅游计划。

案例分析 9-2

班级里的“旅游专家”

为了增进同学之间的友谊，增强班级凝聚力，同学们想利用周末组织班级旅游。可是同学们对旅游线路和景点缺乏了解，而且同学们几乎都没有独立旅游的经验，对如何组织这次班级旅游感到不知所措。最后，组织班级旅游的重任落到生活委员小丁的肩上。小丁综合考虑同学们的经济承受能力、时间限制和本次旅游的目的，提供了三个可供选择的旅游方案。最后，全班同学选择了其中的农庄一日游。

全班同学度过了愉快的一天，同学们好奇地问小丁，“你也不熟悉这个农庄，为什么能安排得如此妥当？”小丁答道，自己的确没有去过该农庄，但是她在挑选旅游方案前，向高年级的学姐们“取过经”，在学校的 BBS 上仔细搜寻和阅读过其他班级组织旅游的经验，还致电旅游代理公司咨询详细情况，讨价还价，然后才提出这个方案供班委会选择。同学们恍然大悟，一致称赞小丁是“旅游专家”，并决定下次的班级旅游活动还交给小丁来组织。

分析：信息搜集是消费决策过程中的重要环节。生活委员小丁采用外部信息搜集的策略，利用高年级同学、网络 BBS 和旅游代理公司等途经搜寻目标旅游产品的信息，并制订了多种旅游方案，再与其他班委一起商讨。若其他班委有过以往的相同旅游经历，通过内部搜集相关的旅游信息，便可以更加确认最终的班级旅游计划和具体的实施方案。

第三节 旅游购买方案的选择

旅游目的地 指能够对一定规模的旅游者形成旅游吸引力，并能满足其特定旅游目的的各种旅游设施和服务体系的空间集合

当旅游消费者通过各种途径获得自认为充分的旅游信息后，会拟订旅游计划或方案。如果可用多种方案解决问题，消费者就必须进行评估和选择。消费者会罗列他所重视的属性，确定各个属性的相对重要性，然后以这些属性为评价标准，比较各个备选方案。虽然评价标准会因人、因产品、因情境而异，但大多数旅游消费者在选择旅游线路时，都会考虑旅游需要花费的时间与金钱，以及旅游带来的价值。旅游消费者在比较各个备选方案在这些标准上的表现的基础上，将结合自己的支付能力和时间，从可供选择的方案中做出选择，并初步确定是自己一个人出游，还是全家一起出游或与亲朋好友结伴出游。

一、旅游消费者的分类

依据旅游者个人和环境的不同，对旅游购买方案的选择还存在很多的可能。分析并判断

旅游消费者的分类及特征，是了解其选择旅游购买方案规律的基础。

"消费者"一词常用于描述两类消费实体。一是为了满足自己的需要而选购产品或服务的个体消费者（personal consumer），又称为最终消费者；二是组织消费者（organization consumer），包括各类企业、学校、医院、军队等营利和非营利机构。

学者们跟踪调查了 27 名比利时家庭住户的度假决策过程，随之提出了一种基于决策制订过程类型的旅游者的新分类方法。

（1）有选择性的旅游者。一般都计划对目的地做长期逗留的体验式考察。他们对旅行往往做充分的准备，这种准备不仅在操作实施方面，而且还包括观光地的历史、文化以及当地生活方式的信息搜集方面。

（2）空想家型旅游者。他们喜欢谈论旅游，在大多数时候，会毫不犹豫地和别人交上朋友并且还推荐一些有特点的旅游地，他们抓住任何可以搜集旅游信息的机会，他们过于乐观，以致经常忽略了情境限制因素的重要性，结果，他们只是对梦中的旅行进行了一次计划和演练，而事实是：①他们并没有真正地旅行过；②他们臆造了一种旅游目的地体验。

（3）无计划型旅游者。出于策略考虑或时间压力的原因，他们会将认知思考和计划减到最少，追求灵活性的渴望是一个重要原因。他们常常会寻找旅游机会，或者参加一些附带条件的旅游活动。渴望长时间自由自在停留、过多的专业活动、缺乏休闲娱乐的时间是导致没有旅游计划的另一个原因。信息有限、没有主动搜寻也是重要原因。

（4）不情愿型旅游者。指那些由于工作和家庭需要而旅行的旅游者。他们可以是决策制订单位的全体成员，或者是决策制订单位的个别成员。孩子通常是不情愿的旅游者，因为由他们的父母决定的旅游目的地既不能提供他们所喜欢的活动，也不具备他们所喜爱的特征。

（5）家庭至上型旅游者。指没有真正参与到度假决策过程之中，而是出于每年都要去同一个地方或租用一个有家庭氛围的住宿地的习惯。在许多时候，这类旅游者讨厌冒险，希望整个假期都有在家中的感觉，不用再花时间去熟悉新环境。

（6）适应型旅游者。这类旅游者常常根据计划和现实可能性对决策和行为进行适应性修正，其适应性表现为：一是他们根据新出现的情况（如小孩出生，经常一起旅游的游伴突然意外）不断修正决策过程；二是他们会去适应决策制订单位。

（7）追求完美型旅游者。将预期的计划和环境与直接的旅游行为结合起来，他们在考虑旅游方案、旅游目的地和旅游活动时，表现出追求多样化的本质特征。他们希望做不同的尝试，不愿错过任何有趣的目的地。因此，他们总是等待接受新的信息，并愿意修正的构想和行为。

二、旅游目的地的选择

在旅游消费者要解决的众多问题中，目的地的选择最为关键，因为只有选定旅游目的地，才有可能再比选各种出游线路，包括住宿方案、餐饮方案、购物计划、娱乐安排等才可以随之确定下来。旅游目的地，指能够对一定规模的旅游者形成旅游吸引力，并能满足其特定旅游目的的各种旅游设施和服务体系的空间集合（王晨光，2005）。

1. 经典的旅游目的地选择模型

（1）Um and Crompton 模型。克朗普顿（Crompton，1977）就旅游者目的地选择过程提出了一个系统模型，他将旅游者的选择划分为两个阶段：一是决定是否去旅游；二是决定去哪里。他认为目的地选择可以被定义为感知的限制因素（时间、金钱和经验技能）与目的地形象之间互动的结果。在该理念的基础上，厄姆（Um）和克朗普顿在 1991 年提出了一套较完善的概念框架模型，该模型基于以下三个变量。①外部因素：指来自社会和市场环境两方面的影响，根据 Howard 和 Sheth 的研究，这些外部因素分为意义性（目的地属性）、象征性（市场促销方面的信息）和社会刺激等；②内部因素：来源于旅游者的社会心理特征（个性、动机、价值观和态度）；③认知构成：代表了旅游者整合外部因素及内部因素，并形成目的地的意识域和目的地的激活域。

厄姆和克朗普顿又进一步将该认知评价过程具体划分为 5 个阶段（见图 9-3）。①通过被动地获取信息或偶然的学习形成对目的地属性的认同；②做出度假决定后，对目的地的选择过程正式开始（包括对环境制约因素的考虑）；③从简单地产生目的地的意识向旅游动机被激发进而积极选择目的地逐步推进；④通过主动的信息搜寻进而形成对令人产生欲望的目的地属性的信任；⑤从令人产生欲望的目的地中挑选出一个特定的目的地。

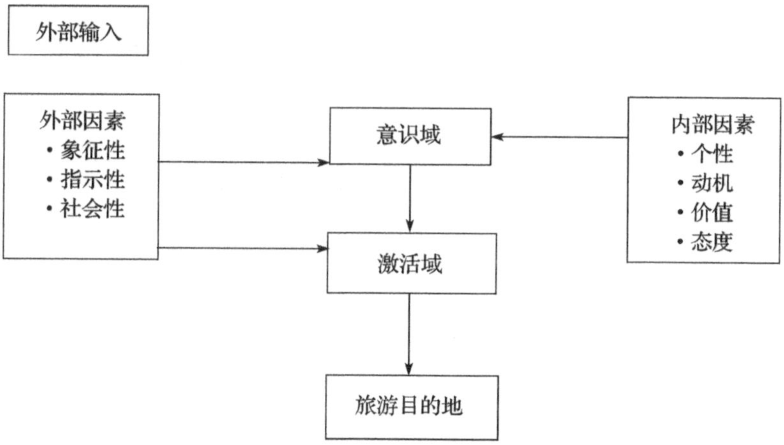

图 9-3　Um and Crompton 模型

（2）Woodside and Lysonki 模型。伍德赛德（Woodside）和莱松斯基（Lysonki，1989）提出了另一个关于旅游目的地选择的综合模型。在很多方面，这个模型都与厄姆（Um）和克朗普顿（Crompton）的模型一致：市场变量（市场营销的 4P 组合）代表外部输入；游客变量（已往的经验、社会人口统计、生活方式和价值观）代表内部输入。同时，伍德赛德和莱松斯基提出的“从意识到目的地向选择目的地的演进”，也相当于厄姆和克朗普顿所提出的“从意识域到最终目的地选择域的历程”。但是，伍德赛德和莱松斯基的方法更为准确，他们增加了厄姆和克朗普顿没有分离出来的一些重要变量。①情感联系：旅游者与某一特定目的地相关联的特殊情感；②游客的目的地偏好：受到对目的地意识的层次分类和情感联系的共同影响，最终得出的一个对目的地的排序；③旅游意向：在特定时间对某一特定目的地进行观光游览的感知喜好；④情境变量：在某一特定的时间和地点所存在的对当前行为产生影响的所有因素，包括物质环境、社会环境、时间视角、任务因素、先前状态等。

伍德赛德（Woodside）和莱松斯基（Lysonki，1989）基于心理学对旅游者目的地的认知进行的分类，被视为是有关旅游目的地决策研究的一大创举。伍德赛德（Woodside）和莱松斯基（Lysonki，1989）认为，旅游者对目的地的知觉意识，尤其是“四个域”的分类受到营销组合变量和旅游者变量的共同影响。情感联系对处于激活域的目的地有积极的影响，因为其极有可能成为被选中的旅游目的地；而处于惰性域的目的地有着消极影响，被排除在备选旅游目的地之外或者备选序列的最后。旅游者对特定目的地的偏好取决于这一目的地处于其考虑域的排位顺序，而旅游者对目的地的偏好又直接影响到他们的旅游意图（见图 9-4）。

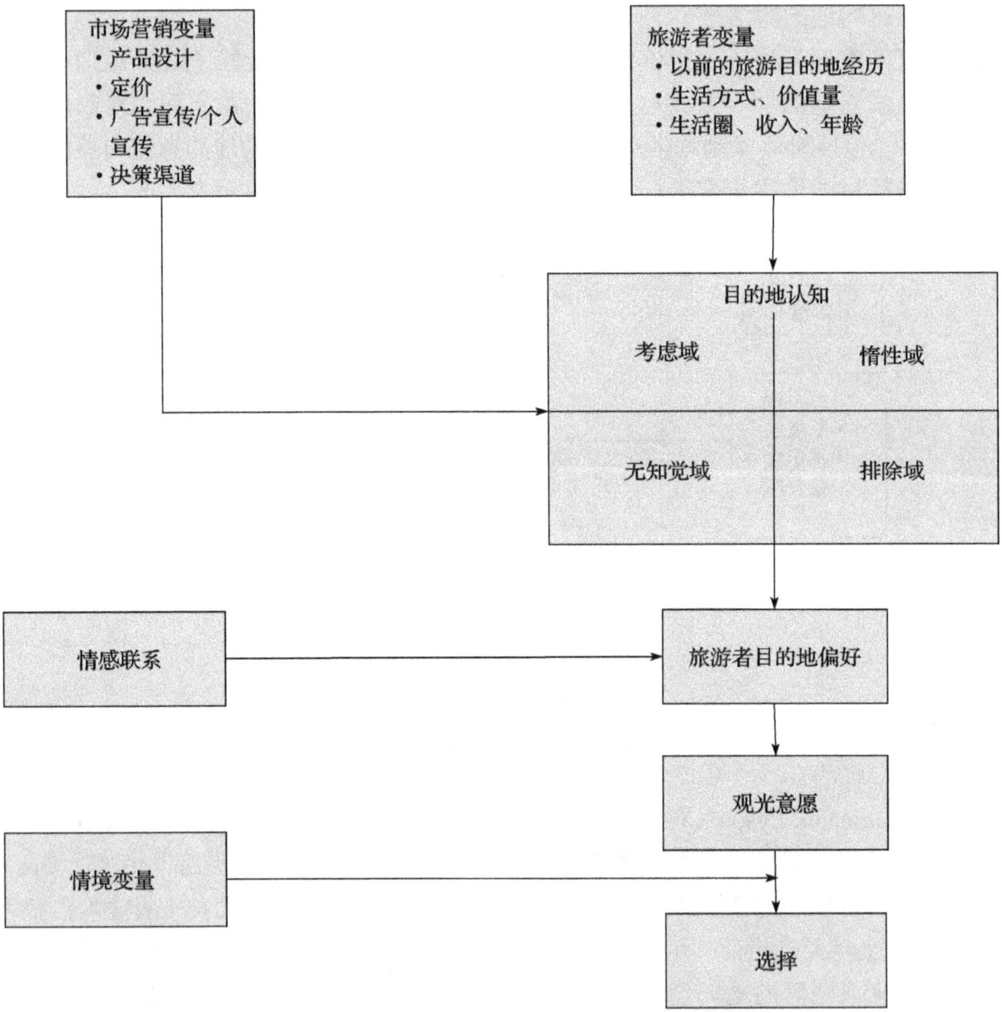

图 9-4 Woodside and Lysonki 模型

2. Um and Crompton 模型和 Woodside and Lysonki 模型的异同

（1）两个模型的相似之处。均属于传统的旅游目的地决策模型，包括以下三个特点。①假定旅游消费者是理性的决策制订者，其决策行为是按一定程序进行的。②模型的核心概念是意识域（或称选择域）决策过程，就是旅游消费者遵照个人效用最大化或满意度最大化准则，将可选择目的地的范围不断缩小的过程。旅游者从初步确定的意识域中排除部分目的地，形成激活域，并从激活域中选出最终的目的地组合。有学者将这一过程形象地比喻为“漏斗过程”。③传统的旅游目的地决策模型从两个方面着手，解释旅游消费者如何缩小所考虑的目的地的范围，做出最后决定。一是旅游促进因素。旅游消费者偏爱的目的地属性是产生旅游效用的输入条件。他们对备选目的地在这些属性上的感知评价以及对特定属性的重视程度决定了目的地的吸引力。旅游消费者以自己的方式整合对各个属性的评价，由此确定自己对备选目的地的偏好程度。二是限制性条件因素，如旅行距离、可支配时间、有限的资金以及个人资源和能力等。克鲁普（E. E. Krumpe）和麦克劳林（W. J. McLaughlin）把目的地选择过程解释为由限制条件驱动的“条件性和序列性排除过程”。旅游消费者根据其对限制性条件状况的感知和限制性条件的数量，对目的地进行正面和负面的评价、排序和筛选，然后再对剩下的选项进行排序和筛选，使备选项递减，最后，限制条件最少的备选项就被确定为出游的目的地。

（2）两个模型的差异之处。伍德赛德和莱松斯基的方法更为准确。因为，对目的地的知觉被视为心理分类的过程，旅游者意识中的目的地可以由此分为考虑域或激活域、排除域、情性域、无知觉域和意识域。另外，伍德春德和来松斯基还有 Um and Crompton 模型没有分离出来的一些重要变量，例如情感联系、目的地偏好等。

三、旅游产品和服务的选择

旅游消费者在确定旅游目的地之后，还会选择食、宿、行、购、娱等旅游产品和服务。产生这些购买行为的前提是旅游消费者意识到自己需要解决特定问题，并相信旅游企业能帮助他们解决这些问题。在选择和比较的过程中，旅游消费者要经历一个权衡过程（见图 9-5）。

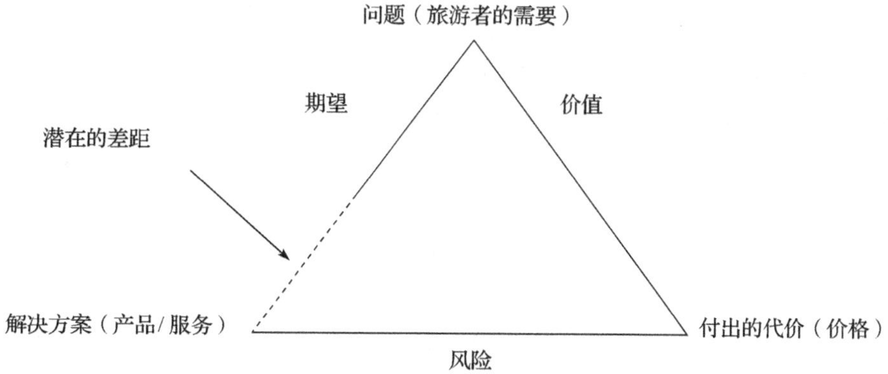

图 9-5　问题解决方案的权衡

资料来源：吴清津．旅游消费者行为学［M］．北京：旅游教育出版社，2006.

图 9-5 显示，旅游消费者对某种产品和服务的选择，附带着对有关性能的一组期望

值。而旅游产品和服务具有较强的体验属性，旅游消费者很难在购前准确评价旅游产品和服务是否达到期望，而必须承担一定的绩效风险、财务风险、人身风险、社交风险等。如果消费者认为购买特定旅游服务能达到期望，而且付出的代价与将获得的价值相符，消费者就会觉得冒这些风险是值得的。如果所选的解决方案未达到消费者的期望，这种潜在的差距（图 9-5 左边的虚线）就会增加消费者感觉中的购买风险，促使他推迟购买或另择解决方案。

一般来说，旅游消费者要解决的问题越多，他们对解决方案的期望就越高，愿意付出的代价越大，存在潜在差距的可能性也越大，承担的购买风险越大。因此，随着购买对象花费的增加，旅游消费者的决策过程也变得更为复杂。

总体而言，旅游消费者重视的是解决方案的消费价值，即他们获得的利益与他们支付的总费用（包括消费者支付的价格与他们为了消费服务而发生的其他费用）之比，并尽量降低风险。在决策过程中，他们既是冒险者，又是理性的数学家。

旅游企业要以消费者愿意接受并能支付的价格，并以其需要的时间和地点为出发点，为消费者提供需要的产品或服务，以便创造和留住游客。为此，旅游企业必须识别出消费者在生理、安全、社交、尊重、自我发展等需要层次上的特定问题，为消费者提供可选择的差异化解决方案，引导消费者的期望。此外，旅游企业还必须分析价格因素对消费者购买决策的影响，向消费者证明其所提供的解决方案与价格相比是值得的，而且实际风险比消费者想象中的小。

案例分析 9-3

一名游客选择旅游目的地的案例

旅游者是一名中年教师，夏季自费独自出游。年初他已开始筹划。打算旅游五六天，花费四五百元，拟在鲁南、豫东、皖南、赣东北、闽北和浙南选择旅游目的地（可达机会）。然后他着手搜集资料，从而对各区域内的风景名胜和历史文化名城了如指掌。由于他本人酷爱大自然，又擅长摄影和绘画，他认为游览自然风景区容易获得较大的旅游满足，因而决定以山地、湖泊、海滨和自然保护区为候选旅游目的地。对于自然风景区，他考虑两个方案：一是多样性方案，即设计一条线路串联几种类型的自然风景区；二是单一型方案，即玩透一个著名的自然风景区。他最中意其中一个多样性方案，只是限于金钱与时间，以及对车船衔接连续性的怀疑，才忍痛割爱。于是他倾向于单一型方案。在山地、湖泊、海滨和自然保护区四种类型中，他认为山地景观丰富，观赏性强，自己又在山区当过十年知青，对大山既熟悉又亲切。他决定这次旅游一座名山。通过比较，在备选的名山名单中有黄山、泰山、天柱山、雁荡山和武夷山。他认为，黄山风景无与伦比，又可顺便游太平湖，可惜的是夏季游人如云，山上吃住成问题。泰山历史遗存丰富，风景则逊于黄山。天柱山刚刚开发，资料不多，风景质量是否高？接待设施是否全？没把握。去雁荡山若乘汽车则辗转劳顿，转海轮又怕晕船，影响游兴。武夷山丹崖碧水，风景有特色，还可参观自然保护区，虽说远一点，但乘火车可直达邻近的邵武，很方便。最后，他选中了武夷山。

分析：这个案例可以说明自费旅游者对目的地选择的一般程序和规律。

第四节　旅游体验及评价

旅游体验　指旅游个体通过与外部世界取得联系从而改变其心理水平并调整其心理结构的过程。这个过程是旅游者心理与旅游对象相互作用的结果，是旅游者以追求旅游愉悦为目标的综合性体验。

当旅游消费者从一系列备选方案中筛选出最终的目的地，极大可能产生实际的消费行为，通过实地体验旅游行程，享用一系列的旅游产品和服务之后，形成游客对此目的地实际体验，会成为游客旅行收获的一部分，将作用于以后的旅行活动中，会对之后的旅游决策产生影响。

虽然旅游企业提供的服务在游客消费的瞬间消失了，但旅游消费者经历的一系列事件可成为旅游体验，甚至是挥之不去的记忆。旅游消费者外出旅游，除了体验旅游本身，还是为了与家庭成员或朋友共同分享难忘的经历，这些将成为他们日常交流的话题，并长期留在他们的心中。来自社交环境中他人的旅游经历和经验，也会影响游客本人的旅游决策。

一、旅游体验

1. 体验和旅游体验的概念

experience 中文指“体验”和“经验”。体验一直是旅游消费的核心。经验是浅层的、与日常生活相关的感官活动。体验是深层次的、高强度的，在与外物激荡过程中达到契合的感受（谢彦君，2005）。体验是第一人称的，强调主体的在场性。经验一部分来自亲身实践得来的体会，也可以是经过社会化学习间接得到的。体验具有更多感性色彩，经验更偏重于理性（樊友猛与谢彦君，2017）。

旅游体验是一种内容丰富的体验，既有精神享受，也有物质享受。Boorstin（1964）把旅游体验理解为一种时尚消费行为，一种人为的、预先构想的大众旅游体验。Mac Cannel（1973）则把旅游体验看成是对现代生活所遭遇的困难的积极响应，他认为旅游者是在寻求“真实”的体验以战胜困难。Cohen（1979）认为，不同的人需要不同的体验，而体验也赋予游客和他们的群体以不同的意义。他将旅游体验定义为个体与多种“中心”之间的关联，在阐述这种关联时，体验的意义源自世界观，对个体来说代表着终极的意义。综合众多学者的观点，Ryan（1997）将旅游体验概括为“针对个体的，涉及娱乐或学习的多功能休闲活动”。谢彦君（1999）指出，旅游体验是旅游个体通过与外部世界取得联系从而改变其心理水平并调整其心理结构的过程。这个过程是旅游者心理与旅游对象相互作用的结果，是旅游者以追求旅游愉悦为目标的综合性体验。这个定义是从旅游市场需求的单一角度，对旅游体验进行界定的。而从旅游供给的角度来理解旅游体验，旅游体验指旅游企业提供的以体验作为旅游吸引物，吸引游客前来旅游，并留下深刻难忘印象的旅游产品，也就是时下学术界谈论较多的体验式旅游。

2. 体验的分类

约瑟夫·派恩二世和詹姆斯·吉尔摩在其《体验经济》一书中，将体验分为4种类型：娱乐，教育，逃避和审美，简称E4。他们认为，让人感觉最丰富的体验必须同时涵盖4个方面，即处于4个方面交叉的“甜蜜地带”的体验（见图9-6）。

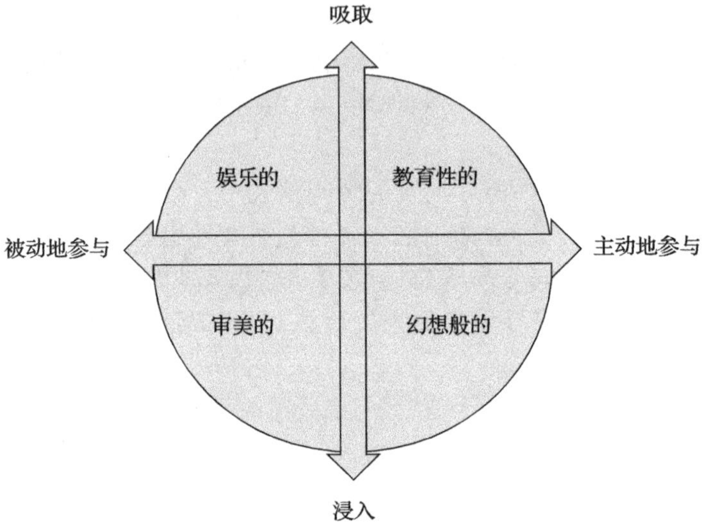

图9-6 体验的分类

资料来源：吴清津. 旅游消费者行为学［M］. 旅游教育出版社，2006.

图9-6的横向箭头表示旅游消费者的参与程度。左端表示消费者“被动”地参与旅游活动。例如，在某个博物馆纯粹以观众的身份参观展品。右端表示消费者“主动”地参与旅游活动。这类消费者通过自己的积极参与，影响旅游活动的开展，进而影响并创造自己的体验，如到滑雪场滑雪，消费者自己就成了“表演者”。

图9-6的纵向箭头描述旅游消费者和环境的相关性。上端表示吸取，消费者专注于用心智吸取体验。下端表示沉浸，消费者置身其中，亲身获取体验。前者是体验“走进”消费者，后者是消费者“走进”体验。如果游客站在很远的看台上看斗牛比赛，他们在专注地接收这场比赛的信息。如果游客站在赛场边上，眼前的景象、比赛的声音和气势就会使他们和周围的狂欢者一样兴奋和投入，全身心地沉浸在比赛中。

横向箭头和纵向箭头将消费体验分成可相互兼容的4个部分。

（1）娱乐体验。

娱乐使是人们愉悦身心的方法之一，也是主要的旅游体验之一。游客通过观看各类演出或参与各种娱乐活动使自己在工作中形成的紧张神经得以松弛，让会心的微笑或开怀大笑抚慰心灵的种种不快，从而达到愉悦身心、放松自我的目的。

（2）教育体验。

游客在旅游中见前所未见、闻前所未闻、尝前所未尝，每一次旅游都会有新的收获。无论是自然风光，还是人文景观，总会以其独特的、蕴藏其中的自然知识或文化底蕴、悠久的历史传统、高超的建筑技艺等令人耳目一新，学习自然而然地就融入旅游的全过程当中。

（3）幻想体验。

工作的压力、日常生活的烦恼、人际交往的复杂、生活空间的拥挤与喧闹使人们希望能定期到尚未城市化的地方修身养性，忘却来自工作和生活的双重压力，寻找生活中另一个摆脱束缚的真实自我。

（4）审美体验。

美好的事物令人心情舒畅、精神愉悦，旅游者在感受名山大川姿态各异、人文建筑的高超艺术之美时，就是获得从身体到精神的放松、通畅、忘我感觉的过程。

二、旅游体验的影响因素

关于影响旅游体验的因素，学者 Chris Ryan 的研究成果最具影响。他在《休闲旅游：社会科学的透视》中，将影响旅游体验的因素划分为先在因子、干涉变量、行为和结果。

先在因子包括个性、社会等级、生活方式、旅游动机、过去的知识和经验等综合因素，它们导致一个有个体差异的旅游期望的产生。

干涉变量包括旅行经验、延误、舒适、便利、目的地可进入性、住宿质量等变量因素。

行为因素涉及游客旅行形式、喜爱的地方的位置以及喜爱的活动的位置。Ryan 指出，游客在旅游活动过程中，个体性格、受教育程度、对旅游的理解、对旅游活动的参与程度的不同，会使旅游主体获得不同的旅游体验。

从结果来看，Ryan 指出，当旅游企业过度渲染旅游体验，游客以消极的态度对待旅游期望和实际体验的反差，则产生失望感，对旅游失去热情；旅游期望和旅游实际体验基本对接，游客较满意，不会失望但也不会对旅游增加激情；旅游企业恰当的设计旅游期望，并在旅游过程中不断协调干涉变量，积极引导游客进入旅游角色，旅游主体体验了未期望的经历，并获得意外惊喜，旅游体验为兴奋感。

1. 客观因素

环境因素。在旅游过程中的外界环境因素既包括宏观环境因素，如当时的政治环境、自然环境、经济因素，也包括旅游目的地的因素，如旅游景区的客观环境、旅游景物自身的美感度、旅游地居民态度、参与的活动的难易程度、旅游目的地的可进入性，都将影响游客旅游体验的获得。

2. 主观因素

（1）个人因素。

①教育程度。受教育程度影响旅游体验的深度和层次。一般而言，旅游活动很大程度上是一种精神消费，受教育程度越高，对旅游体验的获得的深度就越强烈。

②年龄因素。年龄的差别往往意味着生理特征、心理状况、个性特点、兴趣爱好等方面的差异，年龄不同，在获得体验方面的主动性、积极性等方面也就存在不同。

（2）心理因素。

①旅游感知与领悟力。是客观事物直接作用于人的器官，在人的脑中产生的对这些事物的各个部分和属性的整体反应。知觉具有选择性、理解性和恒常性的特点，这也使游客对同类型旅游产品的旅游体验存在差别，并且是一旦形成对某一旅游地形象的感知而不易改变的最主要原因。

人自身领悟力是有差异的，有人在面对美景的时候，往往能够意识到美丽的真谛，容易达到一种超越，获得一种幸福感受；有人则对视美景而不见，美景从眼前溜走还不自觉。

②参照群体对游客个人心理因素的影响。一般情况下旅游是个人进行的群体性活动，因此个人在进行旅游活动，感受旅游体验时，会受到周围群体的影响，亲属、朋友、旅游伙伴、不相识的游人，他们的言行举止都会影响游客个人的感受。对待同样的旅游景观，当个人没有发现其中奥妙的时候，周围群体发现的眼睛会提醒和感染游客个人的体验神经，从而也能使之感受那种最初无法领悟到的体验感受。

③旅游动机。旅游体验的获得，很大程度上还依赖于游客的旅游动机。游客从事旅游活动的动机多种多样，简单而言，可以分为两种：一是为旅游而旅游；二是非为旅游而旅游。

为旅游而旅游，就是说游客从事旅游活动就是为了发现旅游的乐趣，品味旅游的无限魅力，因此往往这类游客的心情是愉悦的，体验是愉悦的，旅游体验的层次也会比较容易达到高级乃至最高境界。

非为旅游而旅游，是说旅游的目的不是为了获得旅游的乐趣，而是为了排除工作压力、摆脱心灵的某些羁绊等，因此出游目的的不同就会使旅游色彩不同，这些将影响旅游体验的获得。

④以往的旅游经历。这是游客搜集旅游信息的来源，对旅游期望的形成、旅游方案的选择、旅游活动的实践都产生了一定的影响。

三、旅游体验的质量及游后行为意向

1. 旅游体验的质量

旅游体验质量主要指游客是否获得满意的旅游体验。不管是对于游客还是对于向游客提供服务和产品的旅游企业经营管理人员，旅游体验的质量是他们从事旅游及相关活动的生命线。高质量的旅游体验给游客符合预期甚至超过预期的旅游满足，也奠定了旅游企业获得经济效益的长久基础。

学者们用以下几个主观指标来衡量旅游者旅游体验的质量：满足感、淡漠感、失望感。为了提供可以用来衡量旅游者旅游体验质量的客观指标，又可以作为旅游企业经营者经营管理决策的参考依据，有些学者在探讨人们对服务产品质量体验的感受时，往往进一步提出一些比较容易测量的具体指标。如可感受性、可靠性、保险程度、快捷程度、专注程度和形象。

旅游体验质量评价以直接采用服务营销领域中的产品和服务质量模型为主。学者们普遍以“期望感知绩效差异”为理论基础。

孙小龙等（2018）通过文献梳理整理出几类主要的体验质量评价模型，包括 KANO 质量模型、GM 模型、GAP 模型、HSQM 模型、ACSI 模型。几位学者从模型的理论基础、视角、方法思路、构成、评价特征、评价关键及模型类型等方面对以上质量模型进行理论方面的总结（见表 9-3）。

表 9-3　体验质量评价模型总结

评价层面	KANO 模型	GM 模型	GAP 模型	HSQM 模型	ACSI 模型
理论基础	期望差异理论	期望差异理论	期望差异理论	—	期望差异理论 顾客价值理论
模型视角	产品体验视角	服务体验视角	体验质量视角	交互体验视角	价值体验视角
构建思路	对产品质量的 5 种特性分别进行比较，以确定不同质量特征下的顾客满意度	从技术性质量、功能性质量和形象 3 个维度对体验质量进行评价	从功能性质量的服务认知、服务标准、传递标准和沟通标准 4 个方面进行体验质量评价	从交互质量、物理环境质量和结果质量的可信、共鸣、移情 3 个方面进行体验质量评价	对比顾客期望与感知质量，并以价格—感知价值作为补充来反映顾客满意度
模型要素	魅力质量、一维质量、必备质量、无差异质量、逆转质量、满意度	技术性质量、功能性质量、形象	功能性质量	交互质量、物理环境质量、结果质量	感知质量、顾客期望、感知价值、满意度、顾客抱怨、顾客忠诚
评价关键	属性评价	层级评价	层级评价	多维度层级评价	价值评价
评价结果	满意度代理	直接评价	直接评价	直接评价	满意度代理
模型类型	理论演绎模型	理论演绎模型	理论演绎模型	归纳模型	理论演绎模型

2. 游客游后行为意向

游后行为意向，即旅游行为发生之后再次发生的可能旅游行为意向。已有研究表明，游客旅游体验质量是关系游客重游意愿的重要因素，对游客的游后行为意向影响明显。

Kotler（2003）指出，消费者在使用某种产品或服务之后，会对其消费情况产生满意或者不满意的态度，而这种主观的评价将会影响消费者的行为意向。Gitelson 和 Richard（1984）认为游后行为意向中的推荐和评价可以给景区带来有利的宣传。Mano 和 Oliver（1993）研究发现，情感体验与口碑有关。Ibranhim 和 Ng（2002）认为消费者在商店购物时的知觉体验会直接影响其享受体验，并会进一步影响其购物后的惠顾行为。Petrick

（2004）研究表明，满意体验对游客重游倾向产生显著的正向影响。Baker 和 Cramptou（2000）研究发现，价值感知和满意体验对行为倾向都有影响，但满意体验的作用更为突出一些。

案例分析 9-4

沉浸式旅游体验

耗资 5 亿美元打造的“阿凡达实体公园”是奥兰多迪士尼 10 多年来最大规模的扩建，迪士尼把它放在了之前人流最少的动物王国区域内，想借阿凡达的热度增加人们在这个区域的到访和停留时间。在这个造价不菲的“潘多拉星”里，有漂浮的山，发光的雨林，甚至还可以“坐”在女精灵的背上飞跃峡谷。

在主题公园中，游客的身份是随着 Alpha 半人马远征公司（Alpha Centauri Expeditions, ACE）前去“潘多拉星球”的旅行者。如果你和主题公园中的向导聊天，他们会告诉你电影中的事件已经是几百年前的事情，来自地球的邪恶采矿集团 RDA 早已一去不返。如今，ACE 开始将人类运输到潘多拉星球，学习这里的生态、动植物知识，修复前人给这座蓝色星球造成的破坏。

作为旅行的内容之一，游客可以使用电影中的“化身技术”来驾驶斑瑟兽（Banshee）空中翱翔；也可以驾一叶扁舟观赏潘多拉星球夜晚荧光闪闪的植物。

分析：旅游体验是旅游的核心，是新的经济产出，可分为教育体验、逃避体验、娱乐体验和审美体验。旅游体验的获得受到主客观因素的影响，也对游客后续的行为意向产生影响。

课后讨论与设计

× 游网推出旅游产品对比功能

近些年来，在线旅游市场竞争激烈，海量的旅游产品不断推向市场，一方面增加了游客选择的多样性；另一方面，相较于机票、酒店等标准化产品，度假旅游产品因其要素组合千差万别，稍做调整就成为一个新的产品，同样是四晚五天的台湾自由行产品，价格却有 1000 多元的差别，往往让消费者极为困惑，不得不耗费大量的精力进行烦琐的咨询和比对，不仅给消费者带来了不便，也不利于企业的效率提升。

2015 年，× 游网在行业率先推出旅游产品对比功能，用户移动鼠标，就可以将旅游产品涉及的各个要素进行清晰比对，食、住、行、游、购、娱一目了然，使消费者旅游决策更简单。

消费者在 × 游网搜索框只要输入想去的目的地，就会发现产品列表页中每个旅游产品的价格下方有一个“对比”的标签，选择感兴趣的产品之后，轻轻点击“开始对比”，系统将从基本信息、费用、酒店、往返交通、可选附加服务、参考行程 6 大维度、12 个小类对选中的产品进行全方位的对比。

问题：

1. 说明上述案例为游客旅游消费过程中的哪些环节提供了便利。

2. 请结合材料分析旅游消费者对在线旅游平台有哪些需求？他们如何选择不同的在线旅游平台？

复习与实践

一、判断题

1. 需求指个体在生活中感到某种缺乏而力求获得心理满足的一种心理状态。（ ）
2. 旅游信息既来源于内部信息，也包括外部信息。（ ）
3. 旅游购买方案指对旅游目的地的选择。（ ）
4. 旅游体验既可以是来自自己的，也可以是来自他人的。（ ）
5. 游客参加旅游活动时，能同时获得娱乐体验、教育体验、逃避体验和审美体验。（ ）

二、选择题

1. 旅游需求受到主客观因素的影响，不属于客观因素的是（ ）。
   A. 旅游动机　B. 支付能力
   C. 交通运输条件　D. 闲暇时间
2. 对消费者决策影响最大的信息来自（ ）。
   A. 广告　B. 专家建议
   C. 亲友推荐　D. 网络评价
3. 游客进行购买方案的选择时，首先应该确定（ ）。
   A. 旅游目的地　B. 出行方式
   C. 旅游行程　D. 娱乐活动
4. 旅游消费的核心是（ ）。
   A. 价值　B. 价格　C. 感受　D. 体验
5. 学者们测量游客旅游体验质量是普遍以（ ）为理论基础。
   A. 可靠性的测量　B. 可感受性的测量
   C. 期望差异的测量　D. 旅游目的地形象的测量

三、思考题

1. 如何理解旅游需求的内涵？
2. 请简述旅游信息搜集的策略？
3. 请简述体验经济中体验的分类？
4. 请简述旅游消费者如何选择旅游产品和服务？
5. 请简述旅游体验的影响因素？

四、案例分析题

30 年前，“头戴旅行社统一配发的小红帽，成群结队地从大巴上蜂拥而出，拿着相机狂拍”，这是中国游客的“画像”。时过境迁，30年后，中国游客由懵懂跟团，成长为有准备的行家，旅游目的更丰富，旅游中购物更理性，游客年龄呈现多元化，越来越追求特色、深度，注重体验当地文化，追求深度和品质的“自助游”正成为主流。

请查阅资料，分析中国游客是如何成为“旅游行家”的？

五、实践题

为师弟师妹制订一份2天1夜的班级旅游方案，并在他们返校时对其进行旅游体验调研。

第三篇　旅游消费者行为与市场

第十章　营销刺激对旅游消费行为的影响

》问题导入

“用最好的食材，还你值得一生等待的寿司”，纪录片《寿司之神》让许多人认识了日本90多岁高龄的米其林三星大厨小野二郎，他也是寿司店“数寄屋桥次郎”的店长。该纪录片播出之后，为了吃到这家店的寿司，不少中国的美食爱好者甚至提前几个月打电话预约，然后专程飞赴日本，只为了赴一场与“寿司之神”的约会。

思考：为什么游客会受影视作品影响选择出游目的地？

》学习目标

1. 了解旅游产品的概念、特性；掌握旅游产品的特性对旅游消费者行为的影响；理解旅游产品设计的策略；

2. 了解广告和旅游广告的概念、广告的类型和投放渠道；理解广告对旅游动机、态度、信息搜集行为和购买方案选择行为的影响；

3. 了解价格、旅游价格、消费价值的概念；理解旅游消费者的价格心理；掌握旅游消费者价格感知和购买行为；了解旅游产品的价格策略。

》本章重点、难点

1. 旅游产品特性对旅游消费者行为的影响；

2. 旅游产品设计的策略；

3. 广告对旅游动机、态度、信息收集行为和购买方案选择行为的影响；

4. 旅游消费者价格感知和购买行为。

消费者购买行为模式中比较有代表性的是刺激—反应模式，这一原理由行为心理学创始人约翰·沃森（John B.Watson）在巴甫洛夫（Pavlov）对条件反射概念的基础上提出。约翰·沃森（John B.Watson）指出，人类的复杂行为可以被分解为两部分：刺激和反应。人的行为是受到刺激的反应。刺激来自两方面：身体内部的刺激和体外环境的刺激，而反应总是随着刺激而呈现。按照这一原理分析，从旅游消费者行为学的角度出发，旅游目的地的营销活动都可以被视作对旅游消费者购买行为的刺激。所有这些，我们称为市场营销刺激，是旅游目的地的企业有意安排的刺激。除此之外，旅游消费者还受经济、政治、社会、文化等其他方面的外部刺激，所有这些刺激，经过旅游消费者一系列的心理活动，产生了人们看得到的旅游消费者的反应：购买还是拒绝接受，或是表现出需要更多的信息。旅游消费者一旦已决定消费，其反应便通过其消费决策过程表现在旅游方案的选择上，包括景区的选择、酒店的选择、购物商店选择、购买时间选择和购买数量选择。

第一节　新时代旅游产品设计与旅游消费行为

旅游产品　是为满足旅游者的愉悦性休闲体验需要而在一定地域上被生产或开发出来以供销售的物象和劳务的综合。

一、旅游产品

1. 旅游产品的概念

旅游产品是旅游消费的客体。谢彦君（2011）将旅游产品定义为，为满足游客的愉悦性休闲体验需要而在一定地域上被生产或开发出来以供销售的物象和劳务的综合。理解旅游产品的内涵需要从以下几个方面着手。

（1）旅游产品是专门为出卖给游客而生产或开发出来的。

（2）旅游产品的生产有两种方式：一是依托于旅游资源生产或开发出来；二是凭借人力、财力、物力资源而仿造或创造的。

（3）旅游产品功能上具有可观赏性或可体验性；空间上具有地域性；时间上具有不可存储性。

（4）旅游产品的类型由实物和服务构成，根据旅游产品的表现形式，旅游产品可以分为服务形式的旅游产品、实物形式的旅游产品和两者相结合的旅游产品。

（5）旅游产品的类型非常多，既有交通服务、住宿服务、观光服务等单项旅游产品，也有将航空、铁路、饭店、旅游景点和娱乐场所等企业提供的若干种互补性单项旅游产品组合起来，较全面地满足游客一次旅游活动需要的组合旅游产品。

2. 旅游产品的特性

与大多数产品相比较，旅游产品具有无形性、生产与消费的同时性、差异性、不可储存性、互补性、所有权的不可转移性等特性。每个特性都会影响旅游消费者的消费行为。

（1）无形性。是旅游产品区别于大多数产品的最明显的特性。谢彦君（2011）指出旅游是一种体验，旅游体验过程是旅游者活动的首要目的和主体内容。当旅游者购买旅游产品时，其购买的是旅游带来的体验，包括乘飞机飞行、夜宿宾馆、参观博物馆、欣赏戏剧表演、坐游船游览、观赏名山大川、在俱乐部娱乐休闲等。

虽然旅游产品需要利用有形实物才能完成服务程序，但是，诸如飞机上的座位、酒店的床位、餐馆的食物等有形实物是用来辅助创造旅游体验的，它们不是游客追求的目标。游客希望得到的是快乐、兴奋、轻松等无形收益，购买有形产品只是打开旅游体验的“敲门砖”。

（2）生产与消费的同时性。大多数旅游产品是在相同地方同时生产和销售的。旅游企业为游客提供服务时，也正是游客消费服务的时刻，两者在时间上不可分离。例如，当酒店客房出售给游客时，游客同时产生了入住体验。由于旅游产品的生产和消费同时性，旅游企业往往将生产、零售和消费场所融为一体。游客必须到特定的场所（如酒店、景区、机场），与旅游企业员工互动，积极地参与服务过程。此时，游客并不是单纯的消费者，而是作为旅游产品生产过程的参与者，甚至是创造者，也影响着其他游客体验的生成。例如，在饭店就餐的消费者可能会由于其他顾客的高音大嗓而大倒胃口。员工的行为和态度都可能对游客的消费体验产生影响。如果旅游企业员工粗心大意或不修边幅，将会影响游客对旅游产品的评价，甚至破坏游客的消费体验，使游客决定从此不再购买此产品，甚至是将自己的消费评价发布在网络上或者告诉亲友。

（3）差异性。指旅游产品的构成成分及质量水平可能存在不稳定，很难保持一致。大多数旅游产品都包含服务成分，而旅游服务的核心是“人”，这就给旅游产品的生产带来了不确定性。虽然旅游企业可以明确规定服务人员在某种服务场合的行为标准，但管理人员很难预料不同工作经验、性格特点、工作态度的服务人员在某一服务场合的实际行为表现。此外，面对面服务是一种情感密集型劳动，很容易受情境因素的影响。在不同情境下，即便是同一服务人员提供的服务也不可能完全相同。因此，旅游企业往往不容易制订和执行服务标准，很难保证为游客提供的服务始终如一。

同时，旅游产品的优劣不仅与服务人员的服务态度和能力有关，也和旅游消费者有关。由于旅游消费者直接参与服务的生产和消费过程，旅游消费者的知识、消费经验、合作程度、兴趣偏好不同，服务的质量和效果也有所不同。另外，旅游消费者的需要存在天然的差异，对旅游产品的评价也会存在因人、因时、因地的差异。

（4）不可储存性。游客体验的无形性、旅游企业服务的无形性以及生产与消费的不可分离性，使旅游服务不可能像实物产品一样被储存起来，以备未来出售。例如，航空公司过期未售出的机票，永远失去了销售的机会。因此，对消费者进行需求管理是旅游企业一项极为重要的工作。旅游企业必须预计消费者在不同时间段的需求量，以便调整生产能力，或在需求低迷时期采取措施，刺激需求。

由于服务不可能储存，而且消费者也不可能将服务携带回家。消费者在接受了企业提供的服务之后，服务就立即消失。游客体验是游客在与当下的情境融合的结果，离开这一情境，也会发生变化。

（5）互补性。旅游是由食、住、行、娱、游等活动构成的，游客在整个旅游过程中仅购买单项旅游产品的情况极为少见。例如，旨在快速高效完成旅行的商务游客除了购买飞机票之外，还要消费出租车交通服务、餐厅的膳食和酒店提供的住宿服务。消费者对一个旅游产品的购买行为，会引起一连串的旅游购买行为。因此，影响一个旅游产品的因素往往会产生一连串的反应，影响其他旅游产品。虽然这些旅游产品可能属于不同的企业，但它们之间却紧密地联系在一起。旅游产品的这种密切关系被称为互补性。

鉴于旅游单项产品在功能上的互补性，很多旅游企业联手开展营销活动。如航空公司和酒店推出旅游常客计划，飞行里程达到足够积分的旅客，可以享受特定酒店提供的打折优惠。此外，旅游企业还根据游客的消费需要，将航空、铁路、酒店、旅游景点和娱乐场所等单项旅游产品组合起来，形成包价旅游产品。缺乏旅游知识的游客，为了省心愿意一次性购买组合的包价旅游产品。然而，提供包价服务的旅游企业不要忽略自己的竞争对手恰恰正是游客。随着旅游知识的积累，游客可能会分别对行程所需的各个互补性单项旅游产品做出决策，自行完成旅游产品的组合，而不再把整个行程视作一个旅游产品。

（6）所有权的不可转移性。指大多数旅游产品在生产和消费过程中，不涉及任何所有权的转移。旅游消费者只有在购买服务的时候，才可以参与活动或使用设施。交易结束之后，旅游消费者获得了一段消费经历，也可以继续享受服务的效果，但他们却并不拥有实物产品的所有权。如乘飞机之后，旅客从一个地方被运送到另一个地方，此时旅客手里除了握有机票和登机牌之外，不再拥有任何东西。旅游产品通常只会带给消费者心理和生理上的感受，这就意味着在旅游产品的购买当中，情感因素举足轻重。营销人员必须设法减少旅游消费者感觉中的购买风险，才能促进旅游产品的销售。

二、旅游产品设计

1. 旅游产品的特性对旅游消费者的影响

由于旅游产品的无形性、差异性、生产和消费同时性等特点，游客在购买和消费之前难以了解或评估这些产品的大部分属性，尤其是游客在参加跨国旅游或跨文化旅游活动时，评估旅游产品的难度就更大了。尽管如此，大多数游客在消费了旅游产品和服务后，还是能够判断和评估服务质量的。旅游产品的特性对旅游消费者的影响主要体现在以下几方面。

（1）旅游消费者对旅游产品的不确定增加。消费者在购买产品和服务时，都会面临一定程度的购买风险。但是，旅游产品的无形性、生产与消费的不可分离性、差异性、不可储存性以及所有权的不可转移性，使旅游消费者感到购买决策存在较大的不确定性。①在绝大多数情况下，消费者在购买旅游产品之前，无法通过试用旅游产品来判断产品的优劣，无法确定自己的消费体验是否与旅游企业的承诺一致。如果消费者从未购买过这种旅游产品，就只能根据他人的知识和经验，或根据旅游企业的广告宣传和承诺，来判断这种旅游产品的质量，决定是否购买。②由于旅游产品的差异性，旅游消费者无法确定重游或者重购时，旅游企业和服务人员能否提供相同水准的产品和服务。③旅游企业通常不实行“保用、保修、保退”，因此，旅游消费者在购买服务时感受到较大的风险。当他们在购买价格不菲的包价旅游产品时，这种感觉尤为明显。

（2）旅游消费者在消费过程中夹杂着感性因素。旅游消费者并不是绝对理性的，在旅游过程中会牵扯一定的感性因素。①旅游可以带来无法用金钱衡量的收益，享受度假旅行可以逃避工作环境，给沉闷的生活增添色彩和美感，重新振奋疲惫的精神。所以，大多数游客会对旅游计划充满期待。②消费者购买旅游产品，通常有助于满足他们社交、自尊、自我实现等较高层次的需要，例如，让孩子增广见闻，结识新朋友等。③旅游产品是一种靠旅游消费者体验来感知的商品，因此消费者对旅游产品判断的主观性要大于客观性。

（3）旅游消费者的投入程度较高，购买过程复杂。游客往往会对整个购买过程产生浓厚兴趣，并且积极参与其中。旅游经历丰富的游客会设法广泛搜集信息，寻找值得信赖的旅游供应商，减少购买决策的风险。但是，旅游产品的体验性属性给游客在购买前搜集信息增加了难度，使旅游产品的购买过程变得非常复杂。①由于在购买之前，游客无法充分评估旅游产品的体验性属性，游客会根据售价和旅游企业的有形证据（如旅游企业的装潢、服务设备、服务人员、宣传册）评估旅游产品和服务的质量。②游客在购买旅游产品的过程中很容易受到其他个人（如亲友和专家）、群体、组织以及媒体的影响。与大众传播媒介相较而言，游客更信任来自社交环境的信息。③绝大多数的游客在购买旅游产品时会提前花费较长的时间进行决策，而且他们在购买过程的不同阶段可能会表现出不同的行为方式。④在不易搜集信息、游客高度投入并且认为可供选择的各种品牌并没有多少差别的情况下，游客可能会先购买，然后形成态度，最后产生信念，获得有关知识。这种决策在游客选购旅游产品时经常发生。游客通常抱着求新求异的心态购买旅游产品，到陌生的目的地游玩，亲身体验消费经历后，形成对该产品的态度。为了证明自己的选择是正确的，游客会在购后进一步搜集信息来了解这种产品和服务，而不是在购买前先搜集好信息，做出判断选择。

2. 旅游产品设计的策略

（1）开发特色鲜明的旅游产品，符合游客的个性化、多样化需求，激发旅游动机。人们外出旅游的目的是满足自身需要，旅游需要因人而异，是多层次、动态变化的。例如，与“驴友”一起登山，有的人是为了寄情山水，舒缓压力；有的人是为了结识更多的朋友；还有的人是为了拍照片发朋友圈；更多的游客兼而有之。因此，旅游产品首先要满足游客的需要。旅游产品的设计需要彰显鲜明的特色，才能对游客有吸引力，符合动态变化的旅游需要，激发旅游动机，可以从 3 个方面着手。①精准定位客源群体，识别其旅游需要。不同的游客的需要因其个性、文化背景、社会群体的影响而不同，而且也会产生动态的变化，所以旅游产品的设计不止应精准定位客源群体，更应该对接个体和群体的旅游需要。这样即使“人”变了，只要旅游需要还在，旅游产品仍然会有市场。②旅游产品设计要保持旅游资源的原真性。为满足游客的求真求实心理，要尽可能保持旅游资源的原始风貌，通过强化旅游产品（旅游目的地）属性和功能与游客需要和需求有效匹配，实现旅游动机的激发。③突出旅游产品的个性。旅游产品大多依托于旅游资源，旅游资源的吸引力和生命力取决于其独特性，因此，在设计旅游产品时，要尽力突出所依托的旅游资源的特色，强化和渲染这种特色，以满足人们对需要复杂性的追求和向往。对于人力创造的旅游产品，不能一味追随潮流和模仿，要发挥设计者的创意，可以“讲故事”的方式塑造旅游产品的品牌。

（2）旅游产品的开发以旅游者的情感为主诉求，注重旅游产品的情感属性。在体验经济背景下，游客购买产品所看重的已不是产品数量的多少、价格的高低或是否耐用，而是为了一种综合的体验感。这种体验感是一种感情上的满足，也是一种心理上的认同。所以设计旅游产品应拟人化，赋予其情感因素。①从旅游产品的心理需求角度出发，进行深层次的产品设计，也就是产品概念的设计——对潜在的消费需求和消费心理的迎合和挖掘，以旅游者的心理特征、生活方式、生活态度和行为模式为基础去设计人们的精神和心理需求的旅游产品，重视产品所体现的品位、形象、情感和情调的塑造，符合目标游客的求新、求异、求知等心理属性，提供情感体验舞台，将潜在的需求转化为实在的消费行为。②激发游客潜在情感，体现互动性与游客参与性。旅游是一种情感的体验，旅游是游客与景区、产品的互动。在快节奏的生活压力下，人性中很多需求往往被压制，旅游对游客而言是一次寻求释放的过程和体验。旅游目的地可以利用游客这种心理特点，充分发挥“编剧”角色的作用，引导游客主动参与旅游活动，尽情表演，成为旅游活动的主角。③更新旅游产品和服务，不断提升旅游产品和服务质量，注重游客参与度，强化旅游消费者的感知，促进其旅游偏好的形成。旅游偏好有可能导致旅游行为，可以通过态度推测旅游偏好。从某种意义上讲，更新旅游产品是改变游客态度的最基本、最有效的方法，但需要较大的投入。除此之外，旅游目的地企业也可以通过不断提高旅游产品质量，占有稳定的市场，保持源源不断的客源。

无论是更新旅游产品，还是提升产品和服务质量，都需要借助多种途径和策略传达给现实的和潜在的旅游消费者。例如，在旅游活动中设计高频次的互动环节，有意识地引导游客参与互动活动可以强化游客的感知，促进其产生积极的态度。

提升游客的参与度，不仅可以强化游客的感知，还可以打通游客满意度的反馈，及时地了解、提升游客对旅游活动的体验感和游后评价，不仅能影响其自身的认知、情感和行为倾向，也能留下深刻的印象，通过分享来影响他人的认知。

案例分析 10-1

乌镇——来过，未曾离开

“来过，未曾离开”成为许多人对乌镇的注解之一。对于热爱生活、享受生活的人来说，乌镇就是一个萦绕在心头的梦，让人心心念念。乌镇不仅恬静优雅、水墨风情，更是一座守着历史与沧桑，枕水而眠的小镇，它的美让人一眼便会折服。乌镇分为东、西、南、北栅。东栅遗留着古镇原始的古朴风貌，花鼓戏、皮影戏、高竿船等表演彰显着这里的民俗文化，老街上有很多有特色的故居和博物馆。西栅融合了观光与度假，街区内的名胜古迹、手工作坊、经典展馆、民俗风情、休闲场所，再配上古镇独有的自然风光，让人流连忘返。喜欢戏剧的游客一定不能错过乌镇的戏剧节，时间是每年的 10 月……

分析：乌镇从观光小镇到度假小镇到文化小镇，核心是从资源产品和精神形态上突出个性，制造差异性，生成商业模式，形成竞争壁垒。首先用产品的差异性创造和放大游客的浸入式体验感受，构建景区的优势。其次通过统一运营景区内的住宿来保证产品和服务质量。最后用文化作为放大景区 IP 的手段，创造游客的文化精神感受，形成景区的无形优势。

第二节　广告刺激对旅游消费行为的影响

广告是旅游目的地或旅游企业常用的促销工具。旅游广告的作用体现在，一方面能树立一个目的地或企业的长期形象；另一方面，能在短期内促进销售。

一、广告概述

1. 广告和旅游广告

根据美国市场营销协会（AMA）的定义，广告是“由一个特定的主办人，以付款方式进行的构思、商品和服务的非人员展示和促销活动”。简言之，广告是由营利性企业或非营利性组织或个人，通过花费一定的费用将有关信息由媒介发布和传播出去。它用一种非人员的沟通方式，通过释放信息来树立形象，进行有选择的展示或促进销售（李天元，2000）。

旅游广告是由旅游目的地国家和地区、旅游组织或旅游企业出面，用付费的方式选择和制作相关旅游方面的信息，并由媒体发布出去，以扩大影响和知名度，树立旅游目的地国家、地区和旅游企业的形象，达到促销目的的一种广告形式。由于旅游产品与其他服务性产品相比具有构成成分复杂、企业不可控因素多的特点，从某种程度上说，某一国家或地区的旅游产品必须以本国或本地区的社会、经济、文化环境为依托，所以，部分营销工作常由目的地国家和地区的旅游管理部门承担。从广告主体上看，旅游广告除了有单项旅游产品广告、旅游线路广告、度假地和游览地广告之外，还有国家旅游广告，它宣传和塑造的是旅游产品的总体形象。这是旅游广告区别于其他行业广告的最显著特点（李天元，2000）。

2. 广告的类型

广告的目标通常与企业和产品 / 服务的发展目标相一致，与产品 / 品牌的生命周期相一致。按照最终的目的，广告可以分为以下三种类型。

（1）销售广告。是最常见的销售推广形式，以销售产品为目的，从中直接获取经济利益。销售广告主要吸引消费者的注意力，告知消费者新产品的上市，或特别时段提供的特殊产品，促进及时的销售。产品销售广告一般包括产品品牌、活动名称、时间和期限、方式和方法等信息。它时效性强，完成短期目标。旅游企业销售广告内容多样，包括折扣、优惠券、积分、抽奖、“多买多得”等。

（2）形象广告。不直接介绍产品和宣传产品的优点，而是宣传企业的宗旨和信誉、企业的历史与成就、企业的经营与管理情况，目的是为了建立商业信誉，加强企业自身形象，沟通企业与消费者的公共关系，从而达成产品销售。形象广告通过视觉、听觉等诠释品牌的内在价值，旨在塑造和维持品牌形象，提升和强化品牌的品质与价值，不仅体现出品牌本身的特性，更体现了品牌对顾客的服务承诺。

（3）理念广告。指建立或改变消费者对企业或某个商品的形象认知，从而建立或改变某种消费习惯或消费观念的广告。例如，某酒店集团发布了一则广告，提倡 18 ～ 36 岁的年轻人要为了自己热爱的事业而工作，选择一种有激情的生活方式。这则广告并没有刻意宣传自己的酒店服务，但也让年轻人增加了品牌好感度。

3. 广告投放的渠道

（1）印刷媒体。主要包括报纸和杂志，是传统的广告投放渠道。报纸是餐厅和旅行社最广泛使用的印刷媒体，以销售推广类广告为主。杂志往往有鲜明的个性主张和炫目的色彩，能通过文字、图片等形式，形象、直观地构建消费者对旅游目的地的感知。

（2）电子媒体。电视和电台仍是普遍、主流的媒体。旅游企业通过电子媒体投放广告是为了树立品牌、打造知名度或推行新理念。很多的旅游企业将广告植入在电影、电视剧、纪录片之中。例如，湖南卫视的娱乐节目《妻子的浪漫旅行》，成功带“火”了很多旅游景点。

（3）户外媒体。凡是能在露天或公共场所通过广告表现形式同时向许多消费者进行宣传，能达到推销产品目的的物质都可以被称为户外媒体。

（4）网络媒体。又称互联网媒体、新媒体，指借助互联网这个信息传播平台，以电脑、电视机以及移动电话等为终端进行传播的媒体。白凯、张春晖（2012）研究发现，网络媒介的信息传播效果呈不断递增趋势，网络正在逐渐改变人们对各类信息获取与阅读的习惯。在“网络引擎”“门户网站”“旅游网站”“旅游论坛”等网络媒体上发布信息都会有一定的网友跟帖，消费者在网络虚拟世界中实际构筑了一种人际旅游信息传播途径。2020年，直播经济加速发展，旅游企业也纷纷加入其中。

二、对旅游消费者动机的影响

旅游目的地形象是影响旅游动机的重要因素。广告既是旅游目的地的企业传播信息、扩大知名度、促进旅游产品销量的重要形式，也是旅游消费者获取信息的重要来源。

1. 影响旅游动机的产生

（1）广告刺激旅游消费者需求的产生。一是在新的旅游产品上市时刺激消费者的需求，如很多酒店集团针对年轻客源群体推出洋溢年轻风采、侧重于生活方式和科技元素的新品牌。每当推出新品牌，酒店集团都会通过发布会、网络媒体等发布新广告，以展示其更新奇时尚的设计和独一无二的住宿体验，来吸引目标客源群体的注意，刺激其需求的产生。二是当现有的市场上有许多同类产品时刺激消费者的选择性需求。

（2）对旅游对象的感知是旅游动机产生的客观条件。广告是旅游消费者感知旅游对象的途径。广告为旅游消费者提供相关的旅游信息，加深游客对旅游目的地、旅游产品和服务的了解，提升其对旅游对象的认知水平。当旅游消费者认知旅游对象的存在，认识和了解其内容、方式、特点和功能，判断它符合并能够满足自己的旅游需要时，会激发和增强旅游动机的产生，并把行为指向这一目标。

2. 引起注意，刺激购买欲望

旅游动机特点很多，如易变性、复杂性、共享性。旅游消费者从产生旅游动机到实际出游会经过漫长的过程，也许正处于生活的某个阶段或因一本书、一个故事、一个传说，或出于对历史上某个人物的敬仰会产生原始的旅游动机，但是大多时候旅游动机会存在一定的冲突，也会受到同伴旅游动机的影响。若旅游企业大规模的广告宣传的覆盖面和力度可以将旅游产品信息通过各种媒介传达给潜在游客并给之以反复的感性刺激，引起其注意力，有效刺激人们的购买欲望。

三、对旅游者搜集信息行为的影响

1. 广告信息能引导消费

当消费者的消费需求被激发出来后，就会开始搜集相关产品的信息和资料。一般消费者对某种产品的直观了解开始于产品的广告，产品广告的广泛运用也是为及时传播产品信息，吸引消费者的注意力，在消费者心里形成一个对产品的认识过程，从而在消费者心里产生深刻印象。消费者在搜集某种产品信息的过程中，对产品信息有了更多的了解，可以更好地帮助消费者确定符合其需求的产品的范围。

消费者在符合其需求的产品范围中进行选择时，会利用各种产品广告信息来支持自己的决策，在得到的大量产品信息中，将自己的需求与这些产品的信息做对比，从而做出认为正确的选择。在这一过程中，产品广告对消费者做出购买决策起到关键作用。

所以，产品想要赢得消费者，就必须让企业品牌通过产品广告传播这一方式来吸引消费者的注意，使品牌可以进入消费者的选择行列，通过反复出现，强化对消费者的刺激。通过广告呈现的鲜明、富有特色的信息。

2. 广告是消费者学习的途径

信息是消费者学习行为的重要资源。消费者的日常环境中有大量的信息，其中很大一部分产生于营销战略。例如，营销人员通过制作广告并将它们搬上荧屏改变了消费者的消费认知。为使广告发挥效用，必须让消费者接触到它们。接触通常来自消费者自身的行为，他们打开电视机，换到最喜爱的电视节目，一旦接触广告，他们必然会注意并理解广告，广告成了消费者学习的途径，广告信息是消费者学习的资源。例如，在全球化背景下，广告不仅是一种促进销售的手段，也是促进文化交流的工具。因为广告一方面面向不同国家、不同民族、不同文化背景的人们进行传播；另一方面也展现出不同民族、不同地域、不同国家的风俗习惯、价值观、生活方式等，增进了消费者对文化差异的理解。

四、对旅游消费态度的影响

旅游消费者态度的构成包括认知成分、情感成分和行为倾向成分。一个有效的广告能够影响消费者心理变化，在向消费者传播信息、引起情感共鸣时，逐渐影响消费者态度和行为倾向朝着既定的广告目标转变。

1. 影响认知成分

旅游消费者态度的形成和改变都会受到信息的影响，而广告的目的是通过释放信息而实现的。消费者认知的主要方面包括：潜在需要认知、品牌认知、产品认知、价格认知等。例如，乌镇邀请某明星担任代言人，不仅因其自身在大众心目中的良好形象，更因其符合乌镇的旅游形象定位。乌镇的这一广告策略强化了游客对乌镇的认知，也获得了游客情感上的认可，促使游客态度的形成。

广告还能帮助消费者消除认知误区。例如，有时，消费者不一定知道其购买这种商品是为了满足何种需要，可以得到什么好处，广告可以向消费者传递满足消费者某种需求的信号，并激发消费者的购买动机，在此基础上，将产品与该动机直接联系起来，加深消费者的认知程度。

2. 影响情感成分

广告以情感方式打动消费者，引起其情绪和情感方面的共鸣，在消费者对产品好感的基础上能进一步产生依赖感。

王云菲（2012）对情感“诱惑”广告进行了研究。她认为情感“诱惑”广告是通过情感元素来表达商品与情感需求之间的关系，广告的内容是通过生动的形象、突出的个性、不凡的创意、多种多样的艺术处理方式表达出来的，使消费者产生身临其境的感觉，并感觉到商品与其心灵产生了直接的沟通，从而唤起消费者潜意识里对商品的需求，引发消费者的消费欲望，达到商业目的。

王云菲（2012）总结商业广告中情感元素可以起到 3 方面的重要作用。

（1）情感可以作为产品本身的利益点。例如，爱彼迎以“遇到，想不到”为主题，做了两个场景的视频广告和海报，分别是温情家庭出游篇和结束青春的毕业旅行篇。广告中向消费者呈现了以爱彼迎民宿为背景的家庭出游和毕业旅行的情境，传递“遇到的是爱，想不到的是感动”的产品理念，戳中消费者内心的柔软点。

（2）情感可作为促进商品信息传播的催化剂。广告大多带有情感特色，但其情感元素并非利益诉求点，而是为了增强广告的吸引力，使品牌、产品信息更容易被消费者记住，或者创设情感情节，以更好地说明商品带给消费者的利益或承诺。

（3）广告中的情感元素可成为消费者品牌态度形成的直接影响因素。有时，情感元素的使用可直接使消费者对广告品牌形成相应的态度。大量、重复而适当地使品牌与鲜活、充满魅力，或极具权威的形象或情感主题结合呈现，往往能在受众心中激活与情感形象相近的商品态度。本质上，这也属于经典条件反射。广告中的情感元素呈现时，就会引起受众相对应的情感体验（如怀旧、名望、亲情），由于广告中的商品与情感内容重复稳定地结合呈现，会导致受众形成条件反射——对广告中的品牌产生类似的情感反应。

3. 影响行为倾向成分

广告刺激能给消费者留下印象。消费者可根据广告上的文字、图案、音乐等信息对旅游产品做出区分和判断。为了进一步加深对商品的认识，消费者会利用记忆、思维等心理活动来完成认知过程。思维是人们对事物一般属性及其内在联系间接的概括反映。消费者通过对感知、记忆形成的商品“印象”进行分析、比较、判断、推理、综合等，以达到认识发展的高级阶段，最终产生行为倾向。

五、对旅游方案选择行为的影响

广告对旅游消费者选择购买方案时的影响体现在 3 方面。①广告能对旅游消费者起到劝说作用。劝说（persuasion）指由促销沟通引起的信念、态度和行为意图方面的改变。在很多情况下，营销研究人员研究了广告沟通的劝说作用。但是，销售促进、人员推销和公关宣传活动也能劝说消费者。广告在传播商品信息、引起情感共鸣时，逐渐改变了消费者的态度，并说服消费者原有的态度，促使消费者逐渐喜欢产品并购买产品。②广告会渲染消费或购买产品后美妙的体验，给予消费者明显的示范作用，使消费者产生向往和期待。同时，广告中也明确地给予购买的相关信息，如价格、渠道、优惠等，用于指导人们的消费和购买行为。③广告能创造流行性。利用大众流行的社会心理机制创造轰动效应，激发更多的消费者参与购买。如网红打卡地，一部分是在网络推广下产生的，以游客的视角、游记的形式展现旅游吸引力，成功地成为年轻人旅游的必到之处。

案例分析 10-2

Airbnb——Don’t go there，Live There（路过，更生活过）

去旅行，到底是为了什么呢？仅仅是为了看一眼风景，拍一打照片吗？Airbnb 统计相关数据后发现，越来越多的游客去旅行已经不满足于简单的去过，而是想要融入当地，真正地体验当地人的生活。于是 Airbnb 推出了“Don’t go there，Live There”的营销活动。除了广告短片、印刷和户外宣传，Airbnb 更是在自家 App 上推出了“旅游指南”新功能。与其他旅游指南不同的是，大多数的旅行网站都是以游客的经验为参照，而 Airbnb 却是汇集了当地人的经验分享。虽然游客的分享也能带来很多有用的信息，但是要真正感受当地特色与文化，只有当地人才能给你最好的解答。

分析：广告是最传统、最常见的信息传播形式，目的是梳理产品/品牌形象，促进销售。Airbnb 通过印刷媒体、电子媒体和网络媒体，植入情感元素，借助社会群体的影响，对潜在游客的消费行为产生作用和影响。

第三节　价格策略与旅游消费决策

旅游价格　是游客为满足其旅游活动的需要所购买的旅游产品的价格，同样也是由供给和需求决定的。

价格是营销组合中唯一一项能够给旅游企业带来利润的要素，与产品研发、品牌形象、促销活动相比，价格是最灵活的要素。价格在很大程度上反映了产品意图传递的价值定位，而价值的获得也是消费者追求的目标。因此，旅游企业的价格策略对旅游消费者的决策起到间接或直接的作用。

一、旅游价格和消费价值

1. 价格和旅游价格

（1）价格。从消费者的角度来讲，价格一般被定义为：为购买产品或服务，消费者所必须放弃的价值。研究人员认为，价格是某一产品或服务索要或被支付的货币数量形式。因为价格是交换过程中的一个关键要素，所以价格的概念不仅仅包含货币数量或消费者的资金成本。

（2）旅游价格。是游客为满足其旅游活动的需要所购买的旅游产品的价格，同样也是由供给和需求决定的。旅游产品是综合性产品，它由不同旅游企业所提供的不同的产品与服务组成，共同满足游客的需要。所以旅游产品有单项旅游产品及整体旅游产品之分，旅游价格也有两种不同的表现形式。

在一次旅游活动中，游客的需要和购买方式不同，旅游产品所包含的内容也不同。有的游客借助旅行社对完成旅游活动所需的各项服务实行一次性购买，这时旅游产品的价格表现为整体旅游产品价格，即旅游包价。旅游包价是旅行社为满足游客旅游活动的需要提供的基本旅游产品的价格，它等于这些基本旅游产品的单价（带有一定折扣的旅行社价格）之和再加上旅行社本身的成本和收益。旅游包价一般由 3 部分组成，即旅游出发地与旅游目的地之间的往返交通费、旅游目的地范围内的旅游产品的价格及旅行社的服务价格。

有的游客或自带饮食或自备用车或住在亲戚朋友家，那么其所购买的旅游产品中就不包括餐饮、交通或住宿的部分，游客对其所需的旅游产品就可能采取零星购买或多次购买的方式，按各部分产品价格支付。这里，旅游产品的价格就以单项价格的形式出现，如客房价格、餐饮价格、机票价格、参观游览点的门票价格。

市场交易得以进行的前提条件是消费者愿意支付的价格必须大于或等于营销者愿意出售的价格。那么，消费者为什么愿意按照某个价格支付呢？消费者购买过程就是在特定的购买活动中，权衡成本与收益孰重孰轻的过程（见图 10-1）。然而，无论消费者做出怎样的成本权衡选择，都必须遵循这样一个原则，即所购买的商品给消费者带来的价值要比所支付的成本总额更大。换句话讲，消费者意识到购买提供的收益比成本更大，从而愿意进行交易以取得这样的收益。

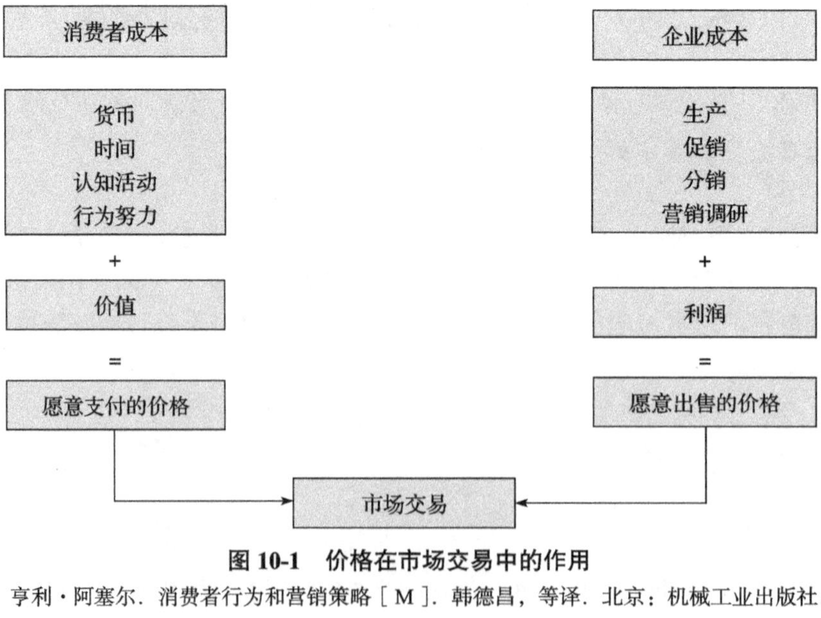

图 10-1 价格在市场交易中的作用

资料来源：亨利·阿塞尔. 消费者行为和营销策略［M］. 韩德昌，等译. 北京：机械工业出版社，2001.

2. 旅游消费价值

比特纳（Bitner）和隋塞莫尔认为，不同的消费者对消费价值的理解不同，评估消费价值的标准也不同。一般来说，对消费价值的理解主要有以下 4 种。

（1）价值指价格低廉。有的游客把价值等同于低价格，认为价格越低，价值越大。他们在衡量某项旅游服务的价值时主要考虑他们为获得此项服务所付出的货币。一些欠缺旅游消费经验的游客持这种看法，即使他们只是走马观花一番，仍会因“便宜”感到“划算”。

（2）价值指游客从服务中获得的全部利益。与低廉价格相比，有的游客更重视他们从该产品或服务中所得到的利益。这一部分游客重视他们需要的产品或服务的质量以及特点。例如，商务游客非常重视酒店的便利程度，他们愿意为酒店服务的便利性支付较高的价格。

（3）有的游客认为价值是他们支付的货币和获得的质量之比。

（4）消费价值指游客付出的代价与获得的利益之比。这一观点是对第三种观点的补充和发展。隋塞莫尔认为，游客对自己从产品和服务中获得的利益与自己付出的代价进行比较之后，会形成他们对消费价值的看法。在大多数消费者眼中，消费价值包含以下两方面。

第一，利益（消费效果）。游客主要根据他们在整个消费期间体验到的质量来评估他们获得的利益。许多旅游企业都会自行界定质量管理目标，例如，一些酒店宣称“我们的服务是最好的”或“我们的大堂是世界上最高的大堂”。但如果游客被大堂的吵闹声打扰，该大堂的实际质量就会被游客感知的质量所否定。

除质量外，与旅游服务或游客相关的其他高层次的抽象因素也会影响游客感觉到的价值。对餐厅顾客来说，除了餐厅的建筑和陈设、食品的色香味、服务人员的服务技能、服务及时性等质量属性外，就餐产生的幸福感、餐厅的社交气氛以及就餐所显露的地位和消费能力也是消费利益的一部分。

第二，游客为享用旅游服务而付出的代价（见图 10-1）。这里的代价包括游客支付的货币，他们为消费服务而付出的时间、情感、精力等非货币代价以及游客为取得某项服务而放弃的其他利益。现实生活中，许多游客不留意、不了解，也不记得某项服务的实际价格，而是以他们认为有意义的方式来看待价格。换言之，他们更多考虑的是感觉到的货币价格。

旅游消费者感知的消费价值，是利益水平和代价水平共同作用的结果。在消费活动中，旅游消费者希望物有所值。换言之，利益至少与代价相等。如果消费者认为自己的投入得到了相应的回报，就会觉得这些投入是值得的。因此，服务公平性对旅游消费者感知的消费价值有显著影响。

综上所述，旅游消费价值实质是消费者比较自己的所得与所失之后对某项旅游产品和服务的效用做出的整体评估。一般来说，旅游消费者会根据其感觉到的价值来制订购买决策，并在实际消费过程重新权衡其消费价值，而不会只追求最低的价格。根据有关学者的观点，消费价值是一个动态概念。消费者期望从产品和服务中得到的价值不仅因人而异，而且会因时而异。随着时间变化，消费者在评判消费价值中所采用的评价标准以及具体标准所占权重会发生变化。消费者与企业之间的关系越密切，他们评价消费价值的标准就会越全面、越抽象，并越侧重于服务的结果。

二、旅游消费者的价格心理

1. 习惯性心理

习惯性心理指旅游消费者根据自己以往的购买经验，对某些旅游产品的价格反复感知，从而决定是否购买的习惯性反映。虽然产品价格的制订具有一定的客观标准，但在实际消费决策中，由于各种因素影响，旅游消费者很难对旅游产品价格的标准了解清楚。

2. 敏感性心理

旅游消费者对价格的敏感性就是价格意识，指旅游消费者对旅游产品价格变动的反应程度。由于旅游产品价格的高低和变动直接关系旅游消费者的切身利益，因此，旅游企业在进行价格调整时要考虑不同种类旅游产品对旅游消费者反应的敏感度，以免引起旅游消费者心理与行为的过度反应。

3. 感受性心理

感受性心理指旅游消费者对旅游产品价格高低的感受和知觉程度。旅游消费者对旅游产品价格的认识和判断，不完全基于他们对这个旅游产品认定的价格尺度，还会通过与同类企业的同类产品的比较来认识。

4. 倾向性心理

倾向性心理指旅游消费者在购买过程中对旅游产品价格进行选择的倾向。旅游产品的不同价格标志着不同价值和品质档次。旅游消费者会根据不同的价格心理，对旅游产品的档次产生不同的选择倾向。

三、旅游消费者的价格感知和购买行为

价格感知（price perceptions）指信息如何被消费者理解，并且产生对他们有意义的影响。理解价格感知的一种方法是了解信息处理过程，Jacob Jacoby 和 Jerry Olson 倡导这一方法。(见图 10-2)。这一模型阐明了在消费者参与程度较高的产品和购买活动中，价格对消费者的行为产生影响的过程。

（1）获得价格信息。旅游消费者在外围环境中，通过商业环境和社交环境中的各个渠道获得价格信息。价格通常表现为一个招牌、一张标签、一些包装袋上的符号或电视和广播中的几句广告词，也可能是推销员在商场或电话中的解释。

（2）感知价格信息。从根本上讲，价格信息是通过视觉和听觉等感官被消费者接收的。

（3）理解价格信息。消费者感知价格之后，会进一步理解价格所传递的信息，即信息被解释并被赋予含义（消费者通过先前的知识和经验理解价格符号的含义）。例如，旅游产品的品质、档次，甚至是旅游团队中同游者的身份、层次。

（4）整合信息。在价格信息的认知过程中，消费者会把某一商品的标价与他们在头脑中已形成的这一商品的价格或价格范围做一个比较。他们在头脑中为进行这些比较而形成的价

格被称为内部参照价格。这一价格在消费者看来或许是公平的价格，它可能是曾经的历史价格，也可能是消费者认为的一个较低市场价格或一个较高市场价格。从根本上讲，内部参照价格起到指导的作用，帮助消费者估算标价是否可以接受。

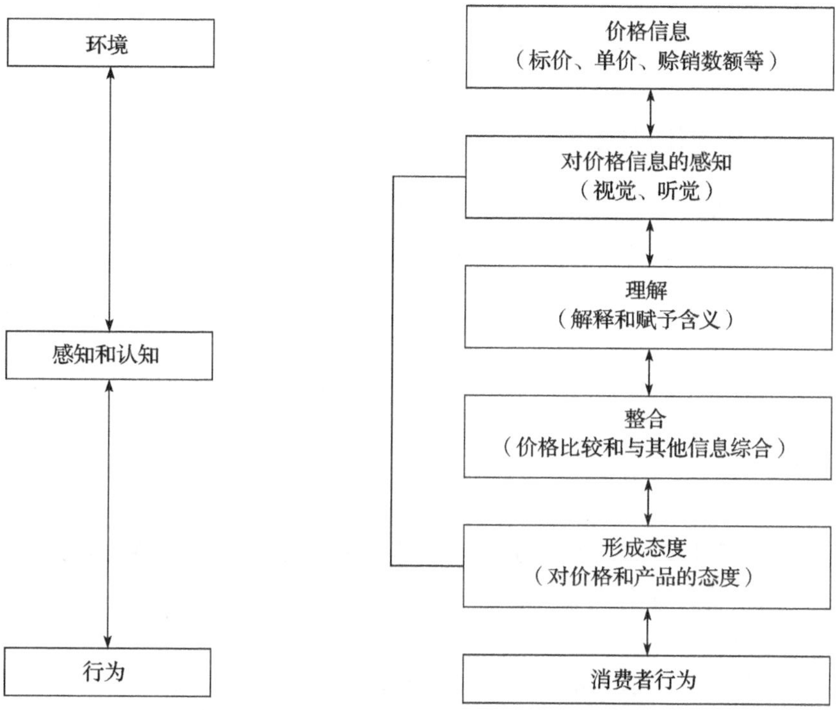

图 10-2 消费者对价格信息的认知过程

（5）形成态度。消费者或许会将某一特定品牌的标价当作一种产品属性，接下来，消费者会把这一信息与同一产品类别中的其他品牌的标价进行比较，也与这一品牌和其他品牌的其他属性以及其他的消费者成本进行比较。最终，形成关于不同品牌选择的态度。

（6）消费者的购买行为。对于消费者参与程度较低的产品和购买过程来讲，货币价格可能对消费者的感知、认知和行为影响很小或没有影响。消费者对许多产品可能仅有一个不明确的价格范围，只要价格落在这一范围内，消费者甚至可能不把价格估算作为购买参照标准。与此类似，有些产品在没有任何价格质疑的情况下，就被轻率地购买下来，消费者在购买时无论被索要多少，都会毫不犹豫地进行支付。例如，游客在景区、高速路服务站的超市结账区时的冲动性购买，可能经常就是以这种方式进行的。又如在购买自己忠诚的品牌时也会毫不犹豫地支付。在后一种情况中，消费者可能仅依据品牌标志进行购买，而不再比较货币价格及其他的消费者成本或其他因素。

有时，消费者会对他们经常购物的商店产生价格印象，因而不再仔细地分析比较价格信息。例如在免税店，消费者心目中一般将之当作低价经销店，因而也就不再把这些商店的商品价格与其他商店进行比较了。

消费者并不经常在记忆中仔细地储存琐碎的价格信息，即使对于他们曾买过的商品也不例外。有一些可能的原因，例如，消费者可能不想费很大力气去搜集、储存和复查他们所购的大量商品的价格。除了通过订单方式或经过讨价还价进行的购买外，在其他的大量购买活动中，消费者要么必须按标价支付，要么就干脆放弃购买。这样，如果他们选择了购买，那么价格就不再为他们所控。如果仔细地储存价格信息对节省货币没有太大的帮助，储存价格信息几乎也就没有意义了。总之，消费者经常认为不值得花费认知活动成本、行为努力成本和时间成本进行价格信息的处理、储存，以节省一点货币。

四、旅游产品的价格策略

旅游企业在确定旅游产品的价格策略时，可以从两方面着手：一是围绕旅游产品的定价过程展开；二是围绕提升消费者的消费价值展开。

1. 定价策略

定价策略是企业制订价格的指导思想和行动方针，也为营销人员在定价中遇到问题时提供了解决问题的基本原则。因此，定价策略是总体营销策略中的重要组成部分，并决定着如何把价格与整个营销组合协调起来形成一个整体的经营效果。旅游产品的定价策略涉及以下几个方面。

（1）新产品定价策略。指为新产品制订基本价格的定价策略。在为新产品制订价格时，旅游企业可以考虑弥补开发成本或限制竞争等因素。新产品定价策略可以分为市场撇取定价和市场渗透定价两种。

（2）心理定价策略。要求营销人员在制订价格时不应只考虑旅游消费者的理性分析，而应更加重视其情绪上对价格的反应。因此，心理定价策略常用于一般消费品和价值较小的旅游产品的价格制订。心理定价策略主要有尾数定价策略、习惯定价策略、声望定价策略，以及价格线定价策略。

（3）促销定价策略。指在许多情况下，为产品制订价格时应考虑企业促销活动的需要，使价格的确定与促销活动相互协调。旅游企业常用的促销策略有价格领袖策略和专门事件定价策略。

2. 提升游客消费价值的策略

根据上述对消费价值含义的分析，旅游企业可以从为消费者提供更多利益和减少消费者付出的代价两个方面着手增加消费价值，使游客实现其消费目的。

（1）针对旅游消费者需要解决的问题，提高旅游产品和服务整体组合的质量，为消费者提供所需的核心利益和附加利益。为消费者提供更多利益的关键是提供优质服务，提供优质服务的关键是使服务能够帮助消费者解决其面临的问题，而不是盲目地把高档高价服务与优质服务等同起来。

此外，企业还要对服务程序进行调整，使之为消费者带来更美好的体验。旅游企业在帮助消费者解决用餐、会议、住宿等基本问题的过程中，让消费者在情绪、体力、智力与精神上产生美好的感觉，往往就能增加旅游消费者获得的核心利益。

强调核心服务质量的同时，管理人员还应决定本企业应为消费者提供哪些额外的产品和服务，给予消费者额外的利益。如果旅游企业能为消费者提供竞争对手无法提供的附加利益，这个企业就能取得竞争优势。但是，旅游企业必须注意，并不是罗列出种类繁多的服务项目，就能提高消费价值。因为不是所有的消费者都认为这些附加服务有价值，如果消费者要在一大堆附加服务中做费力的选择，他们感知的消费价值反而会下降。

除了提供优质的核心服务和消费者所需的附加服务外，旅游企业还要设法满足消费者抽象的社会心理需要。例如，旅游企业可以通过与著名的节事、机构、人物建立联系，提高企业的品牌形象价值，为消费者购买本企业的服务提供信心，让他们感到在本企业消费是一件令人自豪的事。如使酒店成为颁发影视奖项的场所，成为国际会议的会场，都有助于满足消费者的社会心理需要。

（2）设法减少旅游消费者付出的代价和损失。

第一，减少旅游消费者的货币支出，并使价格公平合理。做到这一点的关键是旅游企业要合理地降低成本从而降低价格。如，一些低星级饭店的衣橱省去了衣橱门，这样既节约家具成本，又节约客房空间，还节约了衣橱内射灯的能耗。

第二，提高服务效率，缩短旅游消费者等待服务的时间。比如，事先准备好入住旅客的登记表，旅客进店后只需要审核登记表并在上面签字就可以入住了。又如，顾客在餐厅入座后，及时为其提供冷菜，这样就可以避免顾客由于长时间等待而产生烦躁情绪。

第三，减少旅游消费者的精力支出。对旅游消费者而言，不得不重复完成同一任务或一再提供相同的信息就是蒙受损失。这些事情浪费了消费者的精力，使他们的整体体验有所降低。

第四，减少消费者的心理支出。由于旅游企业所提供的是不可触摸的“高风险产品”，直到服务结束前，消费者都要承受较大的心理压力。旅游企业提供产品与服务的质量保证，可以在一定程度上减少消费者的风险感知。例如，有的酒店承诺对消费者不满意部分重新服务或退款，这一做法能促使消费者在服务过程中信赖企业，获得更好的消费体验。

案例分析 10-3

迪士尼乐园的产品到底贵不贵

上海迪士尼乐园自开业以来，吸引了大量的游客。游客到迪士尼乐园游玩不仅要感受几个必玩项目，还要品尝迪士尼乐园的美食，首先就是迪士尼的人物造型冰激凌，还有只能在迪士尼乐园中才可以买得到的烤鸡腿，一只鸡腿就卖到 80 元，远超过了其他烤鸡腿的售价，但仍然供不应求。

这里的烤鸡腿个头大，秘制的酱料非常香，80 元的价格比起其他午餐上百元的价格，使游客感到非常划算。除此之外，迪士尼乐园一直明文规定除非特殊需求不可以自带食物。

分析：旅游价格是旅游者为满足其旅游活动的需要所购买的旅游产品的价格，同样也是由供给和需求决定的，一方面取决于不同旅游企业所提供的不同的产品与服务；另一方面也受到旅游者的需要和感知的价值影响。

课后讨论与设计

故宫，一个成功的营销案例

一说起故宫博物院，网络达人、学生、学者们多会想到网红院长单霁翔；女性则侧重在故宫的文创品，尤其是彩妆，据说 90 万套故宫口红早已脱销；2019 年元宵节更是让故宫博物院再一次上了热搜。但在 2011 年之前，故宫完全没有现在这样“红”。

单霁翔任院长后，对故宫博物院进行了一系列改革。例如，让其他单位搬离故宫、扩大故宫可参观区域、实行网络实名制预约购票、限制日参观人数、发展故宫文创产业、打造 IP、做跨界联名等。“紫禁城上元之夜”，紫禁城、元宵节、灯展、夜场、免费等字眼极大吸引了人们的目光。一系列的措施带来的效果非常明显，故宫博物院在国内外的形象及影响力都在日益增强。

问题：

1. 请查阅资料说明故宫博物院采用了哪些营销措施来吸引游客？

2. 结合资料说明故宫博物院保持长时间的热度，有哪些营销经验值得其他旅游目的地和企业学习借鉴。

复习与实践

一、判断题

1. 消费者对旅游产品判断的主观性要大于客观性。（　　）
2. 旅游广告都是由旅游目的地的企业推出的。（　　）
3. 旅游消费者愿意购买某种旅游产品，是因为这个商家卖得便宜。（　　）
4. 旅游消费者会根据不同价格，对旅游产品的档次产生不同的选择倾向。（　　）
5. 消费者并不经常在记忆中仔细地储存琐碎的价格信息。（　　）

二、选择题

1. 因为旅游产品具有（　　）特性，所以导致旅游消费者重游或者重购时，无法确定旅游企业和服务人员能提供相同水准的产品和服务。

A. 差异性　　B. 互补性　　C. 生产消费同步性　　D. 不可存储性

2. 按照最终的目的，广告可以分为（　　）。

A. 销售广告　　B. 形象广告　　C. 理念广告　　D. 新媒体广告

3. 旅游消费者根据自己以往的购买经验，对某些旅游产品的价格反复感知，从而决定是否购买的心理是（　　）。

A. 感受性心理　　B. 习惯性心理　　C. 敏感性信息　　D. 倾向性心理

4. 乌镇邀请某位明星担任广告代言人，影响了旅游消费者的（　　）。

A. 认知　　B. 情感　　C. 态度　　D. 行为倾向

5. 广告中的（　　）元素可成为消费者品牌态度形成的直接影响因素。

A. 情感　　B. 商标　　C. 价格　　D. 产品信息

三、思考题

1. 从旅游消费行为学的角度来看，旅游产品设计的策略有哪些？
2. 广告是如何影响旅游消费动机的？
3. 请思考消费者对价格信息的认知过程。
4. 旅游产品常用的定价策略有哪些？
5. 旅游企业提升旅游消费者的策略有哪些？

四、案例分析题

近年来，网络上打卡网红旅游目的地成了游客热衷的旅游活动。《亲爱的客栈》在云南海拔最高的湖泊泸沽湖取景，该节目首播后第一天，热度就上涨了56%。根据携程旅游平台公布的数据，节目播出后，泸沽湖自由行、跟团游的网上预订量比往年增长2倍，通过携程定制旅行平台提交的泸沽湖旅游订单数增长了6倍。

带火旅游目的地从来都不是综艺节目的专属能力，影视节目在目的地营销方面影响更大。如大家熟知的《指环王》与《霍比特人》在新西兰拍摄，旅游产品随之完备。影迷可以前往新西兰探访霍比特人的家园，从怀卡托地区玛塔玛塔小镇附近的霍比屯出发，来一次中土世界的探险之旅，甚至到绿龙酒馆品尝只有霍比屯南域才出产的传统佳酿。

短视频的兴起，使西安、重庆、成都成为年轻人争相打卡的新型旅游城市，洪崖洞、李子坝轻轨、永兴坊摔碗酒在移动网络社交平台广受欢迎，这些城市、景点主动或被动成了“网红”。

1. 查阅资料分析，争相打卡网红景点的行为折射出旅游者怎样的心理？
2. 根据上述案例分析旅游目的地如何能成为“网红”？

五、实践题

运用本章节的知识，并查阅资料，任选你家乡的一个旅游景区/酒店，从旅游消费者行为学的角度，制作一份营销方案。

第十一章　旅游消费者满意度和忠诚度

问题导入

般先生等26名员工委托一家旅行社安排了“周末邻区风光二日游”，根据行程设计，每位游客费用400元。经过协商，27名游客与该旅行社签订了旅游合同。按照合同约定，该旅游团往返全程乘坐豪华空调旅游大巴；住宿标准约定为“双人标准间，独立卫生间”；餐饮标准为“八菜一汤”，不含酒水；游览5个景点。旅游团按时出发了，在前往郊外景区的路上，导游热心地向游客介绍沿途风光、风土人情、历史典故，并告之晚上将要下榻的酒店是二星级酒店，希望大家游览尽兴，充分享受。当旅游团抵达下榻酒店后，导游给游客安排入住。但是这时，般先生发现该酒店无中央空调、无热水供应、地毯陈旧……，并不符合二星级标准，拒绝入住。

思考： 导致游客拒绝入住的原因是什么？

学习目标

1. 学习和掌握顾客满意度和忠诚度的含义与分类，了解旅游消费者满意度和忠诚度的概念和特点。

2. 掌握影响旅游者满意度和忠诚度的因素，学会将满意度和忠诚度作为测量指标运用于具体的旅游消费实践之中。

3. 了解如何利用满意度和忠诚度进行旅游营销，理解旅游者满意度和忠诚度的测评方法。

本章重点、难点

1. 满意度、忠诚度的概念和特点；
2. 满意度的影响因素；
3. 忠诚度的影响因素；
4. 满意度、忠诚度的测评方法；
5. 满意度和忠诚度导向下的旅游营销策略

第一节　旅游消费者满意度概述

满意度　指消费者在购买旅游商品之前，对购买的商品有一个期望值，商品只有在达到甚至超过期望值时，消费者才表现出对商品的认可及满意。

旅游消费者满意度的研究基于消费者行为学、消费者心理学和服务营销学的顾客满意度理论，为此，应首先对顾客满意度的基础理论及演化，以及旅游者满意度的理论基础和研究发展进行概述。

一、顾客满意度的基础理论

1965 年，美国学者 Richard N. Cardozo 首次将“满意度”概念引入营销领域并指出，顾客满意可以带动顾客行为。20 世纪 80 年代以来，顾客满意一直是营销领域和消费者行为领域的研究热点之一。随着旅游市场竞争越来越激烈，“以游客为中心”的管理理念和趋势逐渐受到重视。由此，旅游者满意度研究也受到越来越多的旅游学者和从业人员的关注，并取得了丰硕成果。

在顾客满意度研究文献中，美国学者奥立佛（Oliver）提出的“期望不一致模型”、伍德洛夫（Woodruff）等提出的“顾客消费经历比较模型”、韦斯卜洛克和雷利（Westbrook & Reilly）提出的“顾客需要满足程度模型”，是最著名的三个理论模型。

1.“期望不一致”模型（“期望—实绩”模型）

这一模型由美国学者奥立佛（1980）提出。该模型认为顾客在购买产品或服务之前先通过过去的经历、广告宣传等途径，形成对产品或服务特征的期望，然后在购买和使用中感受产品和服务的绩效水平，最后将感知的产品或服务绩效与期望进行比较，当感知绩效符合顾客期望时，顾客既不会满意也不会不满意；当感知绩效超过顾客的期望（积极的不一致）时，顾客就会满意；当感知绩效低于顾客的期望（消极的不一致）时，顾客就会不满意。可见，顾客满意度依赖于顾客对企业服务质量的感知，而顾客满意是服务性企业质量管理的最终目标，只有满意的顾客才能重复购买企业的产品和服务，才能对企业产生良好的宣传作用，也会对顾客忠诚感的培养产生积极的影响。

2. 顾客消费经历比较模型

20 世纪 80 年代至 90 年代，伍德洛夫等学者从心理学、管理学的角度进行研究，提出了需求也是顾客满意度的基本决定因素，进一步扩展和补充了“期望不一致”模型。1987 年，伍德洛夫、卡杜塔和简金思首次提出了以顾客消费经历作为标准的顾客满意形成模型。他们认为，顾客对某产品或其他同类产品的消费经历会影响顾客的满意形成过程。顾客会根据以往消费经历，逐渐形成 3 类标准。①以最佳的同类产品或服务绩效为标准；②以一般的同类产品或服务绩效为标准；③以某企业产品或服务的正常绩效为标准，即顾客根据自己对某企业产品或服务的一般消费经历来评估自己即将消费的产品或服务的绩效。

3. 顾客需要满足程度模型

韦斯特卜洛克和雷利于 1983 年提出了“顾客需要满足程度模型”。他们认为顾客满意度是一种喜悦的心理状态，这种心理状态源于顾客消费某一产品或服务获得的满足感。相反，顾客不满意是一种不愉快的心理状态，这种心理状态源于顾客没有从产品或服务的消费行为中得到满足。市场营销的一个基本理念就是满足顾客需要。除此之外，顾客需要的变化也可以解释为什么顾客对某一产品的评价可能随时间而变化，即使产品的表现能够一贯符合其期望。

此外，美国市场营销学家帕拉休拉曼等（1985）提出了“期望差距模型”。这个模型以奥立佛的期望不一致模型为基础，从服务提供和服务传递两个角度解释了顾客满意的影响因素，并由此建立了一种新的服务质量评价模型，即 SERVQUAL（service quality）模型。总体来说，服务业顾客满意度是在顾客满意度研究的基础上发展起来的，并在顾客满意度的基础之上建立服务业顾客满意度理论。SERVQUAL 模型在服务业受到了广泛的应用。模型从有形性、可靠性、响应性、保证性及移情性 5 个维度对服务业顾客满意度进行测评。有形性指服务企业有形的设施、设备以及服务人员的仪表等；可靠性指服务人员可靠并且准确提供所承诺服务的能力；响应性指乐意帮助顾客并且提供及时的服务；保证性指服务人员的知识和礼貌以及让顾客信任的能力；移情性指关心顾客，为顾客提供个性化服务。

国内服务业研究大多是以上述 3 个经典的顾客满意度模型和 SERVQUAL 模型为分析框架，对顾客满意度进行测量。SERVQUAL 模型主要在银行、餐饮、医院和旅游等服务行业进行过实证运用。国内服务业顾客满意度的研究，更多是在验证国外服务业顾客满意度的理论在中国情境下的适用性。在国外顾客满意度研究的基础上，对服务业顾客满意度的具体测评指标进行适当的修改，但理论框架还是国外的。但在不同的服务行业，具体应用 SERVQUAL 模型的 5 个维度进行验证时，产生了不一致的结论。其中，银行、餐饮、医院和航空服务业等被验证 5 个维度是适用的，但在旅游业的研究中却得出让人质疑的结论。范秀成、杜建刚（2006）在分析服务质量 5 个维度在服务业企业的应用时发现，在旅游业和餐饮业中，影响最大的是安全性，其次是移情性和可靠性，响应性的影响比较弱，有形性对服务满意却没有影响。

二、旅游者满意度的理论基础

国外对旅游者满意度的理论研究主要涉及内涵、形成机理、影响、测评等方面。

1. 旅游者满意度的内涵

国外旅游业研究大都是在奥立佛的期望不一致理论模型的基础上，对旅游者满意度进行界定，即旅游者在旅游之前会通过过往旅游经验、旅游目的地广告、宣传册、大众传媒以及亲朋好友的介绍等途径，形成对某旅游产品的期望，接着在旅游过程中感受该产品的实绩水平，并在感受的实绩水平与期望的比较过程中进行满意度的判断，如果实绩符合期望，那么旅游者是满意的，反之则是不满意的。例如，贝尔德和拉格赫伯（Beard & Ragheb，1980）强调旅游者满意是建立在旅游者期望和实际体验进行比较的正效应基础上的。休吉斯（Hughes，1991）认为满意度有相对性，即使旅游者的实际体验没有实现其期望，但旅游者仍然可以是满意的。从以上文献可以看出，旅游者满意度是旅游者期望同实地旅游感知相比较的结果，它强调的是旅游者的心理比较过程及结果。

2. 旅游者满意度的形成机理

不同学者从不同角度提出了多种理解和认识。大多数旅游者满意度形成机理的研究是围绕旅游者期望、期望差异、感知质量、感知价值等因素对于旅游者满意度的影响作用来展开的。奥利佛（Oliver，1980）指出，顾客对于产品和服务的期望对顾客满意度有着直接的影响，顾客期望是顾客满意度评价的标准。米勒（Miller，1977）认为，期望有理想的（ideal）、想要的（deserved）、期待的（expected）和最低容忍的（lowest tolerable）4 种类型，不同类型的期望对顾客满意具有不同的影响。有学者总结了旅游者满意度研究的 4 种方法（Kozak，2001），分别是期望差异模型、差异绩效模型、重要性—绩效分析和绩效方法。感知质量指在消费体验之后，顾客对产品质量的主观评价。早期对顾客满意度的研究认为，期望差异是顾客满意的直接前因。后来的研究发现，除了期望差异对顾客具有直接影响外，感知质量和顾客满意度也具有直接的关系。安德森和萨利维安（Anderson & Sullivan，1993）认为感知质量是影响旅游者满意度最重要的因素。感知价值指顾客在购买和消费产品或者服务的过程中，相对于所支付的费用，对其所获得的实际收益的总体评价。在旅游者满意度早期研究中，关于期望、感知质量和满意度之间关系的研究文献较多，但是，近年来感知价值对于旅游者满意度的影响作用也渐渐引起了学者的关注。有研究发现（Lee，Yoon& Lee，2007），感知价值包括功能价值（functional value）、总体价值（overall value）和情感价值（emotional value）3 个维度，感知价值对于旅游者满意度有着显著影响。

3. 旅游者满意度的影响

很多学者从行为学的角度探查满意度对旅游者消费行为的影响。这包括两个方面。

（1）满意度与旅游者忠诚的关系。大量的研究文献表明，顾客满意度与顾客忠诚之间存在正相关关系。但是，对于顾客忠诚的内涵的理解，却有以下 3 种不同观点。

①行为忠诚（behavioral loyalty），主要从高频率的重复购买行为的视角来理解忠诚。

②情感忠诚（attitudinal loyalty），认为顾客忠诚应该是情感态度的忠诚，态度取向代表了顾客对产品和服务的积极倾向程度。

③行为和情感结合忠诚（inte-gration of the behavioral and attitudinal loyalty），认为真正的顾客忠诚应该是伴随着较高的态度取向的重复购买行为。在旅游领域，在研究满意度和旅游者忠诚的关系时，应该将旅游者忠诚理解为行为忠诚和情感忠诚的统一。

（2）旅游者不满意的后果。当顾客不满意时，就会产生抱怨或者投诉。当顾客对产品或者服务不满意时会产生抱怨（voice）、离开（exit）、负面口碑（word-of-mouth）三种后果。

4. 旅游者满意度的测评

这一领域主要涉及测评指标和方法两个方面。测评指标一直是旅游者满意度研究一个探讨热点。由于旅游地的多样性、旅游研究对象的复杂性，旅游者满意度测评具有多维度、动态性和难以测量等特点。旅游学者对不同类型的旅游地、不同种类的旅游者的满意度测评进行了细致的研究。例如，皮赞姆（Pizam，1978）在研究美国麻省 Cape Cod 海滨旅游地旅游者满意度时，首次提出了海滩、游憩机会、成本、好客度、餐饮设施、住宿设施、环境、商业化程度 8 个测评因子。罗斯和爱索—阿荷拉（Ross& Iso-Ahola，1991）以观光旅游者为对象，研究了旅游动机和满意度的测量因子。但总体而言，旅游者满意度的测评尚处于初级的探索阶段，由于研究对象的多样性，旅游者满意度测评尚未形成较为一致的测评指标体系（汪侠、刘泽华、张洪，2010）。旅游者满意度测评使用的方法主要有服务质量模型（SERVQUAL 模型）、重要性—绩效分析（Importance-Performance Analysis）等方法，并在此基础上构建了一系列修正模型。

我国的旅游研究起步于旅游地理学，早期研究基本上没有涉及旅游市场的需求方面。但随着众多旅游地的开发，给旅游者提供了越来越多的选择，如何提高重游率和市场吸引力成为旅游地持续发展的关键所在。为了提升旅游竞争力，20 世纪 80 年代后期，旅游活动的主体——旅游者，开始受到学术界的关注，对旅游市场需求方面的研究取得了较大进展，并在 20 世纪 90 年代中后期开始把顾客满意度的理论运用到对旅游者的研究中。

三、旅游者满意度的特点

根据旅游者产生心理感知对象的不同层次，旅游者满意度又可以分为总体满意度和单项满意度。总体满意度由旅游者对目的地的实际综合心理感知决定，涉及旅游活动的各个环节，并最终归结为旅游者对整个旅游目的地产生的满意或不满意的心理状态。例如，旅游者在某景区游览后，基于对景区的整体感知表现出的心理感受，或者旅游者对某个旅游城市的总体心理感受，都可以视为旅游者的总体满意度。单项满意度指旅游者对旅游活动中某一方面的满意程度，具有指向性更为具体明确的特点。例如，每年的全国旅游者满意度调查中会区分总体满意度和分项满意度（食、住、行、游、购、娱等环节）两大方面，以便对满意度较低的单项进行改进。总体满意度和单项满意度是相互影响、相互制约的。旅游者满意度受到多种因素的影响，具有以下特点。

1. 整体性

现代旅游活动是一种综合性的社会、经济、文化和生态等多方面的活动。旅游者希望通过旅游活动，获得物质、精神、文化和交往等多方面的收获，旅游者满意度是针对旅游中各个环节的，任何一个环节出现问题都会导致旅游者的不满意。

2. 暂时性

旅游者对旅游活动是否感到满意一般情况下仅存在于当时的场景中，比如一段较长的旅程可能存在某一段感到满意，另外一段感到不满意的情况，这种满意度的状态会随着旅游者自身心理承受度的变化以及问题解决效率的变化而发生改变。

3. 主观性

旅游者满意度归根结底是旅游者的一种主观心理感受，具有强烈的主观色彩。因此对旅游者来说，满意与否以及满意度，首先受主观因素的影响。

4. 相对性

正如休吉斯（Hughes，1991）所指出的，满意度有相对性，即使旅游者的实际体验没有实现其期望，但旅游者仍然可能是满意的。

5. 模糊性

旅游者满意度是主观感受的心理状态，富含情感因素，带有许多“亦此亦彼”的特点，即模糊性。另外，不同旅游者的满意度是有差距的，但究竟差多少，也是相当模糊的，难以精确和量化。这也是目前针对旅游者满意度定量化批判的一个重要原因，为此有学者开始采取定性和模糊数学的方法进行研究。

案例分析 11-1

中国公民出国旅游满意度调查

2015 年 4 月 9 日，中国旅游研究院发布 2015 年第一季度中国公民出国旅游满意度调查报告。报告显示，2015 年第一季度中国公民出国旅游满意度指数处于 76.77 的“基本满意”水平，环比略有上升。

欧、美、澳、新等远程线路的游客满意度较高。

2015 年第一季度 24 个样本国家中有 18 个达到 75 分以上的“基本满意”水平。欧洲、北美洲、大洋洲等远程目的地的满意度维持在较高的水平。周边、近程目的地的满意度水平则呈现两极分化：赴新加坡、日本、泰国等国家的中国游客满意度较高；赴俄罗斯、印尼、蒙古等国家的满意度有较大幅度提升；赴韩国、柬埔寨等国家的满意度处于低水平的下降通道。

国外旅游投诉处理的满意度亟待提升。

出国旅游更加方便的同时，游客对旅游投诉的满意度仍处于较低的水平，包括海外领事保护在内的旅游权益保障已经被提到了议事议程。

分析：你认为应该如何提高出国旅游的满意度？

第二节 旅游消费者满意度的影响因素

一、旅游消费者自身因素

1. 旅游消费者的认知因素

认知指通过形成概念、知觉、判断或想象等心理活动获取知识的过程。认知因素影响旅游者的满意度，是因为满意度在很大程度上与旅游需求、目的和期望相关。因此，旅游者的动机、期望和感知等均影响旅游者的满意度。

（1）从旅游者的动机来看。对于同一个旅游目的地，旅游者的动机和需求存在差异。目的地的产品和服务可能满足具有某种动机和需求的旅游者，而不能满足具有另一种动机和需求的旅游者。由于需求得不到满足，旅游者就会产生不满。具有不同动机的旅游者，其满意度就可能存在差异。

（2）从期望来看，根据奥利佛的“期望—实绩”模型，旅游者的满意度直接受到两个因素的影响：旅游者的预期与旅游者的实绩感知。如果旅游者的预期过高，而实绩感知又过低则将直接降低旅游者的满意度。

（3）从旅游者的感知看。指旅游者在旅游目的地游览和接受服务的具体感知，也包括出行前对距离、形象（映像）的感知。旅游者感知的内容与形式，取决于对距离本身的感知。行为地理学认为，对于旅游目的地的吸引力真正起影响作用的是感知距离而不是客观距离。旅游者的满意度是一种情感行为，其高低直接受到旅游者的心情和情绪的影响。

2. 旅游消费者的信息搜寻行为

旅游者的信息搜寻行为对旅游者的满意度产生直接或间接的影响。刘春济、刘民英（2012）的研究认为，“信息搜索的媒体导向”“深入性信息”“信息搜索的经验与中介导向”和“保健性信息”等国内旅游者行前信息搜索因子与目的地旅游者满意度评价因子存在正相关关系，但旅游者对“深入性信息”“信息搜索的媒体导向”的关注程度较为有限。

3. 旅游消费者忠诚度

旅游者的忠诚度就是在高水平满意度的前提下，具有重游和推荐给其他潜在旅游者的意愿。一般来讲，旅游者满意度会提升旅游者忠诚度，而旅游者忠诚度会导致旅游者重游或者向其亲朋好友进行推荐，从而继续提升旅游者的满意度，最终形成一个良性循环。

二、旅游目的地因素

由于旅游是一个整体性的活动，旅游者满意度的形成也是一个整体性的心理感知过程。旅游者满意度主要是通过他们在旅游目的地接触到的软环境及旅游活动中的要素“吃、住、行、游、购、娱”等而形成。所以，首先要从系统思维的角度来探讨旅游目的地旅游者满意度的影响因素。例如，李瑛（2008）采用层次分析法设计了国内旅游者在旅游目的地的期望与实际感知的测评指标体系，包括以下 8 个评价项目：旅游景观、目的地环境气氛、餐饮、旅游商品、住宿、娱乐、交通与通信、旅游服务与管理。

对于文化型或者文化创意型的旅游目的地而言，旅游者满意度的影响因素又有所差异。例如，王凯、唐承财、刘家明（2011）的研究发现，文化创意型旅游目的地的旅游者满意度主要因素为：内部驱动因素（独特的文化创意景观、文化创意体验环境、科学有效的开发与管理等）和外部驱动因素（区域社会文化和经济发展水平、旅游地文化创意形象、创意旅游口碑、外部交通等）。余向洋等（2008）的研究发现，屯溪老街的核心吸引力表现为旅游购物和历史文化要素，从旅游者行为方面来看，屯溪老街旅游者满意度以团体旅游者最高，并且总体上随着游览时间的延长和旅游花费的增加，满意度有所增加。

为了有针对性地把握和提升旅游者的满意度，除了从系统思维的角度把握旅游者满意度的影响因素外，还可以从特定的单向因素入手。例如，“声景观”便是很好的一例。旅游“声景观”（soundscape）是景区景观系统和环境的重要组成部分。旅游者对“声景观”的满意度取决于对旅游“声景观”属性的感知。仇梦嫄等（2013）将旅游“声景观”属性划分为生理层面感知的物理属性和心理层面体验的环境属性，并选取夫子庙—秦淮风光带的5个具有代表性的景点作为研究案例地，对物理属性的感知采用声学测量结合旅游者评价的方法进行研究，对环境属性的体验则在“声景观”要素分类的基础上，利用问卷调查数据进行了实证分析。其研究指出，旅游者对夫子庙—秦淮风光带各景点的旅游“声景观”基本满意；旅游者对旅游“声景观”环境属性的体验以物理属性的感知为前提，当“声景观”的物理属性处于一定阈值内，其环境属性直接影响旅游者对旅游“声景观”的满意度。

从以上分析可以发现，在影响旅游者满意度的目的地因素中，最为核心的因素有两个：服务因素（服务质量与服务管理）和吸引物因素（旅游景观价值、吸引物管理）。基于本书的主题和篇幅，以下对基于旅游满意度的管理与营销实践的阐述主要从旅游服务管理展开。

三、基于旅游者满意度的服务管理

如前所述，影响旅游者满意度的因素主要有旅游者的个人因素（认知、行为与忠诚等）以及目的地因素。从目的地营销与管理的实践角度来看，目的地的因素，尤其是目的地的服务质量与管理因素，是作为供给方的旅游目的地和旅游企业所能也是所需重点关注的。以下主要从旅游服务质量测评和旅游服务质量提升策略展开分析。

服务质量（service quality）指服务能够满足规定和潜在需求的特征和特性的总和，是指服务工作能够满足被服务者需求的程度。这一定义中，特性是用以区分不同类别的产品或服务的概念，特征则是用以区分同类服务中不同规格、档次、品味的概念。依照服务质量的定义，我们可以做出界定：旅游服务质量指旅游服务能够满足规定和潜在需求的特征和特性的总和，指旅游服务工作能够满足旅游者需求的程度。

在主流的服务质量管理以及旅游服务质量管理领域，SERVQUAL模型作为一个服务质量评价体系和管理体系被广为运用。其理论核心是“服务质量差距模型”，即：服务质量取决于用户所感知的服务水平与用户所期望的服务水平之间的差别程度（因此，又称为“期望—感知”模型）。其模型为：SERVQUAL模型分数＝实际感受分数－期望分数。SERVQUAL模型将服务质量分为5个维度：有形设施、可靠性、响应性、保障性、情感投入，每一维度又被细分为若干个问题。通过调查问卷的方式，让用户对每个问题的期望值、实际感受值及最低可接受的值进行评分，并由其确立相关的22项具体指标来说明。通过问卷调查、顾客打分和综合计算得出服务质量的分数。

基于SERVQUAL模型的5个维度：有形设施、可靠性、响应性、保障性、情感投入，相应的旅游服务提升策略有5个方面：旅游服务的有形展示、提升旅游服务的可靠性、提升旅游服务的响应性、提升旅游服务的保障性、增加旅游企业及服务人员的情感投入。

案例分析 11-2

“网红景点”的尴尬

很多游客到一些城市旅游会专门到“网红景点”打卡拍照，某个新兴的“网红景点”，其实原本只是一个小渔村，后来当地人把这里的房子刷成了五颜六色的“彩虹色”，才使这里成了一个“网红景点”。小渔村变成“网红景点”，而很多来到这里的游客都纷纷表示，这里来一次，再也不想来第二次了，除了“彩虹屋”这里连基本的配套设施都不完善。

分析：请说明为什么游客对“网红景点”不买账？

第三节　旅游消费者忠诚度概述

消费者忠诚度　即消费者对品牌的态度偏好或情感依赖，一般通过行为与态度的复合测量进行测度。

一、顾客忠诚度概述

1. 顾客忠诚度的含义

顾客忠诚度是消费者行为领域的一个研究重点，对于顾客忠诚的定义，学界并未达成统一的认识。但从现有研究成果来看，对于顾客忠诚的理解大致存在 3 种类型的理论，即行为论、态度论和复合论。

（1）行为论。行为论的学者将顾客忠诚的研究重点放在重复性的购买行为上，认为高重复性的购买行为即顾客忠诚的表现。朱兰德（Jeuland，1979）认为，顾客忠诚指顾客长期选择某种品牌产品或服务的可能性。纽曼和沃贝尔（Newman & Werbel，1973）认为，顾客忠诚指顾客不需要搜集其他品牌信息，直接选择重复购买某一产品或服务的行为。关于重复购买的次数，学者也有不同的观点。塔克（Tucker，1993）明确指出，对某一产品或服务连续购买 3 次即为顾客忠诚。有学者认为，顾客对某种品牌的产品或服务具有较高的推荐率即可称为顾客忠诚（Boulding et al.，1993）。顾客忠诚是由顾客心理或态度导致的一种行为偏好（Jacoby，1971）。然而，随着研究和实践的不断深入，许多学者发现行为论对于解释顾客忠诚存在不少缺陷和不足。

（2）态度论。斯多把卡、斯特兰维克和格朗鲁斯（Storbacka，Strandvik & Gronroos，1994）曾明确提出了行为论的片面性，并指出经常性的重复购买行为并非完全出于对品牌的偏好，而是因为转换障碍的存在；低频率的重复购买也未必没有较高的品牌偏好。戴（Day，1969）在研究品牌忠诚时也强调了态度的重要性，他认为，只有充分考虑品牌态度，才能将真正的品牌忠诚和虚假的品牌忠诚区分开来。琼斯和塞萨（Jones& Sasser，1995）进一步指出，顾客忠诚更多表现为一种情感上的认同反应，它是顾客购买产品或服务之后产生的一种对企业、产品或服务的归属感和认同感。

（3）复合论。支持复合论观点的学者认为，行为忠诚和态度忠诚都不足以表现顾客忠诚的全貌，真正的顾客忠诚是包含行为忠诚和态度忠诚两方面在内的综合性的忠诚。艾米恩（Amine，1998）认为，顾客对某种品牌产品或服务的重复购买只是顾客忠诚的表现形式，而顾客对该品牌产品或服务的积极态度是确保此种购买行为持续的前提。奥利佛（Oliver，

1997）将顾客忠诚表述为，顾客对在未来一贯地重复性购买某种产品或服务的承诺，并由此承诺所产生的对该产品或服务的购买行为，这种行为不会因为市场的变化和竞争对手影响行为的吸引而发生转移。作为一种心理或社会契约，忠诚的存在会增加双方对于共同事或物的投入，并造成退出障碍或机会成本。

2. 顾客忠诚的分类

随着对顾客忠诚内涵研究的深入，学者们从不同的角度划分了顾客忠诚的类型，以此加深对顾客忠诚的理解。具有代表性的观点有以下几种。

（1）基于“行为—态度”组合的分类。蒂克和库诺（Dick & Kunal，1994）从重复购买意愿和重复购买行为两个角度出发，将顾客忠诚分为不忠诚、伪忠诚、潜在忠诚和长期忠诚4个类型（见图11-1）。①不忠诚类型，顾客重复购买意向和重复购买行为程度都不高，企业很难从他们身上获利。②伪忠诚类型，顾客虽然具有较高的重复购买行为，但是其重复购买意愿却比较低，也即其态度上并不忠诚，说明此种类型的顾客并不是因为情感依赖而产生行为忠诚，很可能是因为其他因素，如便利性或者较高的转换成本等。③潜在忠诚类型，顾客虽然在行为上暂时没有表现出重复购买，但心里却对该产品或服务具有很深的感情，只要机会成熟，便会转为行动上的忠诚，出现这种现象的原因可能是因为企业的店铺较少导致购买不便或者是产品、服务目前供不应求，这种类型的顾客是企业需要挖掘的对象，因为他们具有向长期忠诚类型转变的很大的可能性和潜力。④持续忠诚类型，顾客兼具态度忠诚和行为忠诚，属于“内外一致”型，不仅对产品或服务具有情感依赖，而且会经常性地付诸行动，重复购买，他们是企业利润的主要来源，也是企业需要持续关注并维持关系的顾客。

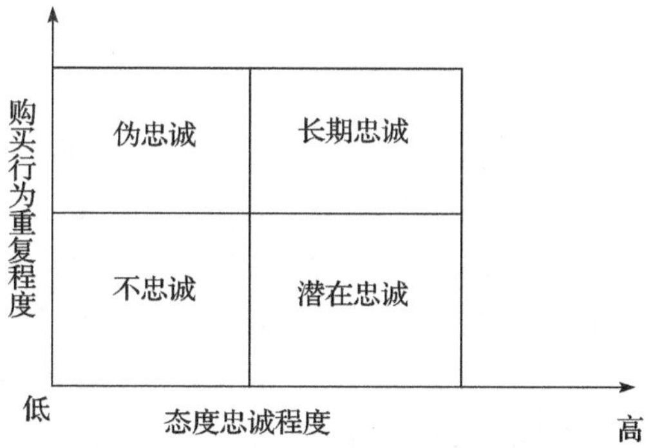

图 11-1　蒂克和库诺的顾客忠诚分类模型

（2）基于“满意—忠诚”组合的分类。琼斯和塞萨（Jones & Sasser，1995）从顾客满意和顾客忠诚两个维度。将顾客忠诚分为4种类型，即忠诚者（或传道者）、背叛者、唯利是图者和人质顾客（见图11-2）。①背叛者，顾客满意度低，忠诚度也低，很容易流失，也难以给企业创造价值。②唯利是图者，顾客十分理性，哪种产品对自己更有利就选择哪种产品，因此他们往往满意度很高，但忠诚度却不高，比如，当市场上某种替代品降价，这类顾客为了达到自己的满意就会转向购买替代品。③人质顾客，这种类型的顾客满意度低，但是忠诚度较高，导致其忠诚的原因可能是转换成本高、购买不便或者替代品不存在等。④忠诚者，顾客满意度高，忠诚度也高，是为企业创造价值最多的群体，也是企业应费尽心思留住的顾客。

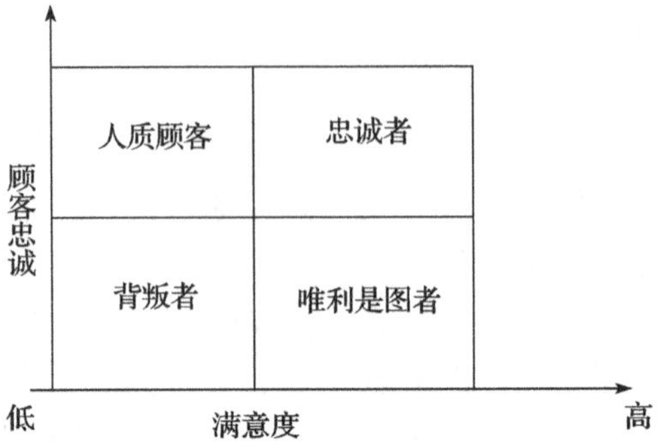

图 11-2　琼斯和赛萨的顾客忠诚分类模型

（3）基于顾客忠诚程度差异的分类。格雷姆乐和布朗（Gremler & Brown，1996）按照顾客忠诚程度的差异，将顾客忠诚划分为 3 种类型：行为忠诚，意向忠诚和情感忠诚。行为忠诚指顾客通过实际行动表现出来的对卖家的忠诚，是一种可观察的肢体行为举止，如重复购买。意向忠诚属于“将来时”，指顾客可能的未来购买意向，具体表现在向别人推荐的可能性和价格容忍度上。情感忠诚是顾客对企业产品或服务所持有的一种态度，表现为口碑宣传、购买决策首选。奥利佛（Oliver，1997）在上述理论的基础上，进一步将顾客忠诚按照先后分为认知性忠诚、情感性忠诚、意向性忠诚和行为性忠诚 4 个阶段。认知性忠诚是处于最低层的忠诚，是顾客亲身感触产品或服务的各方面品质信息后形成的。情感性忠诚是认知忠诚的后一阶段，是顾客获得持续性的满意后而形成的对企业所提供产品或服务的偏爱。意向性忠诚是顾客尚未付诸行动的再购买意向。行为性忠诚是顾客把已形成的购买意向转化成实际的购买行为。

（4）基于顾客忠诚情感来源的分类。凯瑟琳·辛德尔（2001）认为。除了顾客的行为和态度之外，企业与顾客间的情感联系也对顾客忠诚的维持起着至关重要的作用，良好的情感互动可以为企业带来真实的顾客忠诚。而根据情感来源的不同，可以将顾客忠诚划分为 7 种类型。①垄断忠诚对应垄断市场，指由于市场被唯一的供应商垄断，导致顾客的选择约束，尽管顾客的情感依赖不高，但因为别无选择，在行为上仍旧表现出重复购买。②惰性忠诚指顾客因为惰性而懒于花费时间和精力去寻找新的供应商，这类顾客属于自己给自己设定选择约束，同样表现出低依赖度和高重复购买的行为。③潜在忠诚指顾客本身希望重复购买，然而一些制约因素的存在限制了他们的购买行为，是低依赖、低重复购买的顾客。④方便忠诚也指低依赖、高重复的购买者，但与惰性忠诚的差别在于这类忠诚在情感上乐于接受。⑤价格忠诚指消费者出于对价格的敏感而偏爱能提供最低价的供应商，他们属于低依赖度、高重复率购买者。⑥激励忠诚指在经常惠顾的条件下，由于享受到企业特别提供的积分回馈或奖励而表现出忠诚的顾客，这类顾客与价格忠诚类似，也属于低依赖、高重复的购买者。⑦超值忠诚指具有典型的情感或品牌忠诚，是高依赖、高重复的购买者，这类顾客是企业产品的传道者。

二、旅游消费者忠诚度概述

在消费者行为领域，关于品牌忠诚和消费者忠诚的研究可以追溯到 20 世纪 20 年代。然而，忠诚度的概念引起休闲和旅游学者的注意只是近 20 年的事情。作为品牌忠诚在休闲和旅游领域的应用和延伸，忠诚度最初被运用到游憩设施使用、休闲活动参与以及航空、酒店等旅游相关服务性产品的购买行为上。虽然重复性的度假旅游现象很早便引起了旅游学者的关注，但是直接针对旅游目的地旅游者忠诚概念的研究却直到 20 世纪 90 年代才出现，并且这些研究大多是建立在品牌忠诚理论的基础之上。因此，对于旅游者忠诚的认识也出现了与顾客忠诚相对应的 3 种不同的理论派别。行为论的学者认为旅游业中的态度忠诚很难测量，实际行动就能代表积极的态度。例如，贝克曼和凡尔德卡姆普（Back-man & Veldkamp，1995）就认为，旅游者忠诚指旅游者显著性地参与特定的游憩活动的坚持行为。欧普曼（Oppermann，2000）也近似地认为，多次购买并且在目的地停留时间较长的旅游者是旅游目的地的忠诚客户。持态度论的代表性学者则认为，旅游者忠诚是旅游者对于某一旅游目的地能否作为可推荐之处的感知程度（Chen & Gursoy，2001）。复合论的学者认为，真正的旅游者忠诚应该是购买旅游产品的同时对该产品有一个积极的态度。国内学者对旅游者忠诚的定义也多采用复合论的观点。例如，邹益民、黄晶晶（2004）是国内较早研究旅游目的地旅游者忠诚的学者。他们指出，旅游者忠诚不仅是重复购买行为，更是一种高品质的心理倾向，是心理连同重复购买行为在内的有机结合。借鉴国内外对顾客忠诚以及旅游者忠诚的相关研究成果，我们认为，旅游者忠诚度（tourist loyalty）是旅游者对某一旅游目的地或旅游产品所具有的高度认同感和归属感，以及重复购买、正面推荐和将之作为首选的行为。

第四节　旅游消费者忠诚度的影响因素

作为旅游者忠诚度研究的一个重要方面，其影响因素一直以来都是学者们研究的重点，他们从不同的角度、不同的层面，通过各种各样的实证研究，对影响旅游者忠诚度的因素做了有益的探索，并得出了很多具有启发性的结论。虽然学者们对于影响旅游者忠诚度的因素还没有形成统一的观点，但是现有研究成果还是为我们提供了有益的借鉴。综合前人的研究成果，结合旅游业发展的实际，可以对影响旅游者忠诚度的因素做出以下总结。

一、旅游者层面

1. 旅游者满意度

根据奥利佛（Oliver，1980）的定义，顾客满意是顾客的需要得到满足之后的一种心理上的反应，是顾客对产品和服务的特征或本身满足顾客需要的程度的一种判断。顾客满意产生于顾客对某产品或服务的可感知效果与最初的期望值的比较，若感知效果大于期望值则产生顾客满意，反之则不满意。对于满意度与忠诚度之间的关系存在 3 种不同的观点。①认为满意度与忠诚度之间存在强正相关关系，满意度越高忠诚度越高。②认为两者之间存在非强正相关关系，顾客满意不一定会发展成为顾客忠诚，对商品或服务感到高度满意的顾客会出现转换行为，而对商品或服务感到不满意的顾客也会有忠诚行为的某些表现。③两者之前的关系是非线性的，顾客满意对顾客忠诚的作用并非是直接的，有许多因素构成二者的中介。越来越多的学者赞同顾客满意最终会发展为顾客忠诚。他们指出，顾客满意是顾客忠诚的前提条件。虽然存在“满意陷阱”，即顾客满意并不一定带来顾客忠诚，现实中存在高满意度、低忠诚度的现象，不过这只能说明顾客满意不是顾客忠诚的充分条件。

2. 感知价值

感知价值指消费者在对某产品或服务的获得（得到的利益，包括心理、情感、金钱等）与付出（在消费时的牺牲，包括时间、精力、金钱等）进行比较之后得到的一种心理上的价值判断，如果顾客觉得在消费时所获得的价值超过了他的付出（不论是金钱或是其他方面）的时候，他便会感到满意并再次光顾。伯尔丁等（Boulding et al.，1993）的研究发现，顾客感知价值与顾客的推荐意愿、重复购买呈正相关关系。也有学者（Zeithaml，1988）指出，顾客感知价值与高价容忍度之间存在正相关关系，即可以容忍价格上涨而继续保持忠诚。帕拉休拉曼等（Parasuraman，Zeithaml & Berry，1988）也提出顾客感知价值是顾客忠诚的主要驱动因素之一，消费者在购买中总是期望以有限的资源获取最大的交换价值。白长虹、廖伟（2001）认为，顾客感知价值对顾客忠诚有直接或间接的影响，间接影响通过推动顾客满意来达成。对于旅游者来说，如果某次旅游经历让其觉得不虚此行或者有很多超出想象的额外收获，那么他对此次经历的印象就会加深，对该旅游目的地的满意度也会随之增加，进而提升忠诚度。

3. 感知质量

感知质量指消费者在使用或体验过某产品或服务之后对其质量的主观感受与评价，这种主观的评价与产品或服务的实际质量可能会存在某种程度的差距，但它却是影响消费者购后评价和满意度的重要因素。也就是说，消费者的感知质量越高，其对该产品或服务的满意度就越高，而满意度又是影响忠诚度的重要条件，所以感知质量也就成为消费者忠诚度的影响因素之一。不少旅游学者的研究也证实了旅游者对旅游目的地的感知质量不仅对其忠诚度有着直接的正向影响，还通过顾客满意这一变量间接地对顾客忠诚起着影响作用。

4. 旅游者特性

旅游者特性指旅游者自身所具有的不同个性，这些个性包括旅游者的各项人口统计要素、旅游者的生活态度、重视时间的态度、风险厌恶的程度等。这些因素会影响旅游者对旅游目的地的总体评价。进而影响到其满意度，并最终作用于忠诚度。比如，一个极度重视相关群体意见的旅游者在选择旅游目的地时更多是参考周围人的意见和建议，而很少根据自己之前的旅游经验进行抉择，那么这样的话，由于过多的受他人意见的支配而忽视自己的经验和感受，其对曾经游览过的旅游目的地就很难形成忠诚度。再比如风险爱好者和风险厌恶者对于相同情境下旅游体验的感觉也是截然不同的。

5. 场所依恋

旅游者初到旅游地时通常会注意该地所提供的游憩功能，当体验后发现该地具有它地无可替代的功能时，便会有想要持续接近该地的需求，接触一段时间后就会对这个地方产生感情，这种现象称为场所依恋（place attachment）。简单地说，场所依恋是一种情感归属，是使用者感觉到的自身与场所结合的程度。场所依恋通常由经典的二维结构——场所依赖（place dependence）和场所认同（place identity）来描述。场所依赖指场所的实质功能，包括环境景观、公共设施、特殊的资源、可及性等；场所认同是人们在情感层面上对场所产生的依附与归属感，是个人对场所的情感依附。当某一场所能够满足个人的某些特定心理需求时，这个地方便会对人有一种象征性的意义，人们便会对这个地方产生情感上的联系。对于旅游者来说，由于某些特殊因素的存在，这些因素可能是旅游目的地本身所具有的独特吸引力，也可能是旅游者本身所具有的某些心理或情感上的倾向，他可能会对某个旅游目的地或者某种类型的旅游目的地具有很深的心理认同和情感依赖，于是，他在内心深处就对此地产生共鸣感和归属感，而这些感觉正是旅游者忠诚的体现，也是旅游者忠诚产生的一个原因。

二、旅游目的地层面

1. 目的地形象

目的地形象指旅游目的地的各个方面在旅游者心中所形成的整体印象，这些方面包括该地的社会发展水平、经济发展水平、旅游业发展水平，人文环境状况、旅游景观特色和形象等。目的地形象是旅游者评价某一旅游目的地时的一个重要因素，其好坏直接影响旅游者对于该旅游目的地的感知质量，也会影响旅游者的满意度，而满意度又是一个影响忠诚的前因变量，所以目的地形象也就影响了旅游者对该旅游目的地的忠诚度。

2. 服务质量

服务质量是旅游者在目的地体验到的实实在在的旅游服务的好坏，它是影响旅游者感知质量的根源，也是影响旅游者感知价值和满意度的因素。在很多实证研究中，服务质量被证明是满意度的前因变量，并通过满意度的中介作用影响旅游者的行为意向或者通过其他中介变量，如感知公平、感知价值等间接影响忠诚。例如，旅游者对目的地服务质量的肯定是其产生重游意愿的直接驱动因素，同时它也可通过满意度这一中介变量对“向他人推荐”意愿产生间接影响（Bigne，Sanchez & Sanchez，2001）。

三、其他因素

1. 转换成本

转换成本指当消费者从一个产品或服务的提供者转向另一个提供者时所产生的一次性成本。其成本不仅是经济上的，也包括时间、精力和情感上的。如果顾客从一个企业转向另一个企业，可能会损失大量的时间、精力、金钱和关系，那么即使他们对企业的产品或服务不完全满意，也会三思而行。顾客的转换成本对顾客转移视线起阻碍作用，因此有利于维持与顾客的既有关系，从而提高顾客忠诚。但是，也应该看到，转换成本是一种带有某种强制性的因素，虽然这种产品或服务不是最好的，但是由于某种原因，消费者不得不继续使用该产品或服务，在这种情况下消费者会有一种被绑架的感觉，其对该产品或服务并不是真正的认可，其忠诚是一种短期的忠诚，并且存在很大的转移风险，一旦消费者找到更加满意的产品或服务、转换成本降低或消失，消费者的忠诚也会随之消失。

2. 其他多种因素

以上介绍的旅游者忠诚度的影响因素是被大多数学者证实并得到普遍认同的因素，除了这些具有普遍意义的因素之外，还有一些其他因素也被学者们拿来进行了不同程度的探索，这些因素包括旅游动机、感知距离、感知价格、感知风险、旅游者的地方感、旅游地个性等。可以看出，对影响旅游者忠诚度因素的探索一直处于不断发展之中，相信经过不断探索和实践，会有更多的因素被证实。

案例分析 11-3

旅游忠诚度计划

旅游忠诚度计划是现代旅游生态系统的一个非常成功的要素。它们非常受客户欢迎，客户愿意参加这些计划并使用多个计划，旅游业对于这些计划带来的收入和利润非常关注。尽管旅游忠诚计划带来了多重收益，但它还未释放其全部潜能。为了更好地了解和识别对旅游忠诚度计划加以提升的特定方式，IBM 商业价值研究院（IBV）和经济学人智库（EIU）在 2015 年 5—8 月对来自 13 个国家的 3833 名旅客进行了调查。调查发现：旅客将忠诚计划等同于折扣，高管对于忠诚度计划的期望各不相同，企业用户渴望从旅游忠诚度数据中获取深入的洞察力。

分析：影响旅游忠诚计划的实施的主要因素有哪些？

第五节　基于消费者忠诚度的旅游营销

一、宣传和树立良好的形象，建立顾客信任

对于旅游目的地来说，独特鲜明的形象可以给旅游者留下美好印象，从而培育出其对目的地的情感，进而刺激其游览欲望，激发游览动机，产生游览行为，获得愉悦体验，进而重复游览，重复愉悦体验，最终形成旅游者的忠诚。另外，个性鲜明的形象还可以使旅游者获得一种超出旅游产品和服务之外的社会和心理利益。同时，良好形象有助于降低旅游者的购买风险，增强其购买信心，而这种信心是旅游者对目的地信任情感产生的最初来源，也是旅游者忠诚产生的基本前提。旅游目的地的对其形象的塑造应该有个性、有特色、有内涵，应

该是内在价值和外在气质的统一，只有这样才能对旅游者产生独特的吸引力，使自己的形象和精神内涵与旅游者产生共鸣，进而将与自己个性相符的旅游者吸引过来。对于旅游目的地的形象宣传，应该是一个持续性的行为，贯穿旅游者消费前、消费中、消费后的整个过程中。

二、提供高质量的旅游服务与产品

旅游产品是一种服务性产品，旅游者购买的是一种经历和体验。因此，在这种无形产品的提供过程中，服务是最主要和关键的因素。目的地提供的旅游服务越周到、越贴心，旅游者对其整体感知质量就越高，而感知质量的高低决定了旅游者对此目的地满意度的大小，满意度又是忠诚度产生的前提，所以为了培养忠诚的旅游者，旅游目的地必须要提高其提供的旅游产品和服务的质量。为了保证旅游者能够体验到高水准的服务质量，旅游目的地需要提前了解哪些因素会在旅游者的消费过程中产生影响，找到了这些因素之后，有针对性地进行改进。在这个过程中，尤其需要重视的是那些旅游者与服务人员的接触点，比如在一个特定的景区之内，旅游者购票、旅游者咨询、导游讲解，就是最需要注意的服务接触点，景区服务质量的提升重点也在这些接触点上。服务质量的好坏与服务的提供者有着密切的联系，服务人员的态度语言、行为举止、精神状态等都会直接影响旅游者的感知质量。

三、重视顾客价值，提高旅游者满意度

为了增强忠诚度，必须提高每个顾客的满意度水平，并长期保持住这种水平。为此，需要增加提供给顾客的价值。对于旅游目的地来说也是这个道理，为了培养忠诚的旅游者，旅游目的地必须要重视顾客价值，并想办法提高，让旅游者感觉到其所收获的价值远远超过应得到的，并且这些额外的价值并没有造成消费成本的增加。提高顾客价值最基本的途径是提高旅游者的旅游感知质量，而这种感知质量的提升有赖于良好的服务和产品。旅游目的地应该从保证旅游硬件服务设施的质量、服务本身的质量、整体环境的营造几个方面做起，为旅游者打造高质量的旅游服务产品。

四、注重沟通，建立情感联系

忠诚度衡量的一个重要层面是态度，这种态度上的忠诚建立在旅游者发自内心的对旅游目的地的情感认同之上，而情感联系的建立必须依赖目的地与旅游者之间不断的沟通。这种沟通是持续不断的，发生在旅游者与目的地接触的每一个环节之中。在旅游者对目的地进行信息咨询的阶段，目的地应该尽可能地掌握旅游者的需求，并为其提供专业的合适的建议；在游览过程中，目的地更应该加强与旅游者的交流和沟通，这个阶段主要是依靠服务人员来实现，应该让服务人员细心地观察旅游者的行为和心理，与旅游者进行及时的沟通，了解旅游者游览过程中的不满和期待，并适时进行改进；而在游览结束后，目的地可以对旅游者进行回访，了解其在目的地的体验感觉，对旅游者的意见进行及时反馈。在这一系列的沟通过

程中，旅游者会体会到目的地对旅游者价值的重视、对旅游者体验的关注，由此会便会产生一种被重视的感觉，而这种感觉会在无形之中加强其与目的地之间的情感联系，进而影响其对目的地的整体评价和满意度，最终作用于忠诚度。

五、重视关系营销，加强关系营销

根据马斯洛需求层次理论，人的需求分为生理、安全、社交、受尊重、自我实现这五个层次。一般的旅游者对于旅游目的地的需求停留在前三个层次，而忠诚的旅游者对旅游目的地的需求则更多地表现为后两种。因此，对于这些忠诚的旅游者，旅游目的地应该致力于维系和提升他们与目的地之间的情感联系，增加旅游者的受尊重感和自我实现感。在这个方面，关系营销显得尤其重要。关系营销是把营销活动看成一个企业与消费者、供应商、分销商、竞争者、政府机构及其他公众发生互动作用的营销理念和实践。关系营销的核心是建立和发展与这些对象的良好关系。

六、把握需求变化，进行精准营销

由于外界市场环境、流行趋势或者旅游者自身偏好转移的影响，旅游者的需求也会发生变化。对于旅游目的地来说，及时、准确地把握这些变化对其成功具有重要的意义。由于忠诚的旅游者是旅游目的地最稳定、最可靠，最有经济价值的客源。因此，旅游目的地对于这些忠诚顾客的需求变化更需要给予足够的重视。对于顾客需求变化的准确把握需要不断关注和沟通，只有在不断的交流沟通过程中才能及时发现旅游者需求的变化趋势，从而及时做出应对。尤其是一些高端旅游产品经营者，更需要及时掌握忠诚的旅游者的需求变化，并针对这些变化做到一对一精准营销，最大限度维系与这些忠诚旅游者的关系。在这个方面，精准营销显得尤其重要。精准营销指在精准定位的基础上，依托现代信息技术手段建立个性化的顾客沟通服务体系以实现企业可度量的低成本扩张之路的一种营销理念和实践。

案例分析 11-4

英国忠诚度计划服务公司 Collinson 在线调查了 2008 名美国成年旅客，调查结果显示，只有五分之一的消费者认为旅游品牌的忠诚度计划为他们带来了直接的好处。许多旅游企业没有为用户提供个性化体验，61% 的消费者表示旅游服务商经常提供缺乏个性化、没有价值的沟通信息，因此他们会选择直接忽略这些信息。只有 27% 的消费者认为他们所获得的服务和忠诚度计划符合其需求和喜好。近半数受访者（42%）表示曾收到完全不感兴趣的服务推荐。调查显示，64% 的旅游企业并不了解消费者需求和消费者对品牌忠诚的原因。

Collinson 忠诚度总监 Steve Grout 表示，随着市场竞争的加剧，要增强消费者对某一家旅游企业的忠诚度正变得越来越困难。如果消费者没有获得理想体验，他们会毫不犹豫地投入下一家企业的怀抱。

分析：如何采取合适的营销策略吸引并留下消费者？

课后讨论与设计

一日厂长

韩国精密机械株式会社实行着一种独特的管理制度，即让职工轮流当厂长管理厂务。一日厂长和真正的厂长一样，拥有处理公务的权力。当一日厂长对工人有批评意见时，要详细记录在工作日记上，并让各部门的员工收阅。各部门、各车间的主管依据批评意见随时核正自己的工作。这个工厂实行“一日厂长制”后，工厂的向心力增强。工厂管理成效显著，开展的第一年就节约生产成本 300 多万美元。

问题：结合资料说明工厂的做法对员工忠诚度和满意度的影响？

复习与实践

一、判断题

1. 影响旅游者忠诚度的个人因素和旅游目的地因素是彼此独立的。　（　　）
2. 旅游者满意度是旅游者忠诚度的充分必要条件。　（　　）
3. 旅游者的满意是一种心理状态，仅取决于旅游者个人因素。　（　　）
4. 对旅游者满意度的研究只能经由定量的方法。　（　　）

二、选择题

1. 旅游忠诚度的测量指标主要是（　　）。

A. 重游意愿　B. 推荐意愿　C. 购买意愿　D. 未来首选意愿

2. 旅游者对一项旅游产品或旅游服务可以感知的体验效果与预期期望值相比较之后所形成的心理状态是（　　）。

A. 旅游者满意度　B. 旅游者忠诚度　C. 旅游者体验度　D. 旅游者购买度

3. 影响旅游者满意度的因素主要是（　　）。

A. 旅游者的认知　B. 旅游者的信息搜寻行为

C. 旅游者的忠诚度　D. 旅游目的地因素

三、思考题

1. 简述顾客满意度的基础理论。
2. 简述旅游者满意度的影响因素。
3. 旅游者满意度的理论基础和特点。
4. 影响旅游者忠诚度的因素有哪些？

四、案例分析题

2020 年，由于新冠肺炎疫情的影响，全球旅游业均遭受了重创，许多航空公司陷入了流动性的危机，2020 年第一季度中国南航、东航、国航都有亏损，但三大航空公司仍然可以通过银行贷款等方式在疫情期间得到必要的资金保障。除此之外，很多航空公司纷纷依靠各自的常旅客计划改善运营状况。但仅依靠常旅客计划管理、会员互动、积分兑换等措施是不够的。

特殊时期航空公司该如何借忠诚度计划维系客户纽带?

五、实践题

忠诚计划是决定品牌成败的重要因素之一。建立一个切实可行的品牌忠诚计划，需要从客群选择、策略应对、真实可靠等方面入手。除了这些做法，你认为如何能更好地保持顾客的忠诚度呢?

第十二章　旅游消费者行为与社会环境

》问题导入

根据中国旅游研究院发布的《中国出境旅游发展年度报告2019》，2018年我国的出境旅游市场规模增长到1.49亿人次，境外消费超过1300亿美元。不仅旅游规模不断增大，中国游客对出游目的地的满意度也在不断提升。

报告指出，中国出境游客既“从众”也“由心”。“从众”表现在，初次出境旅游者众多，跟团游依然是许多人的心头好。“由心”表现在，越来越多的出境游客倾向于自由行，与跟团游几乎势均力敌。2018年，通过团队形式进行出境旅游的游客比例达55.24%，50.65%的受访者表示在未来的出境旅游中愿意参加旅游团。

亲友圈+朋友圈是未参团游客的主要结构，家人、好友是出境游同伴的主要来源。和家人一起出游超过50%，和好友结伴出游近30%。

》学习目标

1. 了解参照群体及其对旅游消费者行为的影响；
2. 了解不同社会阶层群体的旅游消费行为特征；
3. 了解旅游消费者社会交往的基本特点；
4. 掌握家庭及家庭对旅游决策的影响。

》本章重点、难点

1. 参照群体对旅游消费者行为的影响；
2. 不同社会阶层群体的旅游消费行为特征；
3. 家庭生命周期与旅游消费行为；
4. 家庭成员与旅游消费决策；
5. 旅游消费者社会交往的特点与层次；
6. 旅游体验中的主客交往；
7. 基于社会环境因素的旅游营销。

人是社会的人，必然要和社会接触，不能脱离社会而独立存在，而且社会环境对人的行为有着明显的影响。因此个体的旅游行为除了受到知觉、学习、动机、个性、态度等个体心理因素影响外，还要受到社会环境的影响。本章在参照群体对个体行为影响的基础上，进一步了解社会阶层对旅游消费行为的影响、家庭对旅游决策的影响、旅游消费者在旅游过程中的社会交往，以为旅游企业更好地开展旅游服务、旅游营销工作提供依据。

第一节 参照群体与旅游消费者行为

群体与行为 结群是人类生活的基本特征。群体成员在接触和沟通过程中，通过语言、表情、动作等表达个性、思想和感情，并相互影响、相互学习，产生一些共同的信念、态度和规范，从而对消费者的行为将产生潜移默化的影响。

一、参照群体概述

1. 参照群体的概念

从社会行为学角度来看，参照群体指能够直接或间接影响人的思想和行为的群体，它或者为个人树立并维持各种标准（参考标准），或者成为个人与之进行比较的对照框架。参照群体这一定义实际包含了 3 层含义：①是个体在进行比对时作为参照点的群体；②是比对者期望在其中获得或保持承认的群体；③是其观点为比对者所接受的群体。

在消费行为学研究中，这一术语又得到扩展，泛指任何影响消费者态度、价值观和行为的群体，从成员资格和规模上都没有限制，家庭、邻里、朋友、社会阶层等，均可包含在内。在旅游消费活动中，参照群体实际上是旅游消费者在形成其购买或消费决策时，用以作为参照、比较的个人或群体。

随着时代的变化，参照群体的含义也在变化。这个术语最初指家庭、朋友等与消费者直接打交道的群体。现在，参照群体不仅包括直接与消费者互动的群体，还包括电影明星、体育明星、政治领袖和其他公众人物等与消费者没有直接面对面接触但对个体行为产生影响的个人和群体。甚至在街上穿着时尚、令人感兴趣的人的言行举止，均可作为消费者决策时的参考和指南。

2. 参照群体的划分

参照群体可以按不同的标准分为不同的种类。

（1）按参照群体的正式程度划分。

①正式群体，指有明确的组织目标、正式的组织结构，成员有具体的角色规定，并为完成组织规定的任务而产生的群体，如学校、工厂、机关等。

②非正式群体，指人们在交往过程中，由于共同的兴趣、爱好和看法而自发形成的群体，一般结构比较松散、自由，如学习小组、旅行团、俱乐部、粉丝后援会等。

（2）按参照群体的成员身份划分。

①直接群体，又称成员参照群体，即某人所属的群体或与其有直接关系的群体。直接参照群体，又分为首要群体和次要群体两种。首要群体指与某人直接、经常接触的一群人，如家人、亲友、同事、邻居等。次要群体是对其成员影响并不很经常，但一般也都是较为正式的群体，如宗教组织、职业协会等。

②间接群体，又称象征群体，指某人的非成员群体，即此人不是其中的成员，但又会对他产生影响的一群人。间接群体还可以分为仰慕群体与疏离群体。仰慕群体指消费者想要加入的群体；疏离群体则是消费者试着去保持与群体的距离，但群体的行为仍会影响消费者。

③虚拟群体也可称虚拟社区，指因网络兴起而产生的参照群体。

（3）按参照群体的参与意愿划分。

①自愿型群体，指基于本身的自由意志参与的群体，如大学社团。

②强制型群体，是参与者本身无法选择而参与的团体，如家庭和监狱等。

（4）按参照群体的不同作用划分。

①规范性群体，建立一定的行为标准并使个体遵从这一标准。如父母对子女如何选择食品的营养标准、如何穿衣打扮、如何待人接物等。

②比较性群体，个体把参照群体作为评价自己或别人的比较标准和出发点。如布置、装修住宅时，可以以邻居或仰慕的某位熟人的家居布置作为参照对象。

二、参照群体对旅游消费者行为的影响

参照群体如何影响消费者行为？早在20世纪50年代德斯和吉拉尔就把参照群体的影响方式分为两种，即信息性的社会影响与规范性的社会影响（Deutsch & Gerard，1955）。麦斯卡汉斯和席格柏进一步将其扩大为3种方式，即信息性影响、规范性影响和价值表现性影响（Mascarenhas & Higby，1993）。

1. 信息性影响

指参照群体成员的行为、观念、意见被个体作为有用的信息予以参考，由此在其行为上产生影响。当消费者对所购产品缺乏了解，凭眼看手摸又难以对产品品质做出判断时，别人的使用和推荐将被视为非常有用的证据。群体在这一方面对个体的影响，取决于被影响者与群体成员的相似性，以及施加影响的群体成员的专长性。例如，某同学发现身边好几个朋友都去刚开业的主题公园游玩，于是她决定也去体验一下，因为这么多朋友都去，意味着该主题公园一定有其优点和特色。

2. 规范性影响

指由于群体规范的作用而对消费者的行为产生影响。规范指在一定社会背景下，群体对其所属成员行为合适性的期待，它是群体为其成员确定的行为标准。规范性影响之所以发生和起作用，是由于奖励和惩罚的存在。为了获得赞赏和避免惩罚，个体就会按群体的期待行事。如某旅游景区声称，如果遵守景区规则，就能得到社会的接受和赞许，利用的就是群体对个体的规范性影响。同样，宣称不遵守规则导致不良旅游行为的发生，就得不到群体的认可，也是运用了规范性影响。

案例分析 12-1

黄山风景区设立“红黑榜”

2018年11月5日，记者从黄山风景区管委会了解到《黄山风景区旅游文明行为记录管理办法》已于日前发布并施行，黄山风景区将设立“红黑榜”，对游客在景区所辖区域内游览过程

中的文明或不文明行为举止记录管理。其中，被认定列入“红榜”的当事人及其信息将在黄山风景区政务网站公布并长期保存（当事人要求不予公开的除外），当事人在一定期限内享有免黄山风景区门票优待，优待期限为1～5年，核定期内次数不限；被认定列入“黑榜”的当事人及其信息保存期限为1～5年，实行动态管理，信息保存期限内将作为“黄山风景区不受欢迎的人”在黄山风景区政务网站公布，并按程序上报上级主管部门，期满撤销转为内部存档资料。

分析：近些年来，随着旅游业的发展，游客出现的一些不文明现象引起了舆论的高度关注。为了惩戒不文明旅游行为，2015年国家旅游局制定《游客不文明行为记录管理暂行办法》。这是国家首次出台有关游客不文明行为治理的相关文件，被称为“游客黑名单制度”。这一举措对治理游客不文明行为起到了很大的警示作用。

3. 价值表现性影响

指个体自觉遵循或内化参照群体所具有的信念和价值观，从而在行为上与之保持一致。例如，某位消费者感到那些有艺术气质和素养的人，通常是留长发、蓄络腮胡、不修边幅，于是他也留起了长发，穿着打扮也不拘一格，以反映他所理解的那种艺术家的形象。此时，该消费者就是在价值表现上受到参照群体的影响。

个体之所以在无须外在奖惩的情况下自觉依群体的规范和信念行事，主要是基于两方面的驱动：一是个体可能利用参照群体来表现自我，提升自我形象；二是个体可能特别喜欢该参照群体，并希望与之建立和保持长期的关系，从而视群体价值观为自身的价值观。例如，某旅游消费者感到那些成功人士经常出国旅游时，乘坐头等舱、住高端酒店、打高尔夫球。于是，他在条件允许的情况下，也会出国旅游时选择乘坐头等舱、住高端酒店、打高尔夫球，以反映他所理解的那种成功人士的形象。

此外，参照群体对消费者的影响还体现在旅游意愿和感知风险上，旅游开始前，由于旅游产品的特性，导致游客拥有更高的感知风险，旅游产品信息搜寻比普通产品的信息搜寻更为困难，由此导致的是一个更复杂的消费决策与评估过程。因此，当潜在游客消费者准备外出旅行时，会通过家人与亲友来获取旅游信息，这时，旅游消费者的初步参照群体就已形成。

在旅游活动过程中，除了家人与亲友，旅游消费者的行为还会受到其他旅游者和旅游目的地的居民的影响。例如，一个旅游者在其他旅游者竞相品尝当地特色小吃或购买特色纪念品时，也会跟着品尝或做出购买行为。又如一些少数民族旅游目的地，一些游客会模仿当地的少数民族身着民族特色服饰。

第二节　社会阶层与旅游消费者行为

社会阶层与旅游消费　每个旅游消费者都处于一定的社会阶层，由于价值观念、生活方式的相似，同一阶层的社会成员在行为表现上也具有共同的倾向。不同阶层的社会人群在消费支出结构模式、信息接收和处理、购物方式、品牌偏好上呈现出不同的特征。

一、社会阶层概述

1. 社会阶层的概念

社会学通常把由于政治、经济、社会等多种原因而形成的，在社会的层次结构中处于不同地位的社会群体称为社会阶层。社会阶层是全体社会成员按照一定等级标准划分为彼此地位相互区别的社会集团，同一社会集团成员之间态度以及行为、模式和价值观等方面具有相似性，不同集团成员存在差异性。

社会阶层是相对接近的类群，同一社会阶层中的个体在社会层级系统中享有同等的地位和资产。在社会层级系统中处于较高层的个人，他的地位或声望通常也较高，更容易获得社会的嘉奖。基于这个原因，从消费的术语来讲，如收入、住房、汽车、邻居等常被用来作为社会阶层的特征。另外，声望也是一个很重要的方面，它通常总是与职位联系在一起。声望获得可以通过个人的努力，也可以完全由这个人的姓氏及他所从属的家族来决定，同时，声望还与个人在社会中扮演的社会角色有关。每个社会角色都有相应的权利、义务和责任。这些社会角色有的是社会赋予的，有的是个人谋求的。绝大多数社会角色都具有自己的对应角色，如医生—患者，家长—孩子，售货员—顾客等。社会系统由这些相互关联的角色构成，它们是社会系统得以运转所不可缺少的因素。

2. 社会阶层的划分

国外学者通常采用综合指标对社会阶层进行划分，其指标包括职业声望、收入、家庭背景、教育学历、居住状况、政治地位等。各项指标按其重要性进行加权，根据其分数进行划分。据此美国学者 C.G 沃尔特斯和 G.W. 保罗将美国社会划分为 6 个社会阶层（见表 12-1）。

表 12-1 美国社会阶层

社会阶层	成员	占人口百分比
上上层	连续三四代富有的名门望族、商人、金融家或高级职业人员	1.5%
上下层	新跻身于上等阶层的暴发户、高级行政官员、大型企业创始人、医生和律师	1.5%
中上层	有中等成就的专业人员、中型企业主、中等行政人员、有地位意识和以孩子和家庭为中心的人	10.0%
中下层	普通人中的后上者，非管理人身份的职员、中型企业主、蓝领家庭	33.6%
下上层	普通劳动阶级、半熟练工人、收入水平偏高者	38.0%
下下层	非熟练工人、失业者、少数民族及未归化的外来民族、冷漠者	15.4%

二、不同社会阶层群体的旅游消费行为特征

同一社会阶层的成员由于具有相类似的经济基础和文化教育背景，因而在价值观、生

活方式上也会比较接近，从而形成某种群体行为规范。这一行为规范往往可以转化为群体内成员相似的消费心理和消费行为。而不同的社会阶层由于其经济能力与文化教育背景不同，所具有的价值观与行为准则也不同，因而在消费倾向与消费行为上具有明显的差异。

1. 上层阶层炫耀型消费

上层阶层消费者愿意在他人面前突出自己的富有和地位。在消费行为上表现为奢侈和挥霍，消费倾向可以定位为“炫耀型消费”。

一般来讲，上层社会成员比较重视旅游，他们把旅游作为生活的基本内容之一。与其他阶层相比较，他们在购买或享用旅游产品和服务时追求高品位，维持高标准，显示其富有和身份。他们喜欢参加远途旅游和出国旅游，注重旅游项目的知识性，旅游活动中的文化和审美内涵；要求旅游活动、交通工具、住宿等方面的接待规格符合自己的身份地位，参加高级社团活动、选择高档酒店、游览世界名胜、乘坐游艇等豪华交通工具；在旅游中乐于购买艺术品、古玩等。由于他们的职业特点很少有身体运动，作为补偿，他们会很偏爱参加高尔夫球、网球、壁球、马球、游泳、慢跑等活动，与其社会成员喜好的钓鱼、划船等活动相比较，这类活动既能够锻炼身体，又不占用大量时间。

2. 中层阶层形象型消费

中等阶层大部分是接受过良好教育并事业有成者。在消费心理上表现为关注自身形象，不仅注重消费品的质量，更追求格调。在消费形式上，看重的是“经历”，关注的是“自我形象”能留下美好回忆的过程和品味。因此定位为“形象型消费”。

中等阶层外出旅游时，作为事业上的成功者，他们有一股积极向上的朝气，充满自信，对自己的形象倍加关注，注意旅游产品和服务的质量和情趣及格调的追求，他们的思想比较开放，更有自信，也更重视旅游的积极意义和教育意义。受更高的社会地位的吸引，中层社会成员更爱冒险和承担风险，他们的旅游兴趣比较浓厚且广泛，是所有旅游者中数量最多的群体。他们还是公共游泳池、公园、博物馆等商业性休闲和公共设施的主要使用者。

3. 低阶层实用型消费

低阶层是经济收入处于低阶层的人。由于受经济条件的限制，在消费心理上常常表现出立即获得、立即满足，是一种“实用型消费”模式。在消费行为中的特点是非常关注消费品的质量及价格，希望以最小的花费换取最大的使用价值，并满足其实用性要求。

低层社会成员受文化教育水平和收入的限制，视野相对较窄。他们也参加旅游活动，但由于对外部世界有较大的风险知觉，对遥远的旅游地不感兴趣。他们通常把国内短途旅游观光或到某个旅游点短期度假，作为自己理想的旅游方式。与喜欢含蓄、幽默、富于变化的上层社会成员相比较，低层社会成员喜欢刺激性的活动项目，如拳击、职业摔跤等。在旅游购物时，他们比较注重实用性，喜欢色泽鲜艳的产品外观。

第三节　家庭与旅游消费者行为

家庭与旅游消费　家庭是个人成长过程中最早与他人互动的基本单位，家庭提供我们个人生长与休闲学习的空间，对个人今后旅游与休闲偏好都有着显著影响。

家庭对旅游者的旅游行为有着重要的影响。一方面，旅游者在社会化过程中，从家庭主要成员父母、兄弟、姐妹那里习得了消费行为和旅游行为，家庭环境、文化背景和父母的生活习性、培养方法等，对旅游者个体成年以后的行为方式有相当大的影响。另一方面，旅游者的现实家庭结构和环境对旅游者旅游行为的影响更为直接。中国是一个家庭观念强烈的国家，中国的家庭结构对于旅游决策的影响更大。

一、家庭概述

家庭指婚姻关系、血缘关系或收养关系基础上产生的，以情感为纽带，亲属之间所构成的社会生活单位。自古以来，中国社会就重视“家”，家不仅是抚育培养个人成长学习的环境，更是个人精神情感的寄托。

人们的消费方式、习惯首先从家庭里学来，社会文化也要通过家庭传递给新一代。家庭对消费者行为的影响表现在几个方面：①家庭经济状况决定家庭成员的购买能力；②家庭对其成员的购买行为具有强烈和持续的影响，这种影响主要从对消费者的个体兴趣爱好、个性特征、职业选择、生活习惯等方面表现出来；③家庭本身就是一个消费单位，如彩电、冰箱、空调、家具等日用品的计算都是以家庭为单位计算的；④家庭所属社会阶层决定了消费者的需求和消费习惯。

二、家庭生命周期与旅游消费行为

家庭生命周期就是家庭的发展过程，指一个家庭从形成开始经历不同的发展阶段，直至解体的整个过程。在家庭生命周期的整个变化中，家庭的规模在不断变化，家庭成员阅历的逐渐丰富而变得日渐成熟，在价值取向、态度、需要、兴趣等方面也必然还会发生变化。

家庭生命周期的概念早在 1903 年就被提出，随后被广泛应用于营销学和消费者行为学的研究中。在解释消费者行为和进行市场细分时，家庭生命周期是一个重要的人口统计变量，不论是在商品或服务的消费领域，还是在家庭消费的分配领域及其他商业领域均是如此，特指消费者作为家庭成员所经历家庭各个阶段形态的变化，用以分析和揭示消费者在不同阶段消费的形式、内容和特征等。

家庭生命周期的划分方法很多，较常运用的方法是把家庭生命周期分为以下几个阶段。

1. 单身阶段

指已独立工作但尚未成婚的年轻人，大多有自己独立的收入，尽管收入水平不太高，但由于没有经济负担，可支配的收入比较多，而且身体状况处于一生的最佳状态，他们为了自身的学习、娱乐、交友、健身、求新、求奇等需求心理较为突出。而旅游活动恰好有利于满足以上几种需要。他们喜欢健身、游乐、探险、科普类的旅游产品。

2. 新婚阶段

指已婚无子女，人一生中精力旺盛、求知欲强、富有浪漫情调的阶段，是外出旅游最理想的时间，并拥有最理想的条件。在许多国家，旅游与年轻人结婚几乎是相伴而行的，即“蜜月旅游”。对于经济不够宽裕的年轻人，新婚期是比任何时期都更有可能去旅游的时期。经济不够宽裕的人习惯于把旅游看作“奢侈消费”，而新婚期正是“奢侈一把”的好时机。

另外年轻夫妇认识到自己一旦有了孩子后，行动自由将会受到严重影响，并且家庭的可支配收入也将减少，因而他们便会在旅游市场上非常活跃。

3. 满巢阶段

（1）满巢Ⅰ期：指最小的孩子在6岁以下的家庭。这一阶段家庭外出旅游的可能性很小。一是孩子的降临会对家庭生活方式和经济状况产生很大的影响，家庭要花费相当多的收入用于孩子的吃、穿、玩和教育上，导致暂时的经济紧张。孩子的出现也使夫妻外出娱乐、旅游的时间大大减少，大部分精力都用于照顾孩子。二是由于婴幼儿需要特殊照顾，外出旅行时，不容易找到适合婴幼儿生活所需的特殊接待设施，家庭出行显得极为不便，不大可能考虑远途旅游，只在家庭附近的公园、动物园进行休闲娱乐，且频率较高。

（2）满巢Ⅱ期：指最小的孩子在6岁以上的家庭。孩子进入学龄期，好奇心强，求知欲旺盛，此时教育成了家庭的主题。旅游也成了对孩子进行教育、让孩子扩大视野的一个手段。因此家长会有意识地在节假日带孩子外出旅游，因而此阶段家庭旅游的需求很强烈。但对旅游目的地的选择非常慎重，多以博物馆、纪念地、历史文化名城等人文景观为选择对象，旅游动机为教育子女，这就是旅游市场上兴起的“亲子游”。

（3）满巢Ⅲ期：指夫妻已经上了年纪但是有未成年的子女需要抚养的家庭。其生活方式或多或少是以孩子为中心的。在旅游条件上，由于子女在生理方面和大人的差异已较小，外出旅游时的身体能力和旅游服务要求、旅游价格方面基本和大人一致，因此旅游次数的多少主要取决于家庭经济条件，对经济条件较好的家庭来说，就有可能更多地外出旅游。这一阶段的旅游动机也很明确，主要是子女教育或对子女努力学习的奖励、考试后假期的放松等。对旅游企业来说应面向这类家庭，开发更多地有助于青少年成长的旅游产品。

4. 空巢阶段

（1）空巢Ⅰ期：指子女已经成年并且独立生活，但是家长还在工作的家庭。夫妻两人此时基本可以从沉重的家庭负担中解脱出来，有可能外出旅游。主要的限制因素是观念问题，父母帮孩子“成家立业”的观念在大部分人心目中还普遍存在，储蓄意识非常强烈，即使有钱也不舍得用于旅游。

（2）空巢Ⅱ期：指子女独立生活，家长退休的家庭。从消费需求水平和结构来看，多以日常生活必需品和医疗保健品为主要内容，加之我国老年人一向崇尚节俭，故其消费支出较少。结合旅游活动的特点来看，旅游是最适宜“有闲 + 有钱”人士的活动，在所有年龄阶段的人中，最符合这一条件的就是城市离退休人员。因而“夕阳红”之旅之在全国遍地开花、发展得红红火火。

5. 解体阶段

当夫妻中的一方过世，家庭进入解体阶段。如果在世的一方身体尚好，有工作或有足够的储蓄，并有朋友和亲戚的支持和关照，家庭生活的调整就比较容易。由于收入来源减少，过上了一种更加节俭的生活。因而，他们旅游兴趣有限，活动参与度不高，只希望更多地与儿孙交往，满足情感上的需要。

有一些家庭并不一定经过完整的 8 个阶段，也有人把离婚、未婚同居等阶段加进来。但是在一般情况下，有 90% 以上的家庭都是经过以上变化的，只有少部分家庭除外，如独身主义、丁克家庭、单亲家庭。

三、家庭成员与旅游消费决策

在现在社会中，典型的家庭形态有 3 类：夫妻式（丈夫和妻子）、核心式（丈夫、妻子和子女）和延续式（丈夫、妻子、子女和祖父母或外祖父母）。

1. 家庭旅游消费角色

作为一种特定社会消费方式，家庭旅游对维持家庭关系、增加家庭和睦、提升家庭共同兴趣与增进家庭成员互动与沟通等有着积极作用。因此，旅游消费通常是以家庭为单位进行的。在一个家庭的消费中，每个家庭成员都可以扮演不同的角色，起不同的作用，一般可分为 5 种角色。

（1）家庭旅游的倡导者。指在家庭成员中最早发起和提议去享用旅游产品和旅游服务的人。他能促使家庭其他成员对旅游产品和服务产生兴趣。一般来说他性情活泼、信息灵敏、易于接受新事物，在旅游信息传递上作用非常大。

（2）家庭旅游的影响者。指对倡导者的提议持赞成或反对态度，并无决定权的家庭成员。如果影响者对倡导者的建议持赞成态度，那么就容易促成决策者做出旅游决定；如果影响者持反对态度，则可能阻碍决策者做出旅游决定。

（3）家庭旅游的决策者。指最终决定购买旅游产品或服务的家庭成员。具体来说他掌握经济大权，在家庭旅游中具有举足轻重的作用。

（4）家庭旅游的执行者。指实际购买旅游产品或服务的家庭成员。决策者一般只做出是否旅游的决定，对具体的在什么地方、什么时间购买旅游产品和服务则取决于执行者。

（5）家庭旅游的使用者。指享用旅游产品和服务的家庭成员。作为旅游产品和服务的使用者，他们能反馈旅游产品和服务的信息，对旅游业有重要的影响。使用者若对旅游产品和服务满意，就会宣传和扩大旅游产品和服务的知名度；反之，会破坏产品和服务的形象，带来不良后果。

2. 家庭旅游决策类型

在家庭消费决策研究中的一个重要问题是，对于不同产品的消费，家庭决策是以什么方式做出的，谁在决策中发挥最大的影响力。由于家庭成员的性格、兴趣及消费经验的不同，选择商品的看法和标准存在差异，家庭消费决策方式也不相同。主要有 4 种类型。

（1）丈夫起主导作用的决策。丈夫对问题或对旅游产品的识别、对搜集信息以及做出实际的购买决策起主导作用，并做最后决定，比如旅游地点和住宿条件。这种情况的原因大都是因为丈夫收入高，家庭收入主要由丈夫提供。

（2）妻子起主导作用的决策。20 世纪 50 年代以前，研究认为，家庭购买决策是由作为一家之主的丈夫独自做出的。从 20 世纪 50 年代开始，这种观点开始逐渐被妻子作为购买代理的观点代替。随着社会雇用模式的变化、双收入家庭的增加以及妻子知识水平的提高，妻子的决策参与水平大大提高，在一些决策中的影响已经超过了丈夫，如准备行李、旅游购物、饮食安排。

（3）双方商量——共同决策。是指丈夫和妻子共同做出购买决策。虽然学术界一直存在丈夫和妻子谁主导决策的争论，多数学者还是赞同这样的观点，即家庭旅游决策通常源于共同决策，几乎所有阶段的决策都是夫妻双方共同制订的，仅存在影响作用大小的差异，比如旅游中的花费问题。

（4）双方商量——一方决定。在许多消费的情境中，都是夫妻双方一起商量的，但最后的购买决定是由夫妻双方的一方做出的。比如旅游往返时间，主要看哪方有假期。

四、家庭旅游消费行为的影响因素

研究发现，家庭旅游决策模式与家庭成员决策角色的分配，其影响因素主要来自孩子、家庭收入、家庭生命周期、夫妻冲突与互动等。

1. 孩子因素

（1）影响家庭旅游计划。斯温雅德（Swinyard）和塞姆（Sim）的研究表明，当一个家庭有孩子出生，其家庭旅游计划会更倾向于孩子的需求，并选择以适应孩子需要的旅游活动类型与目的地，小孩不愿意旅游的地点往往被排除在外。

（2）影响家庭旅游决策。菲利亚道特（Fillatrauh）和瑞奇（Ritchie）的研究发现，孩子影响夫妻间的角色分配，有孩子家庭因母亲承担照顾孩子的责任，多由丈夫主导决策，而没有孩子的家庭多为夫妻共同决策，当孩子参与家庭旅游活动时多由母亲主导决策行为。

（3）不同年龄段孩子对家庭旅游决策的影响力有所不同。霍华德（Howard）和麦得瑞格（Madriga）的研究将孩子分为三组：4 ～ 5 岁、6 ～ 10 岁、11 ～ 14 岁，结果发现，随着年龄段提升，孩子对家庭旅游决策影响力会相应变大，家中最大的孩子，尤其是十几岁的青少年，对家庭旅游决策的影响力最大。但亚洲国家 13 ～ 18 岁的孩子正值参加高中及大学入学考试阶段，反而在家庭旅游决策过程中影响最小，这和欧美西方家庭情况有明显区别。

2. 家庭收入

（1）家庭总收入。早在 1958 年，沃尔加斯特（Wolgast）的研究就发现，高收入家庭中，多由丈夫主导来进行家庭出游决策。后来，尼古拉斯（Nicholas）和斯耐彭格（Snepenger）的研究进一步指出，中等收入家庭则由夫妻共同主导，低收入家庭多由妻子主导决策。

（2）单、双薪收入。双薪收入家庭的旅游行程规划、用餐、住宿及交通选择上往往比单薪收入家庭更具弹性；双薪收人家庭较忙于工作，父母对孩子疏于照顾往往会产生内疚感，反而在旅游需求上会比单薪收人家庭更容易满足孩子的要求。

（3）家庭中个人收入。丈夫为经济主导者时，面对高消费决策往往会把握决策权；随着女性自主及社会演进，女性教育程度的提高，在外工作时间加长及收入增加，妻子在家庭资金使用上的自主权随之增加；相对而言，妻子在家庭旅游中的决策机会也会相应提升，而家中无收入者在决策行为上所起的作用相对较小。

3. 家庭生命周期

在旅游研究领域，学者们很早就关注家庭生命周期对个体或家庭旅游决策的影响。兰普珀特（Rapoport）于 1975 年就分析了家庭生命周期与休闲活动改变之间的关系。科森察（Cosenza）和戴维斯（Davis）的研究发现，家庭生命结构对家庭旅游决策内容（去哪里、怎么去、花费、停留时间、目的地设施使用）有着明显的影响。劳森（Lawson）的研究显示，出游模式和度假类型在不同阶段家庭生命周期中均存在明显差异。福德内斯（Fodness）的后续研究显示，家庭生命周期主要影响家庭旅游决策中的信息搜索方式及最终的旅游目的地选择。

4. 夫妻冲突与互动

家庭旅游决策作为一种群体互动的消费决策行为，具有指向的高涉入性、复杂的程序和功能、和必须遵循的特殊决策规则等特征。家庭消费中，当出现夫妻对某一产品或服务意见相左时，往往通过联合决策的方式来加以解决。争议解决的途径主要有 3 种：附加信息搜寻、家庭讨论和家庭最具权威人士单方面决定。和一般消费决策不同，家庭旅游决策不仅要选择某一旅游目的地，其决策冲突也会表现在附加决策上，如旅游方式、住宿、餐饮、交通等内容。康（Kang）和徐（Hsu）的研究显示，家庭旅游决策中的夫妻冲突主要来自在旅游目的地初选阶段的信息搜集过程和相互讨论当中。布罗纳（Bronner）和奥格（Hoog）持续一年的家庭旅游决策调查发现，解决夫妻外出旅游度假决策争议的中庸策略是“先给后取然后达成妥协”。

除了上述几个方面之外，还有一些因素也影响着家庭旅游决策的制订和角色分配，如旅游满意度、家庭结构、旅游经验、出行距离、产品价格等。

案例分析 12-2

中国家庭旅游市场庞大

中国旅游研究院和广之旅联合发布的《中国家庭旅游市场需求报告》显示：2017 年中国国内和出境旅游中家庭旅游的出游比例达 50% ～ 60%，游客满意度达到 75 分以上，家庭旅游已成为旅游消费市场的重要组成部分，并得到市场的广泛认可。家庭旅游对促进感情交流，提高家庭幸福感和亲子教育等方面的重要作用得到广泛高度认同。近八成的受访者认为，家庭旅游能够带来快乐，67% 的受访者认为家庭旅游能促进家庭和睦，54.1% 的受访者认为旅游能够使人增长阅历。

对于家庭旅游热切期盼，96.5% 的受访者渴望家庭旅游，其中有近七成的受访者表示非常渴望家庭出游，可以说，家庭旅游已成为人民美好生活的重要组成部分。伴侣游、亲子游、爸妈游等细分市场需求均保持旺盛发展态势。已婚有孩子的家庭对家庭旅游的渴望程度远高于单身和无孩子家庭，83% 的有孩子家庭认为家庭旅游对于家庭和睦有很好的效果，70% 以上的有孩子家庭表示非常渴望家庭游，其中，又以“80 后”家长的家庭游需求最为旺盛。

寒暑假为大多数受访者理想中的家庭出游时间。超过一半的受访者也认为周末及法定节假日也是家庭旅游的理想时间。绝大多数受访者认为理想中的家庭出游时间为 6 天以内。

分析：当前，越来越多的“80 后”“90 后”“00 后”进入家庭生活，中国家庭的旅游消费习惯也在发生明显的变化：家庭旅游消费开支逐年攀升，家庭出游的深度和广度不断扩展。同时，签证政策的放宽、航线开拓等出行渠道的发展、房屋分享带来新的住宿方式、互联网发展下信息获取的便利性等，都让家庭旅游有了更多选择的空间。如何进一步满足广大家庭不断增长且日渐多元化的旅游需求，推动家庭旅游市场更平衡更充分的发展，让广大家庭从旅游发展中切实提升幸福感，是新时代家庭旅游从高速增长阶段转向高质量发展的题中之义。

第四节　社会交往与旅游消费者行为

旅游中的社会交往　旅游世界的社会关系网络中，相对于旅游者“我”而言，客观存在的“他人”包括其他旅游者、旅游业服务者和旅游目的地居民，旅游者个体与这些他人进行交往，建构各种社会关系，其他旅游者也与他人发生着交往和联系。

一、社会交往概述

社会交往，简称“社交”，指在一定的历史条件下，个体之间相互往来，进行物质、精神交流的社会活动。从社会学角度来看，人类社会是各种社会关系的耦合，而交往正是连接社会中个人与个人、个人与群体、群体与群体之间的桥梁，是促进人际关系和谐、保持社会稳定发展的强有力纽带。

社会交往包含以下特征：①交往是人与人之间相互作用、相互影响的活动，具体体现为各种社会关系，是个体活动走向社会活动的基本形式；②交往以主体间的需求（能力或者力量的互换）为原始动力，这是互动性（双向）的，即人与人的交往，是主体相互之间的需求满足；③交往存在于人类的物质生活与精神生活之中，而并非只有人与人之间彼此交流思想、意识、观念、情感和情绪等信息的社会活动；④交往体现“以人文本”的精神，其终极目的或者结果是达到承认相互差异性的相互认同、和谐共生状态。

二、旅游消费者社会交往的特点与层次

在现代社会中，旅游是一种十分重要的交往方式。从形式上看，旅游交往是一种暂时性的个人间的非正式平行交往。

1. 特点

旅游者的社会交往具有异于日常交往的 3 个特点。

（1）交往的暂时性。旅游交往在时间上起始于旅游过程的开始，终止于旅游过程的结束，一般不会向这两极之外延伸，即使延伸，那时也不属于旅游交往，只能看作是旅游的准备或旅游交往的效应。

（2）超越功利性。日常生活交往或多或少地带有一些功利目的，旅游者的社会交往则是出于情感的需要，鲜有功利目的。

（3）交往关系的单一性。旅游者的社会交往本质上只有两种：一是买卖关系的交往，买卖双方的地位并不平等，是一种服务与被服务的关系；二是旅游者角色之间的交往，这是一种主体处于平等地位的交往关系，交往的发生、发展几乎完全依照交往主体的意愿来决定，因此这种交往主要带来积极的情感体验。

旅游者的社会交往的上述特点，是理解旅游者的社会交往的关键，同时也是指导预测旅游者行为的主要依据。

2. 层次

交往是有水平差异的，旅游交往也一样。交往的水平反映着旅游者与他人相互作用的强弱程度。谢彦君较早对主客交往进行研究，他将旅游交往划分为 6 个层次。

（1）隔离交往。属于否定性的交往 . 是交往处于零水平的状态。处于严格隔离状态下的人不仅人身活动自由受到制约 . 而且也可能失去与他人进行交流、联络的权利，甚至个人的成员归属资格也被剥夺。由于旅游活动是以旅游者个人人身自由为前提条件，因此在旅游者身上一般不会发生隔离性的交往（旅游者在旅游过程中发生的非自愿性隔离不在此列）。

（2）潜在性交往。这种交往虽然没有发生现实的接触，但已经是一种存在。旅游者在未动身之前，凭借旅游企业的小册子或耳闻目睹的其他物质媒介，便已经在揣摩旅游企业经营者的服务特征和旅游目的地居民的接待态度了。潜在性交往是形成旅游期望时的一个重要因素。在潜在性交往阶段，旅游者要充分了解交往对象的文化特点，了解其社会经济方面的背景，这样才能使潜在性交往成为协调旅游期望与旅游偏差的积极先导因子。

（3）示意性交往。示意以向交往伙伴做出某种姿态而不介入对方的活动为特征。旅游者的示意比较集中地表现在两个方面。一是对于意欲结伴出游的人而言，示意意味着向可能同行的人进行的启发、鼓吹或探讨行为。这种示意的特点是向交往对象传达先行经验，但不介入对方的活动。二是示意也发生在旅游者向旅游经营商提出的各种旅游信息咨询上。这种咨询尽管还不是旅游决策，但极有可能转化为旅游决策。

（4）互动性交往。主要体现为人的心理交感和行为交往过程。典型的互动方式就是我们平时所说的交际，它在旅游者的旅游过程中占据着重要的地位，具有不可忽视的意义。通过

旅游交往，可以沟通不同地区、不同国家、不同民族、不同文化背景下的人们的思想感情，增进相互理解，促进世界和平。对旅游者个人而言，愉快有效地交往也是获得期望的旅游体验的前提。

（5）互助性交往。是集体当中的一种常见现象。旅游过程是需要互助的．尤其是现代社会的旅游。这种互助不仅体现在旅游者的很多活动要依赖于他人提供的以物质设施或设备的形式存在的产品，而且体现在旅游过程中很多直接的旅游者之间、旅游者与目的地居民之间、旅游者与旅游服务企业员工之间的相互理解、支持和帮助。

（6）竞争性交往。是最高水平的交往。在旅游过程中，竞争现象大量地存在着。旅游者之间对于某种旅游产品的竞争会最终影响到该产品的可得性及为之付出的代价，也会影响到旅游体验的质量；旅游群体内部对于利益或权利的竞争可能导致群体结构的变化；旅游者与旅游目的地居民之间的竞争最终有可能引发暴力事件；而旅游者与旅游企业经营者之间的恶性竞争可能断送彼此进一步交往的基础。当然，竞争也可能台对有关各方产生某种推动或约束力，从而规范各种关系并改善旅游环境。

三、旅游体验中的主客交往

一次完整的旅游经历中，旅游者要经历的社会交往主要包括：旅游者—东道主；旅游者—旅游者；旅游者—潜在旅游者；旅游者—旅游供应商。

旅游主客交往，作为一种发生在旅游地这一特定空间，在游客与东道主这两个特定群体之间的社会交往，相对于一般社会交往，在地理空间和社会关系结构上有着一定的特殊性。研究主客交往，可以增加对主客交往一般规律的认识，对旅游研究和开发、管理服务，具有很强的实用价值。可以指导设计主客交往项目，促进旅游规划和开发者对旅游的社会学的考量以及制订相应策略或措施。

1. 主客交往行为特征

联合国教科文组织在 1977 年的一篇题为《旅游对于社会文化价值的影响》（*The Effects of Tourism Socio-Cultural Values*）的研究报告中，对接待地主人与客人之间的交往进行了研究，从东道主的角度归纳出主客交往存在的 4 方面特征。

（1）主客之间的关系是短暂的。客人在接待地停留时间很短，任何主客之间的交往都只能是偶然的和表面的。

（2）主客交往存在着时间上和空间上的限制。客人的到来通常都有季节性，而且一般不会再来。

（3）随着大众旅游的发展，旅游者个人缺乏与当地主人会面的自发性。通过包价旅游，大部分与居民的接触是事先安排好的，甚至一些聚会也是事前计划好的，这种聚会是旅游活动的组成部分，且常常成为一种商业性的安排。

（4）主客间的接触通常是一种不对称和不平衡的过程。在与外来游客接触时，与游客的富裕相比，主人显得寒酸。再则，客人是在度假休息，享受新奇的经历，对当地居民来说，这种活动和接触、会见已经成为他们的日常工作，因此容易缺乏兴趣。

2. 良好交往的条件

有效的交际指能达到愉悦而有益效果的交往。“交往能力”和“有效交际”是密切相关的两个概念，“交往能力”是“有效交际”的前提或保证，“有效的交际”则是在交往能力的基础上才能达到。要达到一种良好的社会交往效果，参与者必须达到 4 个条件。①参与者具有平等地位；②交往发生于多数群体的成员与少数群体中具有较高地位的成员之间；③接触双方是自愿的；④在合作、亲密的关系下追求共同目标，并有一定制度保障。

也就是说，良好的主客交往应当是在互动、有利的社会氛围下，在合作而不是竞争的背景下，交往双方地位基本相同，而且有着相同的哲学观点才能实现。交往参与者享有高度的共同活动、兴趣和目标，才会产生亲密、深入而不是随意、表面的交往效果。

四、旅游者之间的社会交往

当他人在场时，旅游者会主动或被动地与他人发生交往，社会关系便在旅游交往的过程中被错综复杂地建构起来了。

当旅游者离开常住地踏上旅途之后，便进入了一个以个人经验为主导的时空框架，这个时空框架可以称为旅游时空，或者借用现象学的观点称之为旅游世界。旅游世界迥异于日常生活世界，两者之间的差异成为吸引旅游者出行的重要原因。

当旅游者跨入旅游世界，旅游者个人与其他旅游者的关系建构会有不同的发展走向，有些如平行线一样毫无交点，有些如两条河流曾经汇聚在一起，随后又分开流向各自的方向。旅游者自我与他者之间的社会关系建构会表现出 3 种不同的发展情形（见图 12-1）。

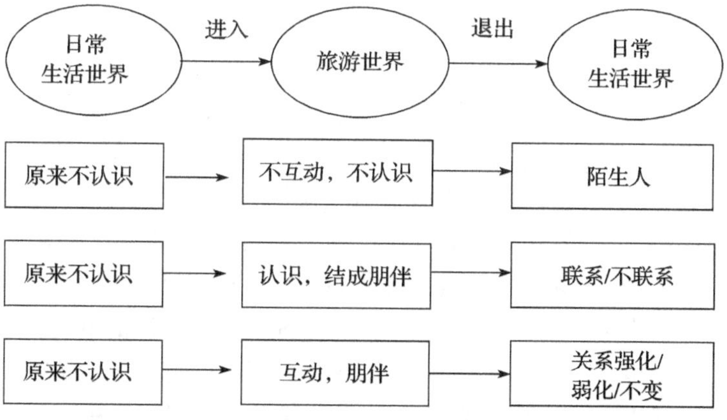

图 12-1　旅游者与旅游者之间社会关系演化的概念模型

资料来源：彭丹. 旅游体验研究新视角：旅游者互动的社会关系研究［J］. 旅游学刊，2013（10）：89-96.

1. 冷漠的陌生人

原来在日常生活中并不认识的旅游者在进入旅游世界之后，彼此之间没有往来和交集，他们之间仍然是陌生人的关系，当他们结束旅游后依旧是互不认识的陌生人，人与人之间的交往是永不相交的平行线。导致这种疏离的情形有两种。

（1）各自的旅游方式是自助旅游的方式，或者一方是自助旅游、一方是团队旅游，或者各自属于不同旅游团队，在旅游过程中，这些聚集在一个时空下的旅游者们尽管相逢在旅游世界里，但因为对方是陌生人，旅游者各自觉得彼此之间没有交往的需求，互不相干，从而保持着一种冷漠的距离和隔阂，遵循着“不要和陌生人说话”的原则。

（2）参与旅行社组合产品的团队成员，大家原本并不认识，在旅游过程中被机械地拼团，当中一些团员与其他部分人或者是全团人保持着距离。如果冷漠感只存在于局部的少数几个人身上，那么对于大部分团队旅游者而言，他们个人的旅游体验质量所受的影响可能不大；但是如果冷漠感是大范围的，那么冷漠感的大面积传递，会给很多旅游者的旅游体验造成负面的影响。

2. 在旅游世界中结识新朋友

原来并不认识的旅游者在进入旅游世界以后，因为各种原因发生了互动，相互认识，并可能进而结成朋伴，形成了一个临时的初级群体，在旅游结束以后，双方可能继续保持往来、依然是朋友。这里也要分为 3 种情形。

（1）自助旅游者，比如“驴友”，在旅途中偶然邂逅原本不熟悉的陌生人，从最初的一句随意的搭话，发展到饶有兴致的聊天，到最后可能发展为一同结伴旅行成为同伴。

（2）自助旅游者与团队旅游者相遇，或者身处不同旅游团的团队旅游者相逢，双方不经意的邂逅却感觉彼此投契进而发展成旅游中的朋友。

（3）同一旅游团的旅游者，在旅途中建立起了朋友关系，团队成员间的友情也在旅游互动中得到深化和发展。

在这种从陌生人到朋友的社会关系建构过程中，每位旅游者都不在意他人在日常生活世界里的固有身份、地位和角色，每个人身上都没有携带日常生活中的“名片”，每个自我都不在意你过去是谁，只关心你的现在和你在旅游世界中获得的新角色，每个人都抛弃了平日的地位和身份，积极参与到这一系列的旅游互动中，每个旅游者在旅游中获得的都是一个临时的、自致的社会角色和地位，每个人的地位都是平等的，大家在交往的过程中感觉玩得很开心，营造出一种和谐的氛围。“在这种氛围下，旅游者感觉到没有了压力，因为这种‘非本真的’社会阶层关系和地位区隔，他们相处得十分自然、友好而真实。”这就是旅游者进入旅游世界之后“去名片”的神奇，是旅游时空中人与人之间社会关系的特殊性。当旅游者回归到日常生活世界当中后，有的旅游者勤于保持同旅途中结识的朋友的联络，甚至能够发展出一段长久牢固的友情，有的旅游者因为各种原因不再同昔日的旅游同伴联系，曾经的默契便凝固在那一段旅程当中，让那份临时的友情留存于个人记忆当中。

3. 日常生活中相互认识的人

一同去旅游的旅游者原本在日常生活世界里就认识，即通常所说的熟人、同事、同学、朋友、恋人、夫妻、亲人等，有工作单位组织出游的旅游团，有结伴出游的在校学生，有志同道合刚认识不久的“驴友”，有几个家庭结伴出游的自助旅游者，等等。不论何种方式，由于旅游者们原本就认识彼此，大家在日常交往的基础上进一步产生旅游中的交往。

这种旅游者社会关系与上述情形不同，原来就相互认识的旅游者在旅游世界中知道彼此本真的身份，“名片”的携带在这些旅游情境中若隐若现，有时旅游者把自己日常生活世界里的身份忘却了，但是别人不会忘记你的身份，大家熟悉彼此在日常生活中的地位和身份，如果是很好的朋友或是亲密的伴侣，就更了解彼此的性格。在某些情境下，不能做到事事无所顾忌，对于身份的顾虑在单位组织出游的情形下更为突出一些，单位组织出游的团队游客在旅游过程中可能还是有一些拘束感，比如下属在领导面前依然保持一种谦卑谨慎的态度。

在这种旅游交往中有些旅游者加深了对彼此的了解，进一步加强了彼此之间的友谊，感情得到升华；有些旅游者却在这种近距离的交往中发现了彼此的缺点与不足，致使原有的关系遭受影响，甚至可能是恶化，或者最差的情形是关系破裂并结束，但这恰恰是与其初衷相违背的，本来想加强彼此的感情联络，却不料近距离的交往反倒造成了关系的疏远，正所谓“身体近了，心却远了”。当他们退出旅游世界回到日常生活世界中后，有的联系比以前增加，有的联系比以前减少，还有的关系与之前相比无任何变化，在这里，我们可以看到旅游交往显示出了它对于社会关系建构的强化与弱化功能。

案例分析 12-3

两人是否真的合适，一起去次旅游就知道了

情侣旅行会把双方身上大多数的生活细节暴露出来，包括彼此的“三观”，生活习惯等。这些因素很容易打破双方对彼此的幻想，更让双方深层次地重新认识彼此。当重新地认识对方后，或许就会发现其实对方并不是真的适合自己，所以容易导致在旅行后分手。

（1）情侣在旅行的过程中，会很容易出现分歧或者意见不同的时候，如两人会因为旅游地点、住宿、交通工具等问题各持己见。这才刚刚开始就要考验双方在产生分歧的时候该怎么处理，处理得好就达成统一意见，处理不好就会争吵导致不愉快。甚至还没开始旅行，就结束了。

（2）一旦外出旅行，双方在一起的时间会超过平时见面的时间。平时见面双方都会展现最好的一面，但相处时间长了会疲倦，就会不自觉地暴露对方没见过的一面。这就是最真实的时刻，如果对方真能接受，就会包容。反之，就会在心里对彼此印象大打折扣。例如，平时看起干干净净的人，回到旅馆后到处乱扔行李，又不注意洗漱等。所以就会出现这种惊叹“他怎么是这样的人！”

（3）在旅行途中有时会遇到意想不到的情况，这时候对方的处理方式和态度以及情绪就很关键了。如果对方有担当，就会在你慌乱的时候牵着你的手，告诉你别怕，还有他在。但要是他比你还慌乱，不知所措，甚至出现负面情绪的话。估计这样的伴侣，不用我说你也会选择离开。因为在旅行的过程中的相处是很接近婚后生活状况的，如果在此期间他都不能做到有担当，那就很难想象婚后的生活质量了。

分析：旅行最能看出一个人的真实人品与本质，也是彼此最快地更深层次地了解对方的方法之一。在此过程中最劳顿的时候，往往最能让一个人的本性毕现。这时候最考验彼此的磨合，如果还能做到彼此不讨厌，并还能维持原本的恋爱甜蜜的话。那就恭喜你，你与他的感情比想象中还要坚固，还要合适。

第五节 基于社会环境因素的旅游营销

一、基于参照群体的旅游营销

利用参照群体吸引旅游消费者时主要是通过以下 3 种效应。

1. 名人效应

名人是很有吸引力的参照群体。影视明星、体育明星往往都有着众多的追随者。许多企业不惜重金请明星做广告，希望能在广大消费者中建立起明星与产品的相关联系。

名人效应在旅游业中更为明显。但旅游业利用名人的方式与其行业不同，在旅游业中，历史名人具有吸引力。他们所提供的不是消费榜样，而是旅游消费品本身。参观名人故居以及名人重要活动的场所自古就是最重要的旅游活动之一。

2. 专家效应

专家指在某一专业领域受过专门训练、具有专门知识、经验和特长的人。医生、律师、营养学家等均是各自领域的专家。专家所具有的丰富知识和经验，使其在介绍、推荐产品与服务时较一般人更具权威性，从而产生专家所特有的公信力和影响力。他们的意见和他们的实际消费行为在普通消费者对产品或服务进行评估时发挥着重要的作用。

许多企业和组织也经常发生旅游消费行为，如奖励旅游、开业庆典、签订合约、组织展览或其他各种会议，重要接待任务等都需要旅游企业提供服务。组织的旅游消费行为对组织自身一般都具有重要意义。任何风险都可能给消费者带来严重的后果。所以，对组织的旅游消费行为，专家效应尤为突出。

3. 普通人效应

运用满意顾客的评价来宣传企业的产品，是广告中常用的方法之一。由于出现在荧屏上或画面上的证人或代言人是和潜在顾客一样的普通消费者，这会使受众感到亲近，从而使广告诉求更容易引起共鸣。

人们经常和与自己相似的人做比较，也常常被与自己相似的生活方式所打动。满意的顾客来自普通旅游消费者，他们的亲身经历更能增加营销活动的可信度。旅游消费者的口碑宣传，会使潜在旅游者感到亲切，引起他们的共鸣。一些旅游企业在电视广告、微信公众号等渠道中展示普通消费者如何从旅游活动中获得乐趣，如何通过旅游企业解决其在旅途中遇到的各类问题。由于这类广告贴近消费者，反映了现实生活，因此更容易获得认可。

二、基于社会阶层的旅游营销

1. 针对上层阶层的旅游营销

在进行旅游产品营销的过程中，在提供相应的高档旅游产品时，要注重产品的符号价值、象征价值，同时还要注重产品设计的品位，进行适当的消费引导。旅游线路设计，要非常注重娱乐项目、购物活动的合理性。从旅游目的方面看，在产品设计时，应设计休闲性旅游产品。此外旅游供应商应该丰富产品的形式，增加旅游产品的体验性。

2. 针对中层阶层的旅游营销

中等阶层是旅游市场的主要组成部分，可以建立完备的客户档案体系，企业需要针对目标群体对其满意度进行追踪调查，及时获取消费者的最新意见，在产品设计和市场营销的过程中避免盲目性以及主观性。中等阶层是一个注重产品品位的阶层，这和其他阶层有明显不同，他们对于具有文化内涵的产品更加青睐，可以为其设计具有文化特色的线路或者推荐具有文化传统的旅游产品。

3. 针对低阶层的旅游营销

低阶层所参加旅游活动的广度和深度都不够，需要对其消费需求进行适当的刺激并对其消费倾向进行适当引导，让其知晓旅游活动对于个人的身心发展的重要性，鼓励其体验不同的生活方式。

（1）从信息渠道考虑。低阶层群体获取旅游信息的方式主要集中在朋友、网络及报纸杂志，所以旅游企业应该将宣传重点投放于这几个渠道。

（2）从旅游目的角度出发。低阶层的旅游消费类型主要集中在观光旅游、购物类旅游，旅游供应商可以为游客设计观光型旅游产品，安排城市周边的自然资源和人文资源，要保证其能享受到观光乐趣的同时不会花费太多资金。

（3）考虑价格的合理性。低阶层的价格敏感度较高，所以在推销旅游产品时，企业要积极采用促销策略。针对价格敏感度较高的特点，应多利用价格促销的方式。

三、基于家庭的旅游营销

1. 旅游目的地营销的重要吸引人群之一是家庭中的丈夫

对于旅游目的地的选择，丈夫扮演着重要决策者的角色。在大多数家庭中，丈夫是家庭收入主要来源，社会竞争与压力比较大，因此，大多数男性在出游时比较偏好轻松愉快的环境。相对刺激、惊险或相对积极的旅游活动，如攀岩、滑雪等。因此，旅游目的地要深入分析家庭出游时丈夫的旅游兴趣与偏好，可以有针对性地强调度假类产品或运动类产品等。另外，还要注意，在核心家庭的出游安排中，对于旅游目的地的选择会考虑到子女的要求。

2. 旅游纪念品设计与售卖时要以女性的偏好为前提

对于旅游纪念品的购买以及旅行过程中购买商品的决策权毫无疑问被掌控在女性的手中。在旅游活动的 6 要素（食、住、行、游、购、娱）中，女性对“购”表现出更多的兴趣。通过对旅游者对购物行为的调查发现，在纪念品购买问题上，女性更愿意承担的是主动方，即馈赠方而不是接受方；而且女性花费的购买时间更长。

3. 旅游接待设施应考虑全部家庭成员的偏好

以酒店选择为代表的旅游接待设施决策一项中，以夫妻共同决策为主。在三代同堂家庭中，还会考虑老人的意见。因此，酒店、旅游车船等旅游接待设施必须要考虑所有家庭成员的需要，尤其是老人、孩子、残疾人等特殊人群，提供方便、安全、舒适的服务。

四、基于社会交往的旅游营销

1. 基于主客交往的营销

必须大力凸显旅游目的地、旅游企业的社会交往因素。一是展现目的地居民热情、好客的态度。这一方面经典的案例是山东省推出的旅游形象宣传口号“好客山东”。二是强调旅游企业的社会交往元素与机会。例如，中国国际青年旅舍总部（YHA China）的官方主页就一直强调：“国际青年旅舍不是经济型酒店，我们提倡文化交流、社会责任，实践环保、爱护大自然，简朴而高素质生活、自助及助人。”三是展示原真性的地方生活方式以及主客良性互动的平台。随着全球流动性的日益加快与复杂化，人们对“他者”生活的地方以及他们的生活方式愈加感兴趣且愿意身体力行、长期驻留。因此，在丽江、大理、阳朔等地，可以发现许多来自国内外的“生活方式型旅行者”。

2. 基于旅游者之间交往的营销

旅游目的地和旅游企业的营销工作必须要创造、宣传旅游目的地、景区、企业良好的互动环境和氛围，为旅游者之间的良性互动提供平台和条件，有效规避负面互动的潜在可能性，并向潜在旅游者传达这些相关信息。

课后讨论与设计

亲子游市场，产品设计至关重要

随着“80后”“90后”成为新生代父母，旅行成为最受欢迎的教育方式之一。携程网的一项调研显示，96%的受访者表示愿意参与亲子旅游，65.2%的受访者表示年均会带孩子出行2次，28%的受访者表示每年会安排3～4次亲子出行。

然而，在亲子游市场数据攀升的背后，消费者对产品的诟病也越来越多。参加韩国济州岛亲子游的胡女士投诉，进团后才发现，算上她女儿，全团只有两个孩子，其他人有度蜜月的情侣，还有几位60多岁的老人。“6天4夜的行程里，给孩子玩的地方一共才两个，和一般的旅行团没什么两样，就是不断地赶景点、购物。”

一些旅游企业并未针对亲子群体进行产品设计与服务创新，亲子游线路仍以观光为主，缺乏亲子特色。

问题：分析亲子游市场的特点，并结合某个旅游景点进行旅游产品设计。

复习与实践

一、判断题

1. 偶然聚在一起的人群由于没有共同的目标和归属感，不能成为群体。（ ）
2. 一个家庭的收入状况从根本上制约着家庭的所有行为。（ ）
3. 家庭形态对旅游决策的影响主要取决于家庭每个成员在家庭中的地位和作用。（ ）
4. 社会阶层是社会成员按照某个标准划分的彼此地位相互区别的社会集团。（ ）
5. 旅游交往从形式上看是一种暂时性的个人间的非正式平行交往。（ ）

二、选择题

1. 影响社会群体形成的因素中，群体形成的第一的、最直接的动因为（ ）
A. 共同的目标 B. 共同的兴趣 C. 隶属需要 D. 压力情景
2. 依据具体的家庭旅游决策和家庭做出决策所采取的方式，可以判断旅游活动中花钱是由（ ）
A. 丈夫起主导作用 B. 妻子起主导作用
C. 双方商量，一方决定 D. 双方商量，共同决定
3. 家庭群体对于旅游者的影响表现在家庭形态与（ ）
A. 家庭生命周期 B. 家庭成员构成 C. 家庭文化 D. 家庭收入
4. 观察旅游者的衣冠服饰，可以推断他们的（ ）
A. 需求 B. 修养 C. 社会阶层 D. 性格
5. 旅游者的社会交往具有异于日常交往的特点（ ）。
A. 暂时性 B. 功利性 C. 复杂性 D. 潜在性

三、思考题

1. 参照群体对旅游消费者行为的影响表现在哪些方面？
2. 不同社会阶层群体的旅游消费行为特征？
3. 简述家庭旅游决策类型？
4. 家庭旅游消费行为有哪些影响因素。
5. 说说旅游体验中的主客交往行为特征。
6. 怎样基于家庭进行旅游营销？

四、案例分析题

小林的团队有18位游客，8位属于一个大家庭；另外10位是好朋友。就餐的时候，他们不愿意按人数9个人坐一桌，而要按“关系”分成10个人一桌和8个人一桌。

10人一桌的游客说他们比另一桌多两个人，菜不够吃，要求小林给他们加菜。当小林给10人一桌的游客加菜之后，8人一桌的游客则要求同等待遇。小林只好也给他们加了菜。小林这个团共经过8个游览城市。除了早晨吃自助餐之外，每一天的中晚餐都要加菜。有时候，加了菜以后，只有一两位游客吃上一两口就不吃了。对此，地陪和餐厅都很有意

见。在西安的时候，地陪看到中午加的菜只吃了一点，实在是太浪费了，晚餐就没有再给游客加菜。当晚回到酒店，小林就收到对地陪的两封投诉信，都是那两桌游客写的。小林知道，实际上地陪没有错误，问题是出在游客身上。但究竟是什么问题，小林一时还想不清楚。到了最后一站广州，正好碰到了赵先生，小林便就此事向赵先生请教。赵先生问小林，游客要求加菜的时候，用的是什么样的人称代词。小林说，游客总是说“我们”的菜如何如何，“他们”的菜如何如何。赵先生对小林说：“看来，你的团队里出现了‘帮派’，正对着干。要求加菜的真正目的并不是要吃那些菜，而是表示他们一伙的存在，要别人尊重这种存在。”

怎样看待“旅游团亚群体”现象？

五、实践题

调查当今儿童在家庭旅游消费中起的作用，并写出调查报告。

第十三章 旅游消费者行为与文化和经济

问题导入

由“去哪儿网”和招商银行信用卡联合发布的《2014 年上半年境外旅游及消费指数报告》揭示了 2014 年上半年中国旅游消费者出境游在人群特征、消费习惯、支付手段等 3 方面的新趋势。数据显示，2013 年出境游总人数为 284 万，同比增长 30.9%，其中有 130 万人连续两年出境，超过总数的 45%。多次参与出境游的游客的比例不断上升，标志着中国出境游市场逐步走向成熟。从年龄来看，24~33 岁的游客更爱出境旅行，占总人数的 41.25%。在购物方面，中国香港、中国澳门、韩国、日本、中国台湾理所当然成为亚洲区境外消费排名前五位。从出境游客的消费习惯来看，78.14% 的消费者使用信用卡支付出境游机票并进行境外消费。

思考：结合切身感受和所述内容，搜索当前相关数据是否有实质变化？分析中国出境旅游者的消费行为体现了哪些特质？如何从文化和经济的角度解读上述特质？哪些文化和经济因素会可能影响到旅游消费者的行为？如何基于文化与经济因素展开旅游营销？

学习目标

1. 掌握文化的概念与特征；
2. 掌握价值观的概念与作用；
3. 掌握亚文化的概念与类型；
4. 了解不同经济状况的旅游消费者行为差异；
5. 理解影响旅游营销的文化因素。

本章重点、难点

1. 掌握文化的概念与特征；
2. 掌握价值观的概念，了解文化价值的 3 种形式；
3. 理解影响旅游营销的文化因素。

前文讲过旅游消费者大都是一定国家或地区的、民族或种族的特定文化的载体，是一种复合文化的代表。社会中的人们，每时每刻都在体验着自身的生理与心理变化，并受这些变化和外部客观世界的吸引物刺激影响，表现出不同的旅游消费者行为。尤其是经济发展水平和文化的差异，对个人或群体的旅游消费行为产生的影响尤为显著。因此，学习和研究旅游消费者行为与文化经济的关系具有十分重要的理论和现实意义。

第一节　文化与旅游消费者行为

文化（culture）是相对于政治、经济而言的人类全部精神活动。

一、文化概述

1. 文化的含义

文化是相对于政治、经济而言的人类全部精神活动及其产品。斯坦恩（Stern，1992）根据文化的结构和范畴，将文化分为广义的文化和狭义的文化。广义的文化指人类在社会历史发展的实践过程中所创造的物质财富和精神财富的总和。包括物质文化、制度文化和精神文化 3 方面。狭义的文化是人类精神活动所创造的成果，如哲学、宗教、科学、艺术、道德等。在旅游消费者行为研究中，文化具体表现为人们普遍的社会习惯，如衣食住行、风俗习惯、生活方式、行为规范等。某种意义上讲，文化的本质是价值观。价值观是社会成员用来评价行为、事物以及从各种可能的目标中选择自己合意目标的准则。价值观通过人们的行为取向及对事物的评价、态度反映出来，是世界观的核心，是驱使人们行为的内部动力。它支配和调节一切社会行为，涉及社会生活的各个领域。

价值观是后天形成的，是随着知识的增长和生活经验的积累而逐步确立起来的。个人的价值观一旦确立，便具有相对的稳定性，形成一定的价值取向和行为定式，是不易改变的。但就社会和群体而言，由于人员的更替和环境的变化，社会或群体的价值观又是不断变化着的。因此，价值观对人们自身行为的定向和调节起着非常重要的作用。价值观决定人的自我认识，它直接影响和决定一个人的理想、信念、生活目标和追求方向的性质。价值观的作用大致体现在两个方面。

（1）价值观反映人们的认知和需求状况，是人们对客观世界及行为结果的评价和看法。因而，它从某个方面反映了人们的人生观和世界观，反映了人的主观认知世界。

（2）价值观对动机有导向的作用，人们行为的动机受价值观的支配和制约：一方面，价值观对动机模式有重要影响，在同样的客观条件下，具有不同价值观的人，其动机模式不同，产生的行为也不相同，动机的目的方向受价值观的支配；另一方面，只有那些经过价值判断被认为是可取的，才能转换为行为的动机，并以此为目标引导人们的行为。

所以，在旅游消费者行为研究中，我们要十分关注不同文化背景的旅游消费者的价值观研究，研究其所反映的个人认知和旅游需求状况及其对人们旅游动机的导向作用，从而引导旅游消费者行为发生。

2. 文化的特征

整体来讲，一定时期和一定地域的文化具有某些共性的特征，把握这些共性特征有助于加深对文化对旅游者消费行为影响和作用方式的认知与理解。

（1）文化是共有的，它是一系列共有的概念、价值观和行为准则，它是使个人行为能力为集体所接受的共同标准。文化与社会是密切相关的，没有社会就不会有文化，但是也存在没有文化的社会。在同一社会，文化也具有不一致性，不同性别、年龄、职业等群体之间存在着文化差异。

（2）文化是学习得来的，而不是通过遗传与生俱来的。生理需求的满足方式与文化因素有着巨大关系，每种文化决定这些需求如何得到满足。文化包括了一套内隐的与共享的观念、传统、价值和期待，从而使不同群体的旅游消费者相互区别。

（3）文化是一种架构，包括各种内隐或外显的行为模式，通过符号系统习得或传递。文化的核心信息来自历史传统，文化具有清晰的内在结构或层面，有自身的规律。

（4）文化是人自己的生存活动，也是前人生存活动的结果。人一旦出生，就处在了某种文化环境中了，这是个体无从选择的。个人都是在文化中生存和活动并参与文化创造的。文化创造比我们迄今所相信的有更加广阔和深刻的内涵。人类生活的基础不是自然的安排，而是文化形成的形式和习惯。人与动物不同，支配动物行为的本能，是动物物种的自然特性；人的行为则是靠人自己曾获得的文化来支配。支配人的行为的，表面上看是外在于人的事物及其间的关系。但实际上，它们必须转化为知识、价值、意义才能内在地控制人的行为。前人、他人的生存活动对个体本身的影响也是如此。

（5）文化一方面是正在进行、不可停顿的生存活动，另一方面是寓蕴于这种当下的生存活动中，并规范、调节、控制、影响着这些生存活动的知识、价值和意义。在一定程度上，文化与我们分离，如同自然先予的世界与我们分离一样。我们无法逃脱地站立在我们创造的文化世界中，也就像我们站在自然世界中一样，尽管文化只是源于人类，而且为了保存文化的生命力，人作为承担者使用文化，并用文化来充实自己。但文化并非附属于人，而是外在于人的独立存在。事实上，文化可以与承担者分开，并可以由一个承担者向另一个承担者转化。

二、文化对旅游消费者行为的影响

文化是影响消费者行为最为广泛、最深刻的因素，它是一个国家、地区的民族特征、价值观念、生活方式、风俗习惯、宗教信仰、伦理道题、教育水平、语言文字等要素的总和。文化不仅影响着社会的各阶层和家庭，而且通过个人和心理因素，包括文化、社会阶层、参考群体等，影响旅游消费者行为。由于文化因素对旅游消费者的熏陶和潜移默化，使得在不同文化背景下成长起来的旅游消费者有着不同的价值观念和对旅游商品的选择标准。

文化对旅游消费者行为的影响，还表现在它决定了旅游消费者的生活方式，培养旅游消费者的消费习惯，影响旅游消费者的旅游需求和旅游动机。甚至旅游消费者购物的内容和方式都与其息息相关。由此可见，文化可以直接或间接地影响旅游消费者的兴趣、爱好、思想等，进而影响旅游消费者的行为。有研究表明，不同文化背景的旅游消费者，由于其人生观、价值观、审美观存在较大差异，表现出不同的旅游消费行为。文化对旅游消费者行为的影响主要体现在以下 4 个方面。

1. 文化影响旅游消费者的感知

行为科学研究表明，人的行为始于心理活动。认知是心理活动的基础，感知是旅游消费者认知活动的开始，也是了解旅游消费者行为的重要起点和线索。感知过程是获得知识和经验所表现出的心理活动过程。会通过感觉、知觉、注意等心理机能的活动完成。影响旅游消费者感知的主客观因素，如兴趣、需要和动机、经验、情绪、个性和其他个体因素（年龄、性别、职业、国籍、收入水平、社会阶层以及宗教信仰等），深受所处文化环境的影响。换句话说，文化深刻地影响着旅游消费者的感知。

2. 文化影响旅游消费者的动机

动机是引发和维持个体行为，并导向一定目标的内部动力。文化主要通过影响旅游消费者动机产生的主客观条件影响旅游消费动机。如旅游消费者对旅游对象的感知、旅游需求和符合旅游需求的对象等。不同文化背景的旅游消费者在价值观、生活方式、所处阶层等方面的差异是导致旅游消费者不同旅游动机的主要原因之一。

3. 文化影响旅游消费者的情绪情感

情绪情感指人对客观事物与自身需要之间的关系的态度体验，是人脑对客观现实的主观反映，是由某种外在的刺激或内在的身体状况作用所引起的体验，只是反映的内容和方式与认识过程不同。情绪和情感是复杂的心理现象，其中包括认知活动、生理反应和行为表现。旅游消费者的认知活动、生理反应和行为表现深受其所处的文化环境的影响。

4. 文化影响旅游消费者的态度

在旅游领域中，态度是旅游者针对某一特定的旅游活动对象，用赞成或者不赞成的方式连续地表现出的心理倾向。旅游消费者是否购买某个产品，在很大程度上取决于他对该产品所持有的态度，所以在某种程度上来说，旅游消费者态度决定了其旅游行为的方向，进而影响旅游消费决策。文化是对旅游消费者态度影响最为广泛的因素之一。因为旅游消费者成长过程中，就是不断地把外界的信念、价值观念、行为准则等予以内化，成为自己行为的依据和准则。尤其是在对跨文化旅游消费者的行为研究中，文化对其的影响和作用力是重点考虑的因素。

案例分析 13-1

电影是旅游目的地形象建构的重要手段之一。数据表明，2001—2017 年，全球上映排名前 200 部电影中，有 34 部的故事或人物源于英国作家的作品，超过 120 部电影的主演或者配角是英国人。不计动画片的话，有英国演员的影片高达 80%。这些影片在为英国带来巨大的海外商业收入的同时，也在不断强化精致、优雅、勇气、时尚的“英伦范”。借助电影的魅力，旅游宣传推广可以起到事半功倍的效果。结合我国电影事业和电影产业现状，对旅游与电影的互动关系展开研究，可形成全新的文化与旅游融合研究的理论增长点。

分析：电影文化对旅游消费者行为的影响有哪些?

第二节　亚文化与旅游消费者行为

亚文化（subculture），又称小文化、集体文化或副文化，指某一文化群体所属次级群体的成员共有的独特信念、价值观和生活习惯，与主文化相对应的那些非主流的、局部的文化现象。

一、亚文化概述

1. 亚文化的含义

亚文化指在主文化或综合文化的背景下，属于某一区域或某个集体所特有的观念和生活方式，一种亚文化不仅包含着与主文化相通的价值与观念，也有属于自己的独特的价值与观念，而这些价值观是散布在各种主导文化之间的。

亚文化是一个相对的概念，是总体文化的次属文化。一个文化区的文化对于全民族文化来说是亚文化，而对于文化区内的各社区和群体文化来说则是总体文化，而后者又是亚文化。研究亚文化对于深入了解社会结构和社会生活具有重要意义。昨天的亚文化可能就是今天的主流文化，今天的亚文化可能就是明天的主流文化。这也表明，主流文化总是在吸收亚文化的过程中发展起来的。由于亚文化是直接作用或影响人们生存的社会心理环境，其影响力往往比主文化更大，它能赋予人一种可以辨别的身份和属于某一群体或集体的特殊精神风貌和气质。因此，亚文化是受各种社会和自然因素影响形成的各地区、各群体特有的文化。如因阶级、阶层、民族、宗教以及居住环境的不同，都可以在统一的民族文化之下，形成具有自身特征的群体或地区文化即亚文化。

2. 亚文化的分类

（1）民族亚文化。“民族是人们在历史上形成的有共同语言、共同地域、共同经济生活以及表现在共同文化上的共同心理素质的稳定的共同体。”“凡是居住在一定地域内、相互有切实的经济联系，使用同一种彼此能理解的语言，通常在其整个历史进程中保留着一定的文化特点，意识到自己属于一个独立社会群体的人们所组成的共同体，就叫作民族共同体。”由此可见，民族通常是以历史渊源为基础，具备基本文化的总体特征，由其自身相对稳定的观念、宗教信仰、语言文字、风俗习惯和生活方式等表现出来的独立社会群体。不同民族在饮食、服饰、礼仪等方面各具特色。

（2）种族亚文化。“种族”（race）指“基于共同血缘的人们的地域群体，这种血缘关系表现在身体外表上有着许多类似的特征”或“一群在他人看来具有共同的生理特征并在遗传上截然不同他人的人"，即在体质形态上具有某些共同遗传特征的人群。黄种人、白种人和黑种人分别具有其独特的文化传统、生活态度和行为习惯。这是以种族渊源和遗传特征为基础的亚文化群体。不同种族的旅游消费者由于其在外表、生理特征和遗传特性上的差异，会对旅游消费者产生某些特定心理和行为上的影响。

（3）年龄亚文化。不同年龄的亚文化群体有不同的价值观念和消费习惯。例如，青年人喜欢追求新颖、奇特、时尚，乐于尝试新产品，容易产生诱发性、冲动性购买；中年人承担着家庭生活的重任，同时扮演着家庭消费品购买决策者的角色，所以其消费行为中讲究实惠、理性、精心挑选的特征十分突出；老年人比较保守，习惯于购买熟悉的产品，求实求利动机较强。

（4）性别亚文化。不同性别的亚文化群体有着截然不同的消费心理和消费行为。一般来说，女性消费者对时尚的敏感程度往往会高于男性，她们通常比较重视商品的外观，而男性消费者则比较重视商品的性能和品质。例如，女性旅游消费者在购买旅游商品时，比男性旅游消费者更注重花色、款式，对住宿房间的布置也精挑细选。另外，女性消费者对价格的敏感程度也远远高于男性消费者。在购买方式上，女性消费者通常有足够的耐心，同时又缺乏决断性。

（5）地理亚文化。地理环境的差异往往会导致旅游者在语言、生活方式、消费习俗和消费特点上的不同，形成地理亚文化。例如，北方人喜欢吃面食，南方人则喜欢吃米饭；北方人喜欢逛庙会，南方人喜欢赏花会。这种长期形成的地域习惯，一般比较稳定。但随着地理、历史、政治与经济语言以及宗教等方面的发展，地理亚文化也处在不断演变之中。

（6）社会阶层亚文化。指因教育背景、收入水平、职业以及地位声望的不同，形成的社会不同层次群体的文化。由于产生社会阶层的主要原因是人们获得社会资源和发展机会的不均等，因此，不同社会阶层在价值观念、生活方式上是不同的，在旅游消费行为上表现为旅游消费结构、品牌偏好、购物方式的差异。

二、亚文化对旅游消费者行为的影响

不同类型的亚文化都会对旅游消费者的行为产生影响。旅游者的许多消费行为是其文化积淀的反映，不同国家的旅游者在价值取向、出游目的、出游方式、对目的地的偏好、与当地居民的接触程度、逗留时间等方面均有一定的差别。自然地理环境不仅决定着一个地区的产业和贸易发展格局，而且间接影响着该地区人们的生活方式、购买能力和消费习俗、消费结构和消费特点，从而形成不同的文化。旅游活动中，人们往往倾向抛开日常的生活习惯，前往地理环境差异较大的旅游目的地，体验不一样的生活。根据年龄差异，旅游消费者可被划分为不同类型的群体，表现出特殊的需求和行为模式，形成相应的群体文化。一个消费者出生的时代，使其与同时期出生的其他人产生文化联系，并随着个人的成长需求和喜好发生改变，这种变化通常与同龄人保持一致。因此，消费者的年龄对其身份地位有着重要的影响。性别文化是一种独特的文化因素。虽与民族文化、阶层文化发生复杂的交互，但具有不为其他文化所替代的功能。

总的来看，文化和亚文化不仅影响旅游消费者的思考模式、消费价值观、购买和购后行为，还影响其对信息的搜寻方式、对替代产品的评估、对产品的使用和消费和对产品的处置。

第三节　经济状况与旅游消费者行为

一、经济状况概述

经济状况指个人、家庭劳动所得报酬或其他经济收入和生活消费支出情况。通常有 6 种情况：极度贫穷，贫穷，温饱，小康，富有，极度富有。各地对此划分的标准不尽相同。旅游消费者个人收入水平影响旅游者购买行为。购买力是旅游购物需求产生的前提条件之一，它直接影响着消费者购物过程的购买决策。旅游消费者经济基础好，产生购买行为频率就越高，反之亦然。

经济状况对居民消费的影响不仅体现在收入水平上，而且体现在收入差距方面。收入差距对消费的影响主要是通过边际消费倾向实现的。一般来说，高收入者的边际消费倾向较低，边际储蓄倾向较高；而低收入者则相反，边际消费倾向较高，边际储蓄倾向较低。

旅游消费是居民消费的一部分。经济收入是旅游消费者旅游消费的先决条件。旅游消费者收入要与经济增长同步，要启动市场消费性需求，进而推动经济持续、快速、健康、稳定发展。如果经济增长速度过低，则旅游消费者收入必然受到影响，旅游消费者消费率则必然低落，甚至最终消费率也不能提升。另一方面，经济增长必须与旅游消费者收入同步增长，才能有效促进旅游消费需求。经济增长、旅游消费者收入和旅游消费密不可分。经济增长决定旅游消费者收入，旅游消费者收入决定旅游消费；反过来，旅游消费者消费影响经济增长，经济增长影响旅游消费者收入。

二、不同经济状况的旅游消费者行为差异

旅游消费者经济方面的影响因素包括旅游者的收入水平和旅游者花费的机会成本。收入水平决定了旅游活动的开展和旅游质量，旅游者的机会成本反映了旅游者外出旅游的机会选择。不同经济状况的旅游消费者行为存在较为显著的差异。

1. 收入水平

收入水平的高低会影响旅游者的消费水平和消费结构，也就是说，收入水平也在一定程度上影响了体验的质量。旅游者收入的提高会增加对非基本创意旅游产品的消费，反之就会减少旅游过程中旅游纪念品的购买和旅游娱乐项目的参加，而只把这些收入用于基本旅游消费。国际官方旅游组织联盟估计每增加一项比例的收入，旅游消费增加的比例系数为 1.88，即收入每增加 1%，旅游消费就会增加 1.88%。另外，收入水平的高低也会影响旅游者决策方案的制订，收入水平高的旅游者在进行出游决策时，不太会考虑花费的问题，而收入水平低的旅游者在制订计划时就不会选择花费较高的旅游目的地。

旅游消费是满足人们高层次需求的消费。即使人们有了旅游的需求，也只有当人们的收入在支付其生活费用之外，尚有一定数量的节余时，才能使需求变为现实。旅游者的收入水平越高，购买旅游产品的经济基础就越好。所以，收入水平决定着消费水平，也决定着需

求的满足程度，从而决定着消费结构的变化。旅游者的收入越多，旅游需求就能满足得越充分，就能促使旅游消费从低层次向高层次发展。

2. 旅游者的机会成本

机会成本是经济学中的一个概念，指所放弃的价值，它与一种资产的目前使用方案而非次优使用方案相联系，是由为实现目前使用而必须放弃的最高价值的机会所决定的。换句话说，就是我们在做出这个选择时所放弃的所有东西。在旅游领域中，将可支配收入用于旅游还是用于储蓄的问题上，就可以用机会成本来解释。当旅游者将这一部分收入用于旅游消费时，他的机会成本将是储蓄所带来的利息收入，旅游者虽然享受到了旅游活动所带来的满足感和充实感，但是损失了旅游花费以及将这一部分花费用于储蓄所得到的利息收入，因而很多旅游消费者的行为受机会成本选择的影响。另一方面，机会成本还可以解释旅游者旅游目的地、旅行方式、住宿等旅游决策的制订。旅游者在计划具体的旅游活动时，总会有多种可供选择的方案，选择了其中一个方案就会损失了第二个方案所带来的机会成本。如旅游者在制定有关目的地的方案选择时，就会碰到上述问题。例如，方案一是选择某个从未去过的旅游目的地，优点是对自己的吸引力较大，很早就想去，但是该目的地距离较远，旅游花费多，第二种方案是就近旅游，这样旅游花费较少，但是这个景区去过很多次，对自己已经没有吸引力，于是在旅游花费和旅游目的地吸引力的抉择上，旅游者可能选择方案一，那么方案一中那些多余的旅游花费就可看作是其机会成本的一部分。

案例分析 13-2

2018 年，客源地潜在出游力在东中西三大区域的比例大约为 6.2∶2.5∶1.3，相比较长期处于 7∶2∶1 的三级阶梯状分布格局，继续呈现收敛趋势。中西部的产业化速度高于东部地区。2018 年中、西部地区旅游收入的增长率分别为 45.63% 和 26.63%，超过东部地区的 14.57%；旅游人次的增长率分别为 38.55% 和 21.04%，超过东部地区的 11.10%。中西部地区旅游发展的后发效应与比较优势逐渐凸显。2018 年区域旅游流空间格局总体稳定，区域间旅游流主要以东部三大经济区之间旅游流为主，区域内部旅游流主要以长三角内部流动强度最高，省级尺度则以北京流向天津的旅游流相对最强。

分析：从区域旅游发展趋势来看，东中西三大区域之间的差距表现在哪些方面？

第四节　基于文化与经济因素的旅游营销

一、基于文化的旅游营销

1. 不同国家和地区文化与旅游营销

每个国家和民族都有自己的传统文化和风俗习惯，反映在旅游消费者的头脑中，形成了不同的个性倾向性和个性心理特征，在不同的性格、兴趣和爱好上表现出来。即使是国内旅游者，来自不同的地区、不同民族的中国人，其习俗、思维方式也有很大差异。旅游工作者要了解旅游者所属国家的国情、民族文化、风俗习惯等，掌握其不同的个性心理特征和个性倾向性，以便更有针对性地、更有效地提供良好的服务。一般来说，东方人含蓄、内向，善于控制感情，往往委婉地表达意愿，东方人的思维方式多从抽象到具体从大到小从远到近。西方人的思维方式一般由小到大、由近及远、由具体到抽象。不过同是西方人不同国家居民的个性心理特征还存在很大差异，如英国人矜持、幽默、讲究绅士风度；美国人开朗、大方、爱结交朋友，但随随便便；法国人喜欢自由、易激动、爱享受生活；德国人踏实、勤奋、严谨、守时；意大利人热情、无拘无束、热爱生活。西方人的思维方式与我们有较大的差异。因此，旅游工作者营销时，应注意不要先下结论，而要对他们讲事实，让他们看完、听完后，自己去决策。

旅游消费者所在国家和地区不同，旅游营销时应该注意的事项也有差别，旅游工作者必须了解国际关系国际时事、与旅游消费者多谈一些共同感兴趣的话题，并且在交流中保持求同存异。此外，国家的大小贫富以及国际关系上的历史因素，都会不同程度地影响某些旅游消费者的心理。来自发达国家的旅游者与来自发展中国家的旅游者就有许多不同之处。前者一般比较开朗随意，后者容易拘谨、敏感。营销时应保持一律平等的原则，接待来自不同国家和地区的旅游消费者。

2. 影响旅游营销的文化因素

（1）审美观。不同国家、不同民族对自然、艺术相社会生活等都有不同的审美标准，理解、把握文化的审美价值观念，对旅游营销具有特别重要的意义。既要求旅游营销活动内容必须符合不同旅游消费者的审美观，又要求按旅游者的审美需求开展旅游营销活动。忽视美学观念，就可能引起旅游者的反感或不能满足他们的需求。所以，在旅游营销时，要熟悉各国的审美差异，才能做到有的放矢，避免伤害旅游者的感情。旅游企业在考虑审美观这一因素时，应尽量使旅游考虑欣赏到自以为“土”的本地资源和社会文化。因为当地人认为“土”的事物，外国人则视为“洋”，富有民情风俗特色的旅游资源往往对旅游消费者具有极强的吸引力。

（2）风俗习惯。多姿多彩的风情、节日、服饰、饮食、婚恋习俗等，从不同侧面反映了某种文化环境中的风俗习惯。风俗习惯是社会文化的重要组成部分。旅游者本身有其特定的风俗习惯，而他们又具有亲眼看见异国、异族的风俗习惯、乡土民情的动机。例如，游客到河北邯郸的黄粱梦村旅游，就要尝尝当地的黄粱米饭；到了丝绸之路，就想骑一骑“沙漠之舟”；到延安，则愿意住窑洞、睡土炕……因此，旅游企业的营销活动，一方面要充分展示旅游地的风俗民情来吸引旅游消费者；另一方面又要尊重旅游消费者的风俗习惯。

（3）语言文字。是传递信息、文化交流的工具，旅游营销的交际、导游和宣传等活动，都离不开语言文字。旅游营销中，不但要努力做到通晓目标市场的语言，还要注意异国与不国语言微妙差异（包括言外之意），更要注意文字是否符合当地的习惯，以便能在不同的思维方式和文化之间顺利沟通。语言文字是某种文化长期发展演变的结果，在旅游营销过程中使用不同语言文字来交流思想和表达感情，必须准确无误，绝不能想当然。

二、基于经济因素的旅游营销

2019年8月1日，中国旅游研究院（文化和旅游部数据中心）发布“2019年上半年全国旅游经济运行情况”报告。报告显示：2019年上半年文化和旅游消费活跃、更趋日常化，国内旅游稳步增长，入出境旅游平稳发展。上半年旅游经济运行综合指数（CTA-TEP）处于118.2的“相对景气”水平，较2018年同期上升1.26个百分点，旅游经济主要指标能够达到预期目标，群众参与度和获得感稳步提升。冰雪旅游、避暑旅游、夜间旅游、博物馆旅游、研学旅游等大众市场不断涌现，新团队游、定制游、微旅游、深度游、自驾游等个性化、体验性和品质化旅游消费需求稳步增加，旅游消费时空和内容均得以更好延展。此外，中国旅游研究院和银联商务联合实验室数据显示，2019年“五一”假期游客夜间消费金额占到全天的29.92%，较2018年同期扩大近4个百分点，观光游船、主题灯会、文化体验活动备受欢迎。上半年，5G商用时代正式开启，旅游集团、产业投资机构和创业企业积极创业创新，旅游与5G、大数据、人工智能、物联网等高科技联系日益紧密，数据显示，约有30%的企业开始投入5G应用，在景区、交通、监管智能化发展方面的投资意愿较高，5G在文化和旅游领域的应用尚处于市场导入期。

然而，旅游业发展受淡旺季差异影响显著。淡季旅游收入业绩会下降是不争的事实，当旅游企业通过各种营销手段的努力之后，发现对游客流量的提升不大，这时就应该考虑“降低费用＝增加收入”这一等式了。费用的降低主要来源于旅游企业淡季营销费用的降低。营销费用主要由业务招待费、公关费、差旅费、办公费等基本运营费用和营销推广费等构成。由于国人对所谓感情营销的推崇，以及市场竞争的加剧，居高不下的营销费用一直令旅游企业叫苦不迭。针对这种情况，旅游企业在销售淡季应加强对营销费用的控制，减少耗费。旅游企业营销部门甚至旅游企业从业人员应建一个博客或者播客，可以通过网络推广风景、动态、信息、图片等方式来降低旅游营销成本。

当前，在经济换挡、转型、升级的历史时期，必须依靠科技创新提供更多更好的技术保障和系统解决方案，为经济发展提供新动能、注入新动力。包括文化和旅游在内的各行业正深刻领会新时代的高质量发展要求和科学技术的重要作用。

事实上，信息技术与互联网、大数据、数字化、人工智能、物联网、区块链、文创等当代科技已经开始推动旅游业新发展。科技加快旅游消费升级。尽管从数据来看，中国仍然处于“大基数、稳增长、低消费”的大众旅游初级阶段，观光仍然是国民旅游的基本市场，景区景点仍然是大众旅游的刚性需求，但与此同时，游客的出游动机、组织方式、消费内容、消费模式等发生了根本性变化，家庭出游、自驾游、休闲度假等成为主流，国民旅游需求开始从“有没有”向“好不好”转变。从观光到体验，从大众到定制，从跟团到自由，旅游消费实现了分级与升级的变化。此外，科技有效实现消费者主权，催生游客评论业态，提高游客满意度。科技还有效服务旅游消费需求，开展精准服务。

案例分析 13-3

文化体验已成为本地生活和异地旅游的重要组成部分

2019年上半年全国旅游经济运行情况表明，超过八成的受访者表示参加了文化体验活动，异地旅游的文化体验占比超过八成，四成以上的游客体验过人文旅游景点、历史文化街区，体验过博物馆、美术馆、文化馆、科技馆的游客比例达 25% ～ 30%，对文化消费场馆、活动内容丰富性、服务质量等方面的评价达到 82.8、86.6、85.5 分。文化消费拉动作用显著，75% 左右免费文化场馆的人均购物、餐饮、交通消费集中在“50 ～ 200 元”，26% 的游客文化消费占旅游总消费 30% 以上。

分析：文化体验型旅游消费产品的营销过程中应考虑哪些经济因素？

课后讨论与设计

2018 年全年，国内旅游人数 55.39 亿人次，比 2017 年同期增长 10.8%。国内旅游收入 5.13 万亿元，较 2017 年同期增长 12.3%。从 2011 年以来的发展趋势来看，国内旅游接待规模年均保持在 13.7% 左右的增长，旅游收入则保持在年均 20.7% 左右的增长。从国民需求变化来看，文化休闲需求日渐凸显。文化休闲游成为节日期间主流的旅游休闲。春节期间传统民俗和民间文化最受欢迎。春节期间参观博物馆、美术馆、图书馆和科技馆、历史文化街区的游客比例分别达 40.5%、44.2%、40.6% 和 18.4%，观看各类文化演出的游客达到 34.8%。端午特色文化活动引爆景区客流量。从主题来看，文化类景区增幅明显，整体同比增长 40%；博物馆同比增长 35%，文化遗产同比增长了 45%。“十一”旅游市场，文化参与度广。2019 国庆期间，超过 90% 的游客参加了文化活动，超过 40% 的游客参加了 2 项文化体验活动，前往博物馆、美术馆、图书馆和科技馆的游客达到 40% 以上，37.8% 的游客花在文化体验的停留时间为 2 ～ 5 天。

问题：从 2011 年至今，受经济发展的影响，国内旅游消费主要呈现出哪些个性化的特征？

复习与实践

一、判断题

1. 文化差异指人们在不同的环境下形成的一个民族验特的心理感情、民族意识和文化氛围，从而表现在语言、知识、人生价值观、道德观、思维方式、风俗习惯等方面的不同。（ ）

2. 亚文化是不能够转变成主流文化的。（ ）

3. 文化不是影响消费者行为最为广泛、最深刻的因素。（ ）

4. 文化价值观，是指被社会的大多数成员信奉，被认为是社会普遍倡导的信念。从比较广泛的意义上可以将文化价值观分为 3 种形式，即他人导向的价值观、环境导向的价值观和自我导向的价值观。（ ）

5. 中国传统文化，是指以汉族为主体的，多民族共同组成的中华民族在漫长的历史发展过程中创造的特殊文化体系。（ ）

二、选择题

1. 文化差异所带来的文化冲击现象对旅游消费行为所产生的影响，一般要经历 3 个比较典型的阶段为（　　）。

A. 接触与崩溃、恢复与自立、适应与不适应

B. 接触与崩溃、平静与紧张、适应与不适应

C. 接触与崩溃、恢复与自立、体验与融入

D. 新鲜与奇特、恢复与自立、适应与不适应

2. 可促使和引发旅游者对新旅游产品的购买兴趣及购买欲望，这体现了旅游广告的（　　）功能。

A. 认识　　B. 诱导　　C. 促销　　D. 教育

3. 根据社区文化的组成要素，以下属于吸引旅游者前来观光的直接动力为（　　）。

A. 社区景观　　B. 社区周边环境

C. 社区居民素质　　D. 社区举办的活动

4. 文化的特性不包括（　　）。

A. 习得性　　B. 动态性　　C. 群体性　　D. 有形性

5. 下列不属于个性化、体验性和品质化旅游消费需求的是（　　）。

A. 定制游　　B. 微旅游　　C. 冰雪旅游　　D. 自驾游

三、思考题

1. 什么是文化？文化具有哪些特征？
2. 文化对旅游消费者行为的影响有哪些？
3. 什么是亚文化？亚文化和主流文化的关系如何？
4. 通常情况下，亚文化是如何分类的？
5. 不同经济状况的旅游消费者行为差异表现在哪些方面？
6. 影响旅游营销的文化因素有哪些？

四、案例分析题

某家旅行社经过精心选择，新开辟了一条人文景观和自然景观合理搭配的旅游线路，这条旅游线路上的旅游景点距离这家旅行社所在的城市很远。组团旅游结束后，旅行社对旅游者做了调查，以验证这条旅游线路的吸引力。结果让旅行社大失所望。每位旅游者感兴趣的、有美好回忆和深刻印象的景点不多，而且彼此差异很大。

试分析旅行社开发旅游线路失败的原因是什么？

五、实践题

根据中国社科院于2001年12月发表的《当代中国社会结构变迁研究报告》，依据各个社会阶层对组织资源（政治资源）、经济资源、文化资源的占有情况，即对这三种资源的拥有量和所拥有的资源的重要程度，当代中国社会可以划分为十个阶层，这十个阶层分别是哪些？

参考文献

［1］ 李志飞. 旅游消费者行为［M］. 武汉：华中科技大学出版社，2017.

［2］ 肖怡然. 旅游消费者行为学［M］. 北京：北京理工大学出版社，2017.

［3］ 朱生东，范建丽. 旅游心理学［M］. 上海：上海交通大学出版社，2016.

［4］ 单铭磊，武国强. 旅游心理学［M］. 北京：中国财富出版社，2019.

［5］ 菲利普·科特勒，凯文·凯勒. 营销管理［M］. 何佳讯，于洪彦，牛永革，等译. 上海：上海人民出版社，2016.

［6］ 吴清津. 旅游消费者行为学［M］. 北京：旅游教育出版社，2006.

［7］ 谢彦君. 基础旅游学［M］. 北京：中国旅游出版社，2014.

［8］ 孙九霞，陈钢华. 旅游消费者行为学［M］. 大连：东北财经大学出版社，2016.

［9］ 亨利·阿塞尔. 消费者行为和营销策略［M］. 韩德昌，等译. 北京：机械工业出版社，2001.

［10］ 甘朝有. 旅游心理学［M］. 天津：南开大学出版社，2001.

［11］ 宗晓莲. 西方旅游人类学研究述评［J］. 民族研究，2001（03）：85-94+110.

［12］ 韦志慧. 旅游消费者行为学研究综述［J］. 旅游学研究，2010（01）：66-69.

［13］ 戴斌. 旅游行为的经济学分析［J］. 旅游科学，1998（03）：33-36.

［14］ 张梦，郭养红，付晓蓉. 旅游消费者行为研究的过去、现在和未来——基于引证研究法的研究［J］. 旅游学刊，2018（07）：119-132.

［15］ 何艳. 旅游消费者行为的动力机制研究——以旅华欧洲游客为例［D］. 陕西师范大学，2006.

［16］ 吴晋峰. 旅游吸引物、旅游资源、旅游产品和旅游体验概念辨析［J］. 经济管理，2014（08）：126-136.

［17］ 亚伯拉罕·匹赞姆，优尔·曼斯菲尔德. 旅游消费者行为研究［M］. 舒伯阳，冯玮，等译. 大连：北京财经大学出版社，2005.